Die beseelte Organisation und ihr Geist

Alexander N. Riechers
Radim Ress

Die beseelte Organisation und ihr Geist

Unternehmensführung und Potenzialerschließung mit Management-Aufstellungen

Alexander N. Riechers
München, Deutschland

Radim Ress
Prag, Tschechische Republik

Ergänzendes Material zu diesem Buch finden Sie auf
http://extras.springer.com/978-3-658-23922-0.

ISBN 978-3-658-23921-3   ISBN 978-3-658-23922-0 (eBook)
https://doi.org/10.1007/978-3-658-23922-0

Die Deutsche Nationalbibliothek verzeichnet diese Publikation in der Deutschen Nationalbibliografie; detaillierte bibliografische Daten sind im Internet über http://dnb.d-nb.de abrufbar.

© Springer Fachmedien Wiesbaden GmbH, ein Teil von Springer Nature 2019
Das Werk einschließlich aller seiner Teile ist urheberrechtlich geschützt. Jede Verwertung, die nicht ausdrücklich vom Urheberrechtsgesetz zugelassen ist, bedarf der vorherigen Zustimmung des Verlags. Das gilt insbesondere für Vervielfältigungen, Bearbeitungen, Übersetzungen, Mikroverfilmungen und die Einspeicherung und Verarbeitung in elektronischen Systemen.
Die Wiedergabe von allgemein beschreibenden Bezeichnungen, Marken, Unternehmensnamen etc. in diesem Werk bedeutet nicht, dass diese frei durch jedermann benutzt werden dürfen. Die Berechtigung zur Benutzung unterliegt, auch ohne gesonderten Hinweis hierzu, den Regeln des Markenrechts. Die Rechte des jeweiligen Zeicheninhabers sind zu beachten.
Der Verlag, die Autoren und die Herausgeber gehen davon aus, dass die Angaben und Informationen in diesem Werk zum Zeitpunkt der Veröffentlichung vollständig und korrekt sind. Weder der Verlag, noch die Autoren oder die Herausgeber übernehmen, ausdrücklich oder implizit, Gewähr für den Inhalt des Werkes, etwaige Fehler oder Äußerungen. Der Verlag bleibt im Hinblick auf geografische Zuordnungen und Gebietsbezeichnungen in veröffentlichten Karten und Institutionsadressen neutral.

Springer ist ein Imprint der eingetragenen Gesellschaft Springer Fachmedien Wiesbaden GmbH und ist ein Teil von Springer Nature.
Die Anschrift der Gesellschaft ist: Abraham-Lincoln-Str. 46, 65189 Wiesbaden, Germany

Prolog – Was Sie von diesem Buch erwarten dürfen

Der vorliegende Titel richtet sich an Entscheider in Wirtschaft, Politik und weiteren gesellschaftlichen Schlüsselpositionen, deren täglich Brot auch Entscheidungen erfordert, bei denen es „ums Ganze" geht. Und dazu wird eine Methode benötigt, die zum einen die gesamte Komplexität eines Sachverhaltes spiegeln kann, zum anderen aber auch in der Lage ist, alles, was auf das angestrebte Ergebnis einen Einfluss hat, zu erfassen und es vom Unwesentlichen zu unterscheiden.

Die hier vorgestellten Management-Aufstellungen sind in der Lage, genau das zu leisten. Sie sind tiefgreifend, weil sie bei einem Sachverhalt nicht nur die sichtbaren und beobachtbaren Faktoren erschließen, sondern auch die dahinter liegenden, und zwar nicht nur die bewussten, sondern auch die häufig nicht berücksichtigten unbewussten Motive der Akteure sichtbar machen können. Die Methoden sind effektiv, weil sie einen Wissensvorsprung verschaffen und einem Entscheider genau das liefern, worauf es bei guten und nachhaltigen Entscheidungen ankommt: einen tiefen Einblick in die dem Problem zugrunde liegenden Macht- und Beziehungsdynamiken des Sachverhalts zu erhalten, sodass im richtigen Moment die richtigen Hebel zur Lösung des Problems angesetzt werden können.

Um diesen hohen Grad an Wirksamkeit zu erreichen, nutzen Management-Aufstellungen die methodische Arbeit mit den konkreten Ausformungen des Unbewussten – den Inneren Gestalten. Sie sind das verdichtete Produkt von traumatischen Erfahrungen, die die Seele spalten und daher verdrängt werden mussten. Die Schicksale unserer Ahnen sind vielfach von existenziellen Grenzerfahrungen geprägt und so nimmt jeder Mensch auch die davon abgeleiteten Inneren Gestalten schon bei der Geburt, und zwar über das familiäre Unbewusste, in sich auf. Sie formen, ebenfalls unbewusst, einen Geist, der alles daransetzt, zukünftigen Verletzungen aus dem Wege zu gehen und zur Erfüllung dieser Mission, wenn nötig, auch das einsetzt, was der Effizienz des Entscheidungsprozesses fundamental im Wege steht: Widerstand, Manipulation und verdecktes Machtstreben jeder Art.

So wie jeder andere Lebensbereich ist auch die „beseelte Organisation und ihr Geist" von dieser unbewussten Dynamik und dem Wirken der Inneren Gestalten beeinflusst, und zwar in einem Ausmaß, das das Unbewusste zu einem ernst zu nehmenden Wirtschaftsfaktor macht. Denn würden unbewusste Haltungen und verborgene Machtansprüche der Entscheidungsträger in einem Sachverhalt ausgeblendet, übernähmen diese leicht selbst die Kontrolle über den Sachverhalt oder den Entscheidungsprozess. Sie würden dadurch zu einem unberechenbaren Risiko und führten dazu, dass man – eben unbewusst – die Arbeit vieler Mitarbeiter und umfangreiche Investitionen gegebenenfalls sogar aufs Spiel setzte. Management-Aufstellungen bieten dagegen ein differenziertes Instrumentarium zum präventiven Spiegeln, Erfassen, Verwandeln und Ausrichten komplexer Sachverhalte, deren untrennbarer Bestandteil auch in den unbewussten Haltungen ihrer Hauptakteure besteht. Dieses Buch kann deshalb Entscheider in die Lage versetzen, sowohl die eigenen als auch fremde unbewusste und verhindernde Dynamiken zu erkennen und in ermöglichende und den Prozess fördernde Kräfte zu verwandeln. Es liefert dafür eine kompakte wirtschaftsrelevante Systemik des Unbewussten sowie ihre Übersetzung in praxisnah anwendbare Methoden für den Management-Alltag.

An dieser Stelle wollen wir Personen danken, die uns bereits seit Jahren mit viel Engagement und Professionalität zur Seite stehen. Dank gebührt dem Grafiker Tomáš Červenka für die Erstellung der Illustrationen, Klaus Skarabis für das sorgfältige und umsichtige Lektorat sowie Eva Brechtel-Wahl für ihre kompetente Betreuung im Hause Springer.

Alexander N. Riechers
Radim Ress
München und Prag
im Juli 2019

Inhaltsverzeichnis

1	**Einleitung**	1
1.1	Die Wirkung des Unbewussten als reale Herausforderung im Unternehmen	2
1.2	Das Unbewusste als Stolperstein in Unternehmensprozessen	2
1.3	C. G. Jung und das Ende des freien Willens	3
1.4	Innere Gestalten im Unbewussten als Sollbruchstelle und Ressource	4
1.5	Seelische Spaltung der Führungskraft als Sollbruchstelle der Organisation	5
1.6	Das Unbewusste erschließen und Wettbewerbsvorteile heben	7
1.7	Unbewusster Widerstand als entscheidende Produktivitätsbremse	7
	Literatur	11
2	**Wesen und Wirken von Management-Aufstellungen**	13
2.1	Aufstellungen als Spiegelungs-Methode des Unbewussten	14
2.2	Der mehrdimensionale Arbeitsrahmen von Management-Aufstellungen	15
2.3	Die Systemik der Inneren Gestalten als methodischer Rahmen von Management-Aufstellungen	17
2.4	Das Ziel von Management-Aufstellungen – Vitale Kraft als freie Ressource im Unternehmen erschließen	18
2.4.1	Die vitale Kraft als phänomenologischer Leitbegriff der Lebensbewegungen	18
2.4.2	Freies Fließen der vitalen Kraft als Daseins-Qualität – auch im Management	19
2.4.3	Das Ungelebte als die abgewandte Seite der vitalen Kraft	20
2.4.4	Die vitale Kraft als energetische Brücke zum Unbewussten	20
2.4.5	Die vitale Kraft als Träger von Kreativität und Quelle von Innovationen	20
2.5	Methodische Besonderheiten von Management-Aufstellungen	21
2.6	Aufstellungen als alltagsfähige Management-Methode mit vielen Vorteilen	22
	Literatur	25
3	**Eine wirtschaftsrelevante Systemik des Unbewussten**	27
3.1	Das Unbewusste als Vielheit von Symptomen	30
3.2	Der vertikalen Dimension des Unbewussten begegnen	31
3.3	Das Unbewusste als Bereich des Verdrängten	33
3.4	Trauma und seelische Spaltung	34
3.5	Die Ebenen der seelischen Spaltung	35
3.6	Innere Gestalten als abgespaltener Komplex im Unbewussten	42
3.7	Innere Gestalten als autonome Teilpersönlichkeiten	42
3.8	Die paradoxe Spaltungsdynamik innerhalb der Inneren Gestalt	43
3.8.1	Das als Polarität beschaffene Bezugssystem von Trauma- und Überlebensstrukturen	43
3.8.2	Überlebensstrukturen als geistige Machtgestalten im Vordergrund	44

3.8.3	Trauma-Strukturen als verletzte seelische Anteile im Hintergrund	45
3.8.4	Reinszenierungsdrang der Trauma-Strukturen als Heilungsimpuls der Seele	46
3.8.5	Die hintergründige Grundstimmung der Trauma-Strukturen	48
3.9	**Transgenerationale Innere Gestalt (TIG)**	**52**
3.10	Die TIG als Feld der verwirklichten Qualitäten der Ahnen	54
3.11	Weitere Schichten der Inneren Gestalten	55
3.12	Innere Gestalten als Träger und Beweger des Unbewussten	58
3.13	Fazit zur Systemik der Inneren Gestalten	58
	Literatur	61
4	**Führung im Lichte der Inneren Gestalten**	**63**
4.1	Das Vielheitsmodell der Seele als neue Grundlage von Führung	64
4.2	Cui bono? – Innere Gestalten als Machtzentren im Unternehmen	65
4.3	Sachverhalte als Spiegel der Inneren Gestalten	66
4.4	Innere Gestalten als Arrangeure der Sachverhalte	68
4.5	Innere Gestalten als hemmende oder fördernde Kraft im Unternehmen	70
4.6	Praktische Konsequenzen des Vielheitsmodells der Seele für Führung	71
4.7	Fazit zum Vielheitsmodell der Seele in der Führungs-Praxis	75
	Literatur	76
5	**Erschließen und Ausrichten vitaler Kraft durch Management-Aufstellungen**	**77**
5.1	Potenzial als Triade von Professionalität, Sinnhaftigkeit und Vitalität	78
5.2	Das Unbewusste zum Verbündeten machen	79
5.3	Die zwei Ebenen der Management-Aufstellungen: Mikro- und Makro-Ebene sowie ihr Ineinandergreifen als Momentum	80
5.4	Die Bewegung ist mehr als die Lösung	81
5.5	Zweifacher Tiefen-Fokus der Potenzialerschließung	82
5.6	Methodisches Erschließen und Ausrichten der Inneren Gestalten – Die fünf Phasen einer Management-Aufstellung	84
5.7	Liste einiger ausgewählter Aufstellungs-Formate	85
	Literatur	89
6	**Synopse – Einheitsmodell vs. Vielheitsmodell**	**91**
	Literatur	102
7	**Fallbeispiele aus der Praxis**	**103**
7.1	Fallbeispiel: „Die letzte Linie"	104
7.2	Fallbeispiel: „Die wollen nur mein Geld!"	107
7.3	Fallbeispiel: „Es hängt alles zusammen"	110
7.4	Fallbeispiel: „Die strenge Gouvernante"	115
7.5	Fallbeispiel: „Wer ist der Richtige?"	120

7.6	**Fallbeispiel: „Ich kann es nicht glauben!"**	125
7.7	**Fallbeispiel: „One Voice"**	130
7.8	**Fallbeispiel: „Alles schnell und alles auf einmal"**	134
	Literatur	139

Serviceteil

Nachwort – Ein Interview mit Entscheidern aus der Wirtschaft............ 142

Einleitung

1.1 Die Wirkung des Unbewussten als reale Herausforderung im Unternehmen – 2

1.2 Das Unbewusste als Stolperstein in Unternehmensprozessen – 2

1.3 C. G. Jung und das Ende des freien Willens – 3

1.4 Innere Gestalten im Unbewussten als Sollbruchstelle und Ressource – 4

1.5 Seelische Spaltung der Führungskraft als Sollbruchstelle der Organisation – 5

1.6 Das Unbewusste erschließen und Wettbewerbsvorteile heben – 7

1.7 Unbewusster Widerstand als entscheidende Produktivitätsbremse – 7

Literatur – 11

© Springer Fachmedien Wiesbaden GmbH, ein Teil von Springer Nature 2019
A. N. Riechers, R. Ress, *Die beseelte Organisation und ihr Geist*,
https://doi.org/10.1007/978-3-658-23922-0_1

1.1 Die Wirkung des Unbewussten als reale Herausforderung im Unternehmen

Management sowie Personalführung finden wie jedes von Menschenhand bewegte Ereignis zuerst innerhalb des Seelenraumes der Entscheider statt, bevor sie sich im Organisationsbereich als dem äußeren Raum der Seele auswirken. In diesem Sinne sind Organisationen immer auch beseelte Strukturräume, da sie von Seelenwesen erschaffen, von deren Zwecken erfüllt und in diesem Sinne erhalten und bewegt werden. Management findet nicht außerhalb der Seele statt, sondern im Spannungsfeld bewusster und unbewusster Geisteshaltungen sowie Handlungen der mannigfachen Akteure. Diese Polarität macht das Führen von Menschen zu einer hochkomplexen Aufgabe.

Dass das Unbewusste kein Abstraktum ist, sondern eine reale Herausforderung in den Unternehmen darstellt, zeigt sich sowohl bei Managern als auch Mitarbeitern an den alltäglichen „irrationalen" Widerständen und Haltungen, vor allem auch bei Fehl- und Nicht-Entscheidungen mit zum Teil verheerenden Folgen. Ihr gemeinsamer Nenner ist das Handeln wider die Fakten, wider bessere Erfahrung oder wider den gesunden Menschenverstand. Die Herausforderung des Unbewussten zeigt sich immer wieder in „problematischen" Verhaltensmustern von Mitarbeitern und Führungskräften, mangelnder Motivation trotz guter Bezahlung, auch als Burn-out-Syndrom trotz Prävention und Arbeitszeitgesetzen sowie ausbleibender Kreativität trotz anscheinend idealer Bedingungen. Bemerkenswert sind auch die „Kinderspielchen" von hochkompetenten Menschen, die trotz mehrmaligen klaren Feedbacks und offensichtlichen Vermögens ihr Verhalten nicht ändern. Nicht zuletzt zeigt sich das Unbewusste auch auf der Ebene der häufig schwer greifbaren Atmosphäre am Arbeitsplatz, dem Betriebsklima und der Grundstimmung der Menschen, die das offensichtliche Verhalten nonverbal verpacken und das Erleben einer Situation wesentlich beeinflussen. Gerade auf dieser Ebene entscheidet es sich jedoch, ob Vertrauen oder Misstrauen entsteht, ob Optimismus oder Negativität herrscht und ob Arbeit als sinnerfülltes Ausleben vitaler Kraft erlebt wird oder als ständige Kampfzone.

Manager sind den Einwirkungen des Unbewussten im menschlichen Kollektiv tagtäglich ausgesetzt, in den meisten Fällen allerdings, ohne entsprechendes Fachwissen geschweige denn effektive Interventionsmethoden zu besitzen. Was sich im Unternehmen völlig autonom nach den Gesetzmäßigkeiten des Unbewussten abspielt, wird dann meist mit den Mitteln des Bewusstseins bearbeitet – mit häufig verheerenden Folgen. In einer zwar unbeabsichtigten aber faktischen Verwechslung beider Ebenen geben sich Menschen dann die „Schuld" für unbewusste Verhaltensweisen, oder versuchen das Irrationale zu rationalisieren. Aufgrund des Kategorienunterschieds zwischen Bewusstem und Unbewusstem werden die Probleme durch dieses Vorgehen jedoch meist nur vertagt oder noch zusätzlich verschärft. Denn das Unbewusste kann per Definition niemals vom Bewussten erschlossen noch korrigiert werden. Eine fundamentale Erkenntnis, die uns dazu aufruft, das Wesen und Wirken des Unbewussten genauer zu untersuchen.

1.2 Das Unbewusste als Stolperstein in Unternehmensprozessen

Das Unbewusste weilt zwar in einer ganz anderen Sphäre als das Bewusste, zeigt sich aber grundsätzlich als „Stolpern" im Bewusstseinsraum (vgl. Hillman 1997, S. 54), nämlich dann, wenn die Kontinuität des Ich-Bewusstseins durchbrochen und von einer vermeintlich unsichtbaren Hand ins Straucheln gebracht wird: Urplötzliche Gemütsschwankungen,

Aussetzer, innere Widerstände gegen das Gewünschte oder Gebotene, das Sich-Einlassen auf verhängnisvolle Beziehungen oder Allianzen sind nur einige prominente Beispiele. Im Grunde haben wir es in Bezug auf das Unbewusste mit einer vertikalen Gegenmacht zu tun, einer Kraft aus der Tiefe, die dem horizontal und in die Zukunft gerichteten Willen beständig und in verlässlicher Regelmäßigkeit ein Bein stellt. Dies klingt in der Tat zunächst sogar noch leicht euphemistisch und wurde häufig auch nur als gelegentliche Aussetzer und Fehlleistungen interpretiert, die „eben mal vorkommen". Mit dem aktuellen Forschungsstand zum Unbewussten, allen voran der transgenerationalen Trauma-Arbeit und der Epigenetik, müssen wir nun jedoch von einem viel höheren Grad an Unfreiheit ausgehen, als wir je gedacht hätten. Die unbewussten Blockaden sind ein ernst zu nehmender limitierender Faktor im Unternehmen und damit als ein ebenso ernst zu nehmender Wirtschaftsfaktor anzusehen. Anders gesagt, das Unbewusste lässt die Menschen nicht nur „stolpern", sondern bringt sie auch mit Sicherheit zum „Fallen". Allerdings gibt es auch eine gute Nachricht: Die unbewussten Widerstände, v. a. des Top-Managements, die einen echten Wettbewerbsnachteil darstellen, bekommen vor diesem Hintergrund eine völlig neue Interpretationsfolie und einen neuen Ansatzpunkt für ihre mögliche Korrektur, nämlich als konsequente Arbeit mit den unbewussten Strukturen von Führungskräften. Management-Aufstellungen sind ein innovativer Ansatz, der genau dies möglich macht. Doch bevor wir uns der Methode widmen, ist die Frage zu beantworten, woher diese Kraft des Unbewussten kommt und warum wir sie in der Wirtschaft trotz der schon lange gesicherten Erkenntnisse immer noch nicht ernst nehmen?

1.3 C. G. Jung und das Ende des freien Willens

C. G. Jung hat zu Recht davon gesprochen, dass das Unbewusste mitleben will, eine Erkenntnis, die aus der jahrzehntelangen Auseinandersetzung mit der Seele und ihren Dynamiken gewonnen worden ist. Die psychologischen Pioniere wie Freud, Jung und Szondi haben in einer Herkulesarbeit und gegen viele Anfeindungen dem Unbewussten einen Namen und angemessenen Platz in der Wissenschaft gegeben. In der Mitte der Gesellschaft ist dieses Wissen jedoch bis heute nicht angekommen. Der Grund dafür war jener Avantgarde der Seelenforschung auch damals schon klar. Man hatte mit dem Forschungsgegenstand einen wunden Punkt des modernen Menschen getroffen, weil damit eine partielle Unfreiheit zum Grundkonzept menschlicher Natur erklärt wurde. Denn alle Forschungsergebnisse deuteten darauf hin, dass das Bewusstsein vom Unbewussten getragen und bewegt wird – und nicht umgekehrt. Dadurch wurde nichts weniger als die cartesianische Rationalität untergraben und der souveräne Fortschrittsgeist in Mark und Bein erschüttert – und gekränkt. Die Infragestellung des freien Willens und die Vorstellung einer psychischen Determination waren Forschungsergebnisse, die einen bis heute andauernden Kulturkampf auslösten. Ein Kampf, der der beste Beweis dafür ist, dass das Unbewusste eine Realität ist. Insofern liegen Entrüstungsstürme gegen das Unbewusste in der Natur der Sache: *„Daher sind alle Auffassungen der modernen Psychologie nicht bloß in objektivem Sinne kontrovers, sondern aufreizend! Sie verursachen beim Publikum heftige Reaktionen in zustimmendem oder ablehnendem Sinn, im Gebiete der wissenschaftlichen Diskussion emotionale Debatten, dogmatische Anwandlungen, persönliche Kränkungen usw."* (Jung 2000, S. 196).

Der für lange Zeit maximale Konsensus innerhalb dieses Kulturkampfes war die einseitige Verortung des Unbewussten, dieses unbeherrschten Wesens, auf die Bereiche seiner Entdeckung, namentlich der Psychiatrie und Psychotherapie. Dass das Unbewusste und seine das Bewusstsein brechende Kraft jedoch auch den vermeintlich „gesunden" Alltagsmenschen betrifft, deutete sich am klarsten durch Jungs Entdeckung der autonomen Komplexe an. Für den Seelenforscher und Kulturanthropologen Jung war klar, dass es zur Normalität menschlichen Daseins gehört, nicht auszuhaltende und unzumutbare seelische Ereignisse, in Summe also Traumata, in der Psyche abspalten zu müssen. Durch die Abspaltung geht die Schockladung jedoch nicht verloren, sondern manifestiert sich in autonomen Teilpsychen, also in Komplexen im Unbewussten mit je eigenem Willen oder Tendenzen, die dem Bewusstsein entgegenstehen oder mit ihm zumindest nicht verträglich sind. Jung kam daher bereits 1934 in seiner Antrittsvorlesung an der ETH in Zürich zu dem Ergebnis: *„Die naive Voraussetzung von der Einheit des Bewusstseins, das gleich „Psyche" gesetzt wird, und von der Suprematie des Willens wird nämlich durch die Existenz des Komplexes ernstlich in Zweifel gezogen"* (Jung 2000, S. 188). Und später setzt er fort: *„Ich bin deshalb eher zur Annahme geneigt, dass autonome Komplexe zu den normalen Lebenserscheinungen gehören und die Struktur der unbewussten Psyche ausmachen"* (ebd., S. 197).

1.4 Innere Gestalten im Unbewussten als Sollbruchstelle und Ressource

Aus dem Zweifel am Vorrang des bewussten Willens ist durch neue integrative Methoden der transgenerationalen Trauma-Arbeit sowie aktuelle Forschungsergebnisse der Neurobiologie und Epigenetik Gewissheit geworden: Vielfache seelische Spaltungen sind elementare Bestandteile der Persönlichkeit und wirken auch auf epigenetischer Ebene als „Ahnenerbe" über viele Generationen weiter. Was C. G. Jung mit der Entdeckung der autonomen Komplexe einst postulierte, ist mittlerweile methodisch klar erschließbar und sogar wissenschaftlich gesicherte Grundlage einer geradezu eisernen Logik der seelischen Spaltung mit weitreichenden Konsequenzen für das Bewusstsein:

Sowohl Traumata der Ahnen als auch biografische existenzielle Grenzerfahrungen wirken durch die seelische Spaltung aus dem Unbewussten heraus und bilden sich in Körper, Geist und Seele – also allen Ebenen der Spaltung – in Form von Inneren Gestalten ab. Sie sind eine Vielheit in der Einheit der Seele, eine Art innere Machthierarchie, die das Unbewusste formt und damit dem bewussten Leben Maß und Richtung gibt. Dem unbewussten Zwang unterlegen, erneute Traumatisierung zu vermeiden, wirken die Inneren Gestalten wie machtvolle Überlebensstrukturen, die durch Härte, Ausdauer und enorme Willenskapazitäten, aber auch gleichzeitig rückgratlose Flexibilität und weitgehendes Anpassungsvermögen, das Bestehen im Leben sicherstellen. Durch die Anbindung an das traumatische Erlebnis, das in Körper und Nervensystem als Schockladung erhalten bleibt, wird diese rigide Weg-vom-Trauma-Bewegung mit der Zeit jedoch zum limitierenden Faktor. Der Preis ist eine geistige, emotionale und körperliche Panzerung mit davon weiterhin abgeleiteten Folgen wie Nicht-Fühlen, Stress, mentalen Blockaden, Fehl- und Nichtentscheidungen, die übrigens oft die üblichen Themen in Coaching und Mentoring repräsentieren. Da das Bewusstsein insgesamt zunehmend mehr Energie aufwenden muss, um den Drang der Inneren Gestalten zurückzuhalten, wird gleichzeitig ein hohes Maß an vitaler Energie und innerer Freiheit aufgezehrt. Die Weg-von-Dynamik verführt wegen ihrer Rigidität zudem zur Logik des „Mehr vom Gleichen", was das Ende jeder Kreativität und Innovation bedeuten kann. Die autonom-defensiven Reaktionen werden so über kurz oder lang sowohl zu Sollbruchstellen des Bewusstseins als auch zur Grenze des reflektierenden Geistes und seiner freien Ausrichtung im Leben.

Innere Gestalten sind demnach immer dort am Werk, wo Zwang und Drang herrschen, was verlässlich in Blockaden unterschiedlichster Couleur führt, in denen vitale Kraft erstarrt oder zumindest nicht frei fließen kann. Da die abgespalteten traumatischen Ereignisse wie ein Sender im Unbewussten wirken, bilden die Inneren Gestalten die unbewussten Resonanzpunkte zu Menschen und Lebensthemen, die sich beim Einzelnen als sich wiederholende Muster, Verstrickungen und Projektionen zeigen. Häufig haben diese Themen nicht einmal etwas mit der eigenen Biografie zu tun, sondern sind über die transgenerationale Weitergabe im Familiensystem konserviert und werden so immer wieder reinszeniert. Diese seelischen Leitmotive gestalten sowohl das familiäre Unbewusste (Szondi) als auch unser inneres Erleben und Streben im Leben selbst.

Die Grenze zwischen dem Bewusstsein und dem Unbewussten verläuft insofern konkret innerhalb der Inneren Gestalten. Ihr Erschließen wird im Rahmen der Seele zum zentralen Ausgangspunkt einer nachhaltigen Ressourcenarbeit, die die eingefrorene vitale Kraft aus der seelischen Spaltung befreit und gleichzeitig ihren Zwang aufhebt, was zu mehr Autonomie führt. Sollte man also ernsthaft gewillt sein, die inneren Ressourcen für sich zu gewinnen, muss man den Pfad der künstlichen Fachabgrenzungen (Coaching, Psychologie, Psychiatrie, Medizin etc.) verlassen und sich einem integrativen Ansatz widmen, der die Inneren Gestalten innerhalb der Triade von Körper, Geist und Seele ganzheitlich erschließen kann.

> **Lese-Tipp**
>
> Fallbeispiel 6: „Ich kann es nicht glauben!". Eine Vertriebs-Direktorin kämpft mit einem alten Muster und fürchtet um das Bestehen ihrer Probezeit.

1.5 Seelische Spaltung der Führungskraft als Sollbruchstelle der Organisation

Da die Spaltungs-Dynamik des familiären Unbewussten natürlich auch Top-Manager, Politiker oder Führungskräfte jeglicher Organisationen ausnahmslos betrifft, sind sowohl Unternehmen als auch gesellschaftliche Institutionen und ganze Staaten von den Folgen der seelischen Spaltungen ihrer Anführer betroffen. Ihre Inneren Gestalten werden zu einem Gelenkstück der Macht im Unternehmen, die sie aus der vertikalen Ebene des Unbewussten auf die horizontale Ebene der Sachverhalte übertragen. Ihre Dynamiken setzen sich Top-Down über die formale Machthierarchie sukzessive bis zur untersten Ebene fort. Mit dieser enormen Hebelwirkung ausgestattet, können die Sollbruchstellen der Top-Führungskräfte zu den Sollbruchstellen der gesamten Organisation werden. Alle Themen von Vermeidung, Sympathie und Antipathie, Misstrauen und Kontrollzwang, Getriebensein, partieller Blindheit bei bestimmten Themen, der Hang zur Manipulation oder die Blindheit ihr gegenüber, manifestieren sich im operativen Alltag mehr oder weniger verdeckt. Über die Strategie, die Ziele, die Einstellungen und Beförderungen von Managern, das Eingehen von Allianzen und ihren konkreten Machtgebrauch mit all seiner Symbolik prägen Top-Führungskräfte nolens volens die gesamte Unternehmens-Kultur (vgl. ◘ Abb. 1.1 Einfluss Innerer Gestalten).

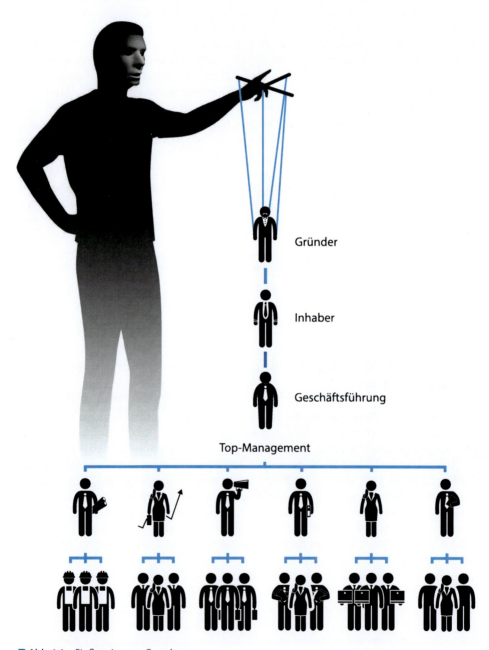

Abb. 1.1 Einfluss Innerer Gestalten

1.6 Das Unbewusste erschließen und Wettbewerbsvorteile heben

Trotz der mittlerweile erdrückenden psychologischen, neurobiologischen und epigenetischen „Beweislage" gibt es immer noch keinen nennenswerten und gelebten Management-Ansatz, der das Unbewusste methodisch in die Unternehmenssteuerung einführt. Die aktuell verbreiteten Management-Modelle erlauben sich, das belegte Faktum auszublenden, und verpflichten sich dadurch weiterhin dem überholten bewusstseinszentrierten Einheitsmodell der Psyche, das von der Suprematie des Willens ausgeht. Das Ergebnis sind reduktionistische Konzepte und Maßnahmen, die notgedrungen auf der Oberfläche kreisen, in der Tiefe dagegen auf die unbewussten Haltungen der Akteure keinen Einfluss haben, egal wie gut gemeint oder allgemein sinnvoll sie sind. Solange kein probates Vielheitsmodell der Seele in der Unternehmensführung zur Verfügung steht, das auf die vielfachen Inneren Gestalten eingehen kann, müssen wir eher davon ausgehen, dass das Unbewusste sich weiterhin im Hintergrund wie ein Puppenspieler verhält, der mit unsichtbarer Hand seinen eigenen Willen verfolgt. Das Unbewusste bleibt in seiner konstruktiven wie auch seiner destruktiven Wirkung unerschlossen und entzieht sich damit der bewussten Steuerung, die ja Sinn und Ziel von Management ist. Eine Organisation aber, die die „Aussetzer" und Blockaden ihrer Führungskräfte und Experten erschließen, transformieren und die darin gehaltene vitale Kraft für sich nutzbar machen kann, erarbeitet sich einen veritablen und nachhaltigen Wettbewerbsvorteil. Er zeigt sich als gesteigerter Fluss vitaler Energie sowie hinzugewonnenem Unterscheidungsvermögen, wodurch sich eine neue und differenziertere Entscheidungsgrundlage ausbildet. Der Wettbewerbsvorteil nimmt um ein Vielfaches zu, wenn auch die unbewussten Haltungen der Mitbewerber erschlossen werden können. Maßnahmen und Entscheidungen orientieren sich dann an der inneren wie äußeren Realität des Wirtschaftsgeschehens und steigern so ihren Wirkungsgrad. Das Sichtbarmachen der unbewussten Haltungen in Management-Prozessen stellt damit auch das Gegenkonzept zu Manipulation, Ausblendung der Realität, irrationalen Handlungen und rigiden Vorstellungen jeglicher Art dar.

> **Lese-Tipp**
>
> Fallbeispiel 1: „Die letzte Linie". Der erfahrene Gründer und Eigentümer eines mittelständischen Familien-Unternehmens möchte seine Firma verkaufen und kommt dabei erstmals an seine Grenzen.

1.7 Unbewusster Widerstand als entscheidende Produktivitätsbremse

Wie aktuell und wirtschaftlich relevant das Unbewusste ist, sieht man vor allem am Phänomen des Widerstands. Denn auch im Unternehmenskontext gilt: *„Furcht und Widerstand sind die Wegweiser, die an der via regia zum Unbewußten stehen"* (Jung 2000, S. 195). Die *potentia*, also Macht und Kraft des Unbewussten, zeigt sich hier zuerst einmal als Verhinderungsmacht und Bremse von Produktivität.

Im Widerstand stellt sich das Unbewusste dem bewussten Willen in offensichtlichster Form entgegen. Es handelt sich um einen klassischen Konflikt: Zwei Parteien treffen in einer Sache aufeinander, und gleichzeitig sind ihre Bedürfnisse nicht miteinander vereinbar. Bewusste Motive widersprechen dem „unbewussten Willen", der offensichtlich in eine andere Richtung ziehen möchte. Zwei konträre Kräfte führen zu Stillstand oder einem Hin und Her, das als sich im Kreis drehen erlebt wird und alle Parteien viel Energie kostet. Widerstand ist somit ein verlässlicher Gradmesser für den Grad der Übereinstimmung bzw. Nicht-Übereinstimmung von bewussten und unbewussten Motiven.

Widerstand ist hier, anders als ein willentlicher Akt der Abgrenzung oder kritischen Hinterfragung, als seelische Nicht-Bewegung oder gar Gegen-Bewegung zu verstehen. In seiner Form ist er von einer merkwürdigen Diskrepanz zwischen Klarheit über das faktisch Gebotene und gleichzeitigem Stillstand in der Sache begleitet. Dies beschreibt Fälle, wo entweder ein Wille herrscht, der sich nicht in eine Tat umsetzt, oder ein Wille sich sogar gar nicht formiert, obwohl äußerlich eine Handlung geboten wäre. Widerstand, so könnte man sagen, ist also auch als ein aktives Nicht-Ergreifen der Initiative oder Handlung zu verstehen – ein aktives Nicht-Wollen, das allerdings unbewusst ist. Es kommt beim Erkennen von Widerstand weniger darauf an, was eine Person unternimmt, sondern vielmehr, was sie unterlässt. Das Kriterium ist, ob es am Ende zu substanzieller Bewegung im betreffenden Lebensbereich oder Sachverhalt kommt, oder nicht. Denn häufig wird gerade im Widerstandsbereich sehr viel unternommen, eine Scheinaktivität an den Tag gelegt, mit dem Ziel, dass sich am Ende nichts ändern muss. Da das Motiv der Nicht-Bewegung im Außen eine starke Energieaufwendung im Innen bedeutet, ist Widerstand immer auch von einem spezifischen energetischen Hauch des Vermeidens begleitet und dadurch auch erkennbar.

Widerstand, verstanden als Nicht-Bewegung, zeigt sich im Unternehmen grundsätzlich da, „wo nichts vorangeht", wo die Dinge trotz aller Professionalität zäh laufen und sich in diversen weiteren Formen von unerwünschtem Verhalten manifestieren. Dazu gehören geringe Produktivität, mangelnde Initiative, negative Grundeinstellung, Verharren in einer passiven Opferrolle, schwelende Konflikte, ausbleibende Innovationen, starke Fluktuation und hoher Krankenstand, um nur die prominentesten Symptome anzusprechen. Alle Eigenschaften können auf allen Ebenen des Unternehmens aktiv wie passiv in Erscheinung treten, von der offenen Verneinung über die manipulative Verkleidung in Pseudoaktivismus bis hin zu passiv-aggressiven Flucht- und Ausweichmanövern. ◘ Tab. 1.1 benennt die wesentlichsten Widerstände und ihre Phänomenologie.

Widerstand ist bei aller vordergründigen Problematik der verlässlichste Indikator dafür, dass der bewusste Wille nicht der einzige gestaltende Faktor im Unternehmen ist. Es sind vielmehr unbewusste Haltungen und Dynamiken, die die jeweiligen Sachverhalte des Alltags tragen. Dieses Faktum zu akzeptieren, mag für den modernen und sich mehrheitlich als rational empfindenden Menschen die größte Herausforderung sein, geht damit doch immerhin das Eingeständnis von partieller Nicht-Kontrolle und Unfreiheit einher. Wer die Sachverhalte jedoch aktiv managen, also ganz im Sinne des Wortes „eine Hand daran bekommen" will, muss neben der Ebene des Bewusstseins auch auf der Ebene ansetzen, wo sie bewegt werden – im Unbewussten.

> **Lese-Tipp**
>
> Fallbeispiel 2: „Die wollen nur mein Geld!". Eine notwendige Due-Diligence-Prüfung sorgt bei einem routinierten Unternehmer für starke Wut und vernebelt beinahe seinen Verstand.

1.7 · Unbewusster Widerstand als entscheidende Produktivitätsbremse

Tab. 1.1 Tabelle der Widerstände

Nr.	Widerstand als …	Beschreibung
1	Offener Widerstand	Ist leicht erkennbar, weil er sich auch nicht verbergen will. Der energetische „Hauch des Vermeidens" durch das Gegenüber wird deutlich spürbar. Eindeutig sind in der Regel sowohl der verbale Widerstand als auch die Körpersprache. Die Person sagt „Nein!"
2	Versteckter Widerstand	Zeigt sich im „Widerstands-Klassiker" des „Ja, aber!", „Ja, Sie haben schon Recht, aber …" Das Aber negiert die vorhergehende Aussage und entpuppt sich als eine versteckte Form des Widerstands, eines Nein mit netten Worten. Am Ende passiert nichts, egal wie schön und angeblich wertschätzend etwas verpackt wurde. Auch das Wort „schwierig" bewegt sich im Dunstkreis des Vermeidens, da es doch zumindest sehr klar ein Nicht-Wollen andeutet.
3	Täuschen	Zeigt sich als gut getarnter Widerstand. Am Anfang stehen hier meist ein begeistertes „Ja", viele inhaltliche Fragen und großes Interesse. Doch zum Schluss wird, aus irgendeinem Grund, oft wegen einer Kleinigkeit, in letzter Minute alles abgesagt. Es werden kluge und nachvollziehbare Gründe genannt, die angeblich auf äußere Umstände zurückzuführen sind. Als Variante „überlegt man es sich noch einmal", oder muss „intern noch abklären", was dann später aber zu einem „Nein" führt.
4	Flucht	Ist ein geräuschloses Abtauchen. Unter irgendeinem Vorwand oder auch gänzlich ohne Anlass erscheint die Person nicht oder wurde nicht mehr wiedergesehen. Die Person möchte keine Energie in die Auseinandersetzung mit dem Widerstand investieren.
5	Aktives Desinteresse	Zeigt sich, wie der Name schon verrät, als Paradox. Die Person informiert sich, findet alles logisch und schlüssig, scheint durchaus interessiert, und es taucht nicht einmal ein „aber" auf. Das aktive Umsetzen bleibt jedoch aus. Die Person setzt keine Energie ein, um den Dingen einen aktiven Impuls zu geben und verhält sich passiv.
6	Nichtdenken	Zeigt sich als Widerstandsform in der Nicht-Anwendung logischer Zusammenhänge. Allgemeine Gesetzmäßigkeiten werden zwar nicht verneint, aber man tut so, als hätten sie nichts mit einem selbst zu tun. Besonders dann, wenn es sich förmlich aufdrängt, wird betont, dass es bei einem selbst „ganz anders" sei und in diesem Sinne auch nicht vergleichbar.
7	Beliebigkeit	Zeigt sich in enger Verwandtschaft mit Nichtdenken, eben als beliebiges Denken, das sich nicht an die vorgegebene Realität und ihre Gesetzmäßigkeiten halten will. Die familiären, sozialen, wirtschaftlichen, ethischen und faktischen Gegebenheiten werden ignoriert und gegen das Motto eingetauscht „Da ich doch frei bin, kann ich auch alles frei denken und lasse mir nichts vorschreiben". Die Beliebigkeit zeigt sich dann im Fehlschluss aufgrund einer willkürlich postulierten Freiheit. Dieser Widerstand bewahrt einen zudem davor, sich mit der vorgegebenen Realität auseinandersetzen und sie zu Ende denken zu müssen. Als **besondere Form der Beliebigkeit ist die Kontextreduktion** anzusehen. Scheinbar richtige formale Logik und Argumente bewegen sich in einem künstlich reduzierten Rahmen, in dem Bezüge und Gesetzmäßigkeiten als gültig angesehen werden, die dem realen Kontext gegenüber nicht haltbar sind.

(Fortsetzung)

Tab. 1.1 (Fortsetzung)

Nr.	Widerstand als …	Beschreibung
8	*Rationalisieren*	Bedeutet hier, dass nach einem irrationalen Schritt sozusagen das Rationalisieren des Irrationalen rational wegerklärt werden soll. Die Person leistet Widerstand, indem sie sich weigert, sich mit ihrer Irrationalität auseinanderzusetzen. Stattdessen versucht sie, die Irrationalität mit einem rationalen Mantel zu umhüllen.
9	*Unfassbarkeit*	Bedeutet, dass die Person weder für die anderen noch für sich selbst zu fassen ist. Die Inhalte, die der Umwelt angeboten werden, zeichnen sich durch viele Konjunktive und Möglichkeitsoptionen aus. Es wird häufig unpersönlich von „man", „es" oder „wir" gesprochen, und letzten Endes greift man bei diesem Menschen ins Leere. Diese Art von Widerstand ist sehr „effektiv", da sie sprachlich als Widerstand schwer zu greifen ist.
10	*Nicht-Fühlen*	Ist, genau genommen, eine körperliche Form der Blockade, ein Widerstand gegen das Erlebenmüssen von Emotionen. Da es autonomen Charakter hat, kommen viele Inhalte an einen nicht fühlenden Menschen gar nicht heran. Die betroffene Person ist sich dessen selbst jedoch kaum bewusst, selbst wenn ihre Umwelt es als mangelnde Empathie oder rüdes Verhalten auffassen mag.
11	*Ablenken*	Ist der Versuch, durch Überbetonung eines nicht relevanten Aspekts oder durch das Verwechseln des Wesentlichen mit dem Unwesentlichen das eigentliche Thema zu vermeiden. Fragen, die mit Gegenfragen gekontert werden oder schier ewige Korrektur- oder Abstimmungsrunden zu unwesentlichen Details verzögern wesentliche Entscheidungen oder machen sie mit der Zeit hinfällig.
12	*Methoden-Ablenkung*	Stellt eine **besondere Form der Ablenkung dar**: Durch die Auswahl einer Methode, die offensichtlich nicht in der Lage ist, das eigentliche Problem zu lösen, werden Ersatz-, Pseudo- oder Ablenkungsthemen produziert, mit denen man sich lange beschäftigen kann, ohne wirklich einen Schritt weiterzukommen. Im materiell-operativen Bereich wird dies leicht offensichtlich, nämlich dann, wenn das Produkt oder der Prozess nicht oder viel zu langsam entsteht. Schwerer fällt die Unterscheidung jedoch im seelisch-geistigen Bereich, in dem sich die Führungskräfte einer Organisation auch stets bewegen. Die Taktik besteht in der Auswahl von Methoden, die die unbewussten Widerstände der Akteure nicht erfassen. Beispiel: Bei der Behandlung von unbewussten Widerständen werden Coaching- oder Team-Building-Methoden herangezogen, die nur bewusstseinsorientiert arbeiten und die Widerstände der Betreffenden daher nur an der Oberfläche erfassen können. Die Widerstände werden dann zwar vorübergehend aufgegeben, treten aber bald in einer neuen Form wieder auf. Nach außen wird die Maßnahme jedoch als „gute Arbeit" präsentiert, die man möglichst häufig wiederholen sollte. Bei der Methoden-Ablenkung werden die Sachverhalte also so „arrangiert" und genutzt, dass das Eigentliche verborgen und unangetastet bleiben kann.
13	*Manipulation*	Ist Phänomen streng genommen eine Kategorie für sich, jedoch sind die verdeckten Absichten der Manipulation im Wesentlichen als Vermeidungs-Instrumente anzusehen. Bewusst oder unbewusst soll vermieden werden, dass Menschen sich so entscheiden oder verhalten, wie anzunehmen wäre. Insofern gehören auch das Ablenken, das Rationalisieren und die Kontextreduktion zu den manipulativen Techniken des Widerstands.

Die unbewussten Widerstände der Akteure halten die zu lösenden Probleme im Stillstand, während ihre transformierten Widerstände sie in Bewegung setzen können. Anders als die gewöhnlichen Vorgehensweisen, die mit noch so logischen und rationalen Appellen an das eigene oder fremde Bewusstsein oder auch einfach mit Druck arbeiten, beschäftigen sich Management-Aufstellungen konsequent mit der unbewussten Ursache, und zwar mit dem Ziel ihrer Verwandlung. Dadurch entsteht der Vorteil einer höheren Nachhaltigkeit, den die konventionellen Methoden nicht aufweisen können, weil das Unbewusste den noch so klugen und richtigen Ratschlägen sowie Anweisungen des Bewusstseins gegenüber naturgemäß äußerst resistent ist.

Das Vorgehen der Management-Aufstellungen gliedert sich folglich in vier wesentliche Schritte:
1. Es gilt zuerst, die verhindernde Kraft in ihrer Symptomatik im Unternehmen wahrzunehmen,
2. sodann die daran gebundenen Widerstände im Unbewussten methodisch zu erfassen und ihre ebenso unbewusste Ursache zu identifizieren,
3. um diese dann in einer tiefgehenden Arbeit grundsätzlich zu verwandeln,
4. damit sie schließlich mit gleicher Stärke als ermöglichende Kraft – sowohl bei den Top-Führungskräften als auch in den Teams im Unternehmen – wieder zur Verfügung stehen.

Wenn die Ergründung der unbewussten Haltungen und deren Integration in das Bewusstsein gelingt, kann sich das Bewusstsein neu ausrichten, und der Widerstand wandelt sich in Bewegung als Fluss vitaler Energie, die nun ganz der Sache dienen kann. Im Unternehmen kann man diesen hinzugewonnenen Fluss leicht beobachten, nämlich als:
- Innovationskraft als Ideen-Fluss
- Kommunikations- und Informations-Fluss
- Zusammenarbeit i. S. v. Prozess-Fluss
- Kunden-Zu-Fluss
- Bewerber-Zu-Fluss
- Und final: Cash-Flow (Geld-Fluss)

All diese Fluss-Größen tragen in ihrer Gesamtheit zur besseren Performance des Unternehmens bei. Wenn sich Manager und ihre Teams auf die Erschließung des Unbewussten einlassen können, wird dem Unternehmen hiermit eine große Menge bisher ungenutzten Potenzials zur Verfügung gestellt. Voraussetzung dafür ist jedoch das Vorhandensein einer praktikablen Management-Methode, die nachhaltig mit dem Unbewussten zu arbeiten versteht, um die darin zurückgehaltene vitale Kraft in Fluss zu bringen. Genau hier setzen Management-Aufstellungen an.

Literatur

Jung, C. G. (2000). *Grundfragen zur Praxis*. Augsburg: Bechtermünz.
Hillman, J. (1997). *Suche nach Innen*. Einsiedeln: Daimon.

Wesen und Wirken von Management-Aufstellungen

2.1 Aufstellungen als Spiegelungs-Methode des Unbewussten – 14

2.2 Der mehrdimensionale Arbeitsrahmen von Management-Aufstellungen – 15

2.3 Die Systemik der Inneren Gestalten als methodischer Rahmen von Management-Aufstellungen – 17

2.4 Das Ziel von Management-Aufstellungen – Vitale Kraft als freie Ressource im Unternehmen erschließen – 18

2.4.1 Die vitale Kraft als phänomenologischer Leitbegriff der Lebensbewegungen – 18
2.4.2 Freies Fließen der vitalen Kraft als Daseins-Qualität – auch im Management – 19
2.4.3 Das Ungelebte als die abgewandte Seite der vitalen Kraft – 20
2.4.4 Die vitale Kraft als energetische Brücke zum Unbewussten – 20
2.4.5 Die vitale Kraft als Träger von Kreativität und Quelle von Innovationen – 20

2.5 Methodische Besonderheiten von Management-Aufstellungen – 21

2.6 Aufstellungen als alltagsfähige Management-Methode mit vielen Vorteilen – 22

Literatur – 25

© Springer Fachmedien Wiesbaden GmbH, ein Teil von Springer Nature 2019
A. N. Riechers, R. Ress, *Die beseelte Organisation und ihr Geist*,
https://doi.org/10.1007/978-3-658-23922-0_2

2.1 Aufstellungen als Spiegelungs-Methode des Unbewussten

Die Aufstellungsarbeit ist ihrem Wesen nach eine externalisierte Introspektion. Das heißt, dass die dem Bewusstsein verborgenen Inhalte des Unbewussten mithilfe von Symbolen und Stellvertretern räumlich sichtbar gemacht werden. Das Innere wird durch die Methode sozusagen nach außen verlagert und dadurch für eine Reflexion und Transformation überhaupt erst zugänglich. Geleitet ist dieses Vorgehen von einer phänomenologischen Sichtweise:

> „Was sich für die Phänomenologie der Bewußtseinsakte als das sich-selbst-Bekunden der Phänomene vollzieht, wird ursprünglicher noch von Aristoteles und im ganzen griechischen Denken und Dasein als Ἀλήθεια [Aletheia] gedacht, als die Unverborgenheit des Anwesenden, dessen Entbergung, sein sich-Zeigen. Was die phänomenologischen Untersuchungen als die tragende Haltung des Denkens neu gefunden haben, erweist sich als der Grundzug des griechischen Denkens, wenn nicht gar der Philosophie als solcher" (Heidegger 2007, S. 99).

Die Aufstellungsarbeit ist als Phänomen also keine Neuerscheinung. Innovativ sind jedoch die verschiedenen Arbeitsformate, die in den letzten Jahrzehnten entstanden sind und die alle mit dem gleichen Wirkprinzip arbeiten: Aufstellungen nutzen das in allen Menschen vorhandene Vermögen, Emotionen, Stimmungen und auch Bewegungen der Seele und des Geistes anderer Menschen zu spiegeln. Dies zeigt sich während einer Aufstellung als Resonanz, durch die eine stellvertretende Wahrnehmung möglich wird. Das Unbewusste wird so mithilfe symbolischer Stellvertretung wortwörtlich auf eine räumliche Fläche „gestellt" (daher die Bezeichnung „Aufstellung"). Dabei ist es für die Methode völlig gleichgültig, ob es sich um ein Familiensystem, eine Organisations- oder Persönlichkeitsstruktur handelt. Die so gewonnenen Informationen können zum Ausgangspunkt einer vertieften Auseinandersetzung mit unbewussten, verdrängten oder abgespaltenen Persönlichkeitsanteilen werden. Durch die Spiegelung werden also die konkreten unbewussten Tendenzen der Akteure eines Sachverhaltes räumlich sichtbar gemacht, wodurch die Möglichkeit einer reflektiven Introspektion ihrer Haltungen entsteht. Erst danach werden ihre Korrekturen im Sinne ihrer Verwandlung möglich.

Aufstellungen eignen sich daher wie keine zweite Methode dazu, unbewusste Widerstände sichtbar zu machen. Denn durch die Spiegelung zeigen sich auch jene Anteile der Akteure, die geheime Machtgelüste hegen, durch Intrigen agieren oder gar strategisch manipulativ mit Menschen und Sachverhalten spielen, um ihre Vormachtstellung zu festigen. Dieses Sichtbarwerden erfolgt mithilfe von spezifischen Formaten, die sehr diskret arbeiten, da nur die Anwesenheit des Anliegengebers vonnöten ist. Die Methode kann die informellen Macht- und Kräfteverhältnisse eines formalen Sachverhaltes kraft der stellvertretenden Wahrnehmung unabhängig von der physischen Anwesenheit der relevanten Beteiligten spiegeln.

Die sich zeigenden Verhältnisse geben dem Anliegengeber wichtige Hinweise in Bezug auf die Beziehungsdynamiken der Akteure, seine bewussten wie unbewussten Anteile an dieser Dynamik sowie die realistischen Optionen, die in dieser Konfiguration zur Verfügung stehen. Aufstellungen sind damit grundsätzlich auch eine Zusammenschau der Makroebene (Verhältnisse, Prozesse und Sachverhalte, wie sie sich in der Außenwelt des Klienten tatsächlich darstellen) und der Mikroebene (Verhältnisse und seelische Dynamiken der Innenwelt des Klienten). Wenn die beiden Ebenen divergieren bzw. in zwei verschiedene Richtungen ziehen, dann erkennen wir das grundsätzlich an einem problematischen Anliegen, einer Blockade oder einem Widerstand. Wenn Makro- und Mikroebene aufeinander abgestimmt sind, dann kann sich das Anliegen wieder in Bewegung setzen und vitale Kraft in und zwischen den Beteiligten fließen.

2.2 Der mehrdimensionale Arbeitsrahmen von Management-Aufstellungen

Neben dem allgemeinen Wirkprinzip der Resonanz und stellvertretenden Wahrnehmung, die in der Summe eine Spiegelung ergeben, entscheiden allerdings noch drei weitere Dimensionen über Präzision und Wirkung einer Aufstellung. Die Tiefe und Weite des sich Zeigenden als auch die Möglichkeit seiner Verarbeitung sind abhängig von:

- dem Rahmen der Methode als **dem zugrundeliegenden Arbeitsmodell** des Leiters, dessen Begriffe die Wahrnehmung leiten und darüber mitentscheiden, was überhaupt sichtbar werden kann. Zum einen muss das Modell in der Lage sein, den Untersuchungsbereich in seinen relevanten Dimensionen, Abhängigkeiten und Dynamiken zu spiegeln, zum anderen soll es auch die theoretische Grundlage für die Transformation des sich Zeigenden liefern. Dabei ist das Unbewusste der Ausgangspunkt und das wesentliche Arbeitsgebiet der Aufstellungen. Keine oder vage Konzepte liefern verständlicherweise andere Ergebnisse als genau beschreibende und präzise Modelle des Unbewussten. Da die verwendeten Begriffe des Modells in Summe das Bedeutungsgeflecht und auch die Interpretationsfolie ergeben, ist eine vorherige Auseinandersetzung mit ihnen schon Teil der Arbeit. Auch die theoretische Auseinandersetzung mit den Begriffen ist bereits eine Anwendung des Modells und der Beginn der Aufstellung, da das Unbewusste mittelbar durch die spiegelnden Begriffe angesprochen und aktiviert wird: *„Kaum berührt uns nämlich das Unbewusste, so ist man es schon, indem man seiner selber unbewusst wird"* (Jung 1957, S. 31).
- dem **seelischen Unterscheidungsvermögen des Aufstellungs-Leiters** als eine Fähigkeit des Begleiters, die unbewussten Inhalte des Klienten in einer genau unterscheidenden Spiegelung für diesen erfassbar zu machen. Obgleich die Methode selbst technisch relativ leicht anzuwenden ist, ist das vom Aufstellungsleiter benötigte Unterscheidungsvermögen alles andere als leicht zu erwerben. Immerhin stellen die mehrheitlich teil- oder unbewussten Bewegungen der Seele und des Geistes das Arbeitsgebiet von Aufstellungen dar. Und hierfür benötigt der Leiter eine solide Kenntnis der Systemik des Unbewussten, und zwar vor allem in ihrer transgenerationalen Tragweite. Entscheidend für die Qualität des Arbeitsergebnisses ist also der Grad der Klärung und Auseinandersetzung mit den eigenen unbewussten Strukturen. Diese Klärung kann mithilfe der Methode erfahren und anhand der ihr zugrundeliegenden theoretischen Ausgangspunkte reflektiert werden. Erst dadurch entsteht ein geschultes Unterscheidungsvermögen, sowohl emotional-energetischer als auch geistig-reflexiver Art, das in der Aufstellung als Mehrwert für den Klienten

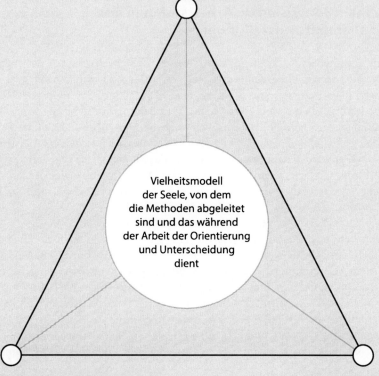

☐ Abb. 2.1 Arbeitsrahmen von Management-Aufstellungen

zum Tragen kommt. So gesehen wird der Leiter selbst zur Methode und das Ergebnis entfaltet sich entsprechend dem Maß an Einsicht, das er zuvorderst bei sich selbst erreicht hat.
- der **Motivation des Klienten,** sich mit Entschlossenheit seiner unbewussten Strukturen bewusst zu werden, auch in die Tabu- und Angst-Bezirke der Seele vorzudringen, um Muster abzulösen und den Bereich der freien Wahl zu erweitern. Dazu gehört auch das vorübergehende Aushalten von Verwirrung und Unsicherheit auf dem Weg der Herauslösung aus bis dahin gewohnten und als „normal" empfundenen unbewussten Verstrickungen oder Projektionen.

Damit ist Aufstellung nicht gleich Aufstellung, auch wenn dies gerne immer wieder behauptet wird. So ist der Charakter einer körperorientierten integrativen Trauma-Aufstellung völlig anders als der einer Organisations-Strukturaufstellung, weil Klienten hier mit völlig unterschiedlicher Motivation am Werk sind und das Arbeitsmodell sich in Bezug auf die Aufgabenstellung wesentlich unterscheidet. Aus dem gleichen Grunde werden auch zwei Team-Aufstellungen bei zwei unterschiedlichen Aufstellungsleitern nicht vollkommen gleiche Ergebnisse liefern, da Erfahrung und Unterscheidungsvermögen unterschiedlich ausgeprägt sind. Das zugrunde liegende Modell seelischer Dynamiken, Methoden, die die transgenerationale Tragweite des Unbewussten erschließen können, das Kennen und Können des Leiters sowie die konsequente Entschlossenheit des Klienten sind damit die konstituierenden Merkmale einer Aufstellung. Sie entscheiden in ihrem Zusammenwirken über die Qualität und Aussagekraft der Methode (vgl. ◘ Abb. 2.1 Arbeitsrahmen von Management-Aufstellungen).

Wer über Aufstellungen schreibt, sie anbietet oder in den öffentlichen Diskurs einbringt, ist daher aus Gründen der Professionalität verpflichtet, sein zugrunde liegendes Arbeitsmodell darzulegen und transparent zu beschreiben. Andernfalls droht der Diskurs an vagen Andeutungen, eigenen Interpretationen und Missverständnissen zu scheitern oder erst gar nicht stattzufinden. Ebenso soll dadurch dem Klienten die Chance gegeben werden einzuschätzen, ob das Modell ihn anspricht und er dafür auch die notwendige Motivation wirklich aufbringen kann und will.

2.3 Die Systemik der Inneren Gestalten als methodischer Rahmen von Management-Aufstellungen

Im Sinne der obigen Erklärungen soll nochmals erwähnt werden, dass die hier vorgestellten Management-Aufstellungen das Modell der Systemik der Inneren Gestalten als Grundlage haben. Dabei handelt es sich um ein äußerst komplexes und differenziertes Modell des Unbewussten und der menschlichen Seelenlandschaft. Als Vielheitsmodell der Seele geht es von einer Mehrzahl Innerer Gestalten aus, die grundsätzlich Produkte seelischer Spaltungen sind und in Summe sowohl das seelische Leben formen als auch das Bewusstsein entscheidend beeinflussen. Die das Modell tragenden Begriffe beschreiben eine umfassende Topologie des Unbewussten und erscheinen dem modernen Bewusstsein in der Regel fremdartig. Insbesondere der Bezug zu Traumata und den existenziellen Grenzerfahrungen löst bisweilen so starke Störgefühle aus, dass ein Klient leicht in Widerstand geraten kann. Diese Beobachtung ist die Bestätigung dafür, dass man auf dem richtigen Weg ist und – übrigens – dabei auch eine geteilte Erfahrung mit C. G. Jung hat, der die Inneren Gestalten als Komplexe im Unbewussten bezeichnete:

> „Wo das Komplexgebiet anfängt, hört die Freiheit des Ich auf, denn Komplexe sind seelische Mächte, deren tiefste Natur noch nicht ergründet ist. Jedes Mal, wenn es der Forschung gelingt, noch weiter gegen das seelische Tremendum vorzudringen, werden, wie bisher, beim Publikum Reaktionen ausgelöst, genau wie bei Patienten, welche aus therapeutischen Gründen veranlasst werden, gegen die Unberührbarkeit ihrer Komplexe vorzugehen" (Jung 2000, S. 197).

Aufgrund dieser bekannten Reaktionen haben wir dem Buch am Ende des Theorieteils eine Synopse angefügt, die die wesentlichen Termini des Vielheitsmodells der Seele in Bezug auf Führungskräfte- und Teamentwicklung erläutert und auch die unterschiedlichen Bedeutungen in der Welt des bewusstseinszentrierten Einheitsmodells beschreibt. Die Voraussetzung für die Anwendung der hier vorgestellten Management-Aufstellungen ist also die Auseinandersetzung mit der Systemik der Inneren Gestalten sowie ihrem speziellen Anwendungsrahmen im Bereich von Organisationen und deren Führung. Die Inneren Gestalten sind im Unbewussten beheimatet, und daher kann die Methode nur erfolgreich sein, wenn Leiter und Klient sich den zum Teil überflutenden, verwirrenden, amoralischen und archaischen Kräften und Phänomenen des Unbewussten gegenüber radikal öffnen. Es bedarf einer unzensierten Offenheit gegenüber dem, was sich zeigt, ganz im Sinne der phänomenologischen Sichtweise, die von jeder Vormeinung absieht.

2.4 Das Ziel von Management-Aufstellungen – Vitale Kraft als freie Ressource im Unternehmen erschließen

Ein bisher bereits mehrmals verwendeter aber noch nicht kommentierter Schlüsselbegriff der Systemik der Inneren Gestalten ist die „vitale Kraft". Die Betonung der „vitalen Kraft" als zentrale Dimension in der Unternehmensführung als auch der Unternehmensentwicklung mag ungewohnt erscheinen, sie entspringt jedoch dem fundamentalen Verständnis, dass auch ökonomisches Tun für den Menschen ein Teil des Auslebens seiner vitalen Energie ist – oder das Auszehren als ihr Gegenteil. Die Verwendung dieses Begriffes ist zudem eine Entscheidung, sich keiner weiteren eklektizistischen Management-Theorie zu widmen, sondern den Blick auf die allen Lebensbewegungen zugrunde liegenden Dynamiken zu lenken – und dazu gehört auch die Wirtschaft. Die Ökonomie und ihre sie gestaltenden Organisationen bewegen sich nicht von selbst, sondern sie werden von Menschenhand bewegt. Was dazu nötig ist, ist der Einsatz der vitalen Lebenskraft.

2.4.1 Die vitale Kraft als phänomenologischer Leitbegriff der Lebensbewegungen

Der Aspekt „vitale Kraft" bezeichnet jedoch eine besondere Qualität der Lebenskraft. Das Attribut „vital" steht für den freien Fluss der Lebensenergie, die jenseits von Zwang, Projektionen, Sehnsüchten und Verstrickungen jeglicher Art der Selbstverwirklichung des Menschen dient. Die vitale Kraft ist damit ein dem Leben innewohnendes Prinzip, ohne das eine individuelle Existenz nicht möglich wäre, und damit auch eine Form des *élan vital* Henri Bergsons, jenes Lebensschwunges, der die schöpferische Entwicklung der Menschheit als Ganzes vorantreibt. Der Begriff selbst ist kein naturwissenschaftlicher Terminus, sondern entspringt der Phänomenologie der Lebensbewegungen, die sich an der ganzheitlichen Existenz des Menschen orientiert. Er spiegelt die Wirklichkeit in ihrer Aktualität und reflektiert gleichzeitig das ausgelebte oder aber auch gehemmte Potenzial seiner Verwirklichung in einem konkreten Menschenleben. Am deutlichsten und natürlichsten zeigt sich vitale Kraft in ihren Qualitäten wohl im Kind. Im Idealfall heißt das: konstantes Wachstum, ständige Neugierde, hohe Kreativität, freier Gefühlsausdruck, ungezwungene Kontaktfähigkeit, ein elastischer Körper und hohe Regenerationsfähigkeit. Kurz gesagt: Ohne vitale Kraft keine Entwicklung, kein Voranschreiten, kein Wachstum.

Die vitale Kraft ist damit auch lebendiges Symbol für das individuelle Vermögen, zu einem „Selbst" zu werden und es zu sein. Sie ist ein archetypisches Prinzip, das allen Menschen innewohnt und nah mit der Seele selbst verwandt ist. Seele heißt ursprünglich „die Bewegliche" und ihre Bewegung im Leben wird durch die vitale Kraft ermöglicht. Das Wirken der vitalen Kraft ist bei jedem Menschen ein ihm eigenes, konkretes Ereignis, und auch jene Kraft, mit der er seinen persönlichen Sinn ins Leben trägt.

2.4.2 Freies Fließen der vitalen Kraft als Daseins-Qualität – auch im Management

In ihrem freien Fließen ist die vitale Kraft auch der Träger der ursprünglichen Qualitäten der Seele wie Nähe, Geborgenheit, Stabilität, Stärke, Mut, Urvertrauen und Wille zum Leben – eben jenen menschlichen Fähigkeiten und Eigenschaften, die zum Ausgleich der Polaritäten des Lebens notwendig sind. Im ungehinderten Fluss liefert uns die vitale Kraft alle Ressourcen, die zur nachhaltigen Bewältigung des immerwährenden Dualismus zwischen individueller Freiheit und dem Verhaftetsein in unpersönlichen Notwendigkeiten der Welt nötig sind. Hinter dem Begriff der „vitalen Kraft" verbirgt sich insofern das Potenzial zur individuellen Entfaltung innerhalb eines sozialen Gefüges. Vitale Kraft ist eine lebendige Brücke zwischen dem Einzelnen und den Anderen, denen er in zwischenmenschlichen Beziehungen fortwährend begegnet. Sie ist nicht die „Kraft des Stärkeren", die andere unterjocht, und somit über kurz oder lang einen Gegenschlag provoziert, sondern ein Vermögen, sich klar in der Welt abzugrenzen, wehrhaft sein zu können und den eigenen Raum einzunehmen. Da grundsätzlich dem Leben entspringend und verpflichtet, ist sie selbst in ihrer stärksten Ausprägung immer noch an das Leben und dessen Erhalt gebunden.

Die vitale Kraft verläuft im Flussbett der Seele und durchströmt durch sie alle Ebenen menschlicher Existenz – die körperlichen, geistigen und emotionalen Ebenen. Sie durchströmt den Organismus, sorgt für Ausgleich zwischen Spannung und Entspannung, hält ihn geschmeidig und durchlässig, offen für feinste Empfindungen, jenseits von Rohheit und emotionaler Verpanzerung. Sie ist mit den Funktionen des Geistes verbunden, aber nicht von ihnen dominiert. Der an sie angebundene Geist schafft mit vitaler Agilität und versorgt den im Menschen wohnenden Homo ludens mit jener kindlichen Begeisterung für Neues, die zum Ausgangspunkt für sprudelnde Kreativität wird. Gemeinsam mit den geistigen Qualitäten und der gesammelten Erfahrung trägt die vitale Kraft damit alle Voraussetzungen, die auch wirtschaftlichen Erfolg garantieren: unternehmerischen Mut, Kreativität als Grundlage von Innovationen, Stabilität als Verlässlichkeit, Abgrenzung sowie Nähe als Grundlage von Empathie und Kontakt. Das Maß des freien Flusses formt somit die Lebensbewegungen und die geistig-seelische Struktur eines Menschen – sie entscheidet über Enge und Weite der Möglichkeiten des Daseins, in privaten wie beruflichen Lebensbereichen.

2.4.3 Das Ungelebte als die abgewandte Seite der vitalen Kraft

Dass das Phänomen der vitalen Kraft kein idealisiertes Wunschbild, sondern wirksame Wirklichkeit ist, können wir im Übrigen an ihrer abgewandten Seite erkennen, der schier unstillbaren Sehnsucht, das bisher Ungelebte, Unverwirklichte, Blockierte, Zähe und Schwere im Leben zu überwinden. Als Objekt der Begierde wird die Suche nach vitaler Kraft nicht selten zum größten Antrieb im Leben. Es lockt die Verheißung, dass nach allen Mühen, ob im privaten oder im geschäftlichen, wissenschaftlichen oder kulturellen Bereich, die Erreichung des großen Ziels endlich die lang ersehnte Zufriedenheit, Glück, Unbeschwertheit, die Liebe und das Geliebtwerden herstellt. Wer das Leben kennt, weiß jedoch, dass Glück und Vitalität nicht an Mühen und Fleiß gebunden, sondern das Resultat einer gereiften und wahrhaftigen Einsicht sowie eines stimmigen Umgangs mit der eigenen Persönlichkeit sind. Das „gelungene und vitale Leben", so könnte man sagen, ist das Ergebnis der Überwindung sich widersprechender Tendenzen im Selbst, weisen Umgangs mit den Widersprüchen des Charakters sowie des Vermögens eines reflektierenden und sanftmütigen Umgangs mit dem eigenen Bild im Spiegel.

2.4.4 Die vitale Kraft als energetische Brücke zum Unbewussten

Insofern verweist die Sehnsucht auf das, was den freien Fluss vitaler Kraft verhindert – die Phänomene, die der Wiederherstellung von Vitalität im Wege stehen: traumabedingte Blockaden in unserer Persönlichkeit – solche, die im Unbewussten mit so viel Macht und Kraft wirken, dass wir mit Willenskraft und Logik nicht mehr dagegen ankommen. Diese Gegenkraft zum freien Fluss ist ebenfalls vitale Energie, jedoch in der seelischen Spaltung als Schockladung eingefroren und gehalten. Durch diesen Zusammenhang ist die vitale Kraft, ihr Fließen und Nicht-Fließen, ein Brückenglied zwischen Bewusstem und Unbewusstem und ein Zugang zu den Inneren Gestalten, die wie „Flaschenhälse" über das jeweilige Energie-Niveau eines Menschen und eines Systems entscheiden.

2.4.5 Die vitale Kraft als Träger von Kreativität und Quelle von Innovationen

Wie wir später noch genauer ausführen werden, wird das Strömen der vitalen Kraft vor allem durch Traumafolgen im Hirnstamm, autonomem Nervensystem und Körper wesentlich beeinträchtigt. Insbesondere das emotionale Zentrum im limbischen System wird schockbedingt in seiner Erlebnis- und Ausdrucksweite limitiert. Die Folgen sind eine reduzierte Kontaktfähigkeit, eingeschränkte Empathie sowie auch ein verengtes

Vorstellungsvermögen als Grundlage des kreativen Potenzials. Wenn gewisse Emotionen und damit verbundene Vorstellungen, Körperempfindungen sowie typische Verhaltens-, Sprach- und Reaktionsmuster traumabedingt nicht oder nur reduziert zugänglich sind, kann solches Verhalten auch nicht antizipiert werden. Allerdings ist diese geistig-emotionale Vorausschau die Grundlage von Kreativität. Kreativ sein heißt Bilder-, Gedanken- und Gefühlswelten zu kreieren. Der spiritus creator braucht vollen Zugang zu allen Gehirnfunktionen, und diese Integration manifestiert sich in frei fließender vitaler Kraft.

Wenn wir also das Potenzial einer Organisation erweitern wollen, dann führt ein entscheidender Weg in die Tiefe, nämlich dahin, wo das Unbewusste erschlossen werden kann. Da sich die Blockaden beim Einzelnen in transgenerationaler Tragweite im Leben manifestieren, ist das Maß an vitaler Kraft, das freigelegt werden kann, schwer vorhersagbar. Management-Aufstellungen können mithilfe der externalisierten Introspektion die Blockaden und ihre Ursachen im Einzelnen als auch in den komplexen sozialen Dynamiken von Teams sichtbar machen. Das Ziel ist immer der nachhaltige Abbau von unbewussten Hürden, der in verschiedenen Stufen erfolgen kann. Am wirksamsten ist dabei die Kombination von integrativer Trauma-Arbeit auf individueller Ebene und Aufstellungsarbeit zum Erkennen und Ansprechen von Konflikten sowie Blockaden auf Gruppenebene. In beiden Fällen kann es durch die Arbeit zu einer Neu-Ausrichtung sowohl des Einzelnen als auch des Teams kommen. Diese Neu-Konfiguration dient dem Freisetzen der einzig nachhaltigen Ressource im Unternehmen: der frei fließenden vitalen Kraft aller Akteure, die sich in den bereits erwähnten Flussgrößen als Ideen-Fluss, Kommunikations-Fluss, Kunden-Zufluss und dergleichen mehr zeigt.

2.5 Methodische Besonderheiten von Management-Aufstellungen

Wie bereits in Bezug auf die Strukturelemente einer Aufstellung erwähnt wurde, muss das zugrunde liegende Modell in der Lage sein, den Untersuchungsbereich in seinen relevanten Aspekten spiegeln zu können. Management-Aufstellungen sollen, anders als Formate im persönlichen oder familiären Bereich, unbewusste Dynamiken und Hindernisse zwischen Mensch und System im Sachkontext der Firma sichtbar machen. Durch diese spezielle Aufgabe werden sie idealerweise zum Bindeglied zwischen dem seelischen Innenraum der Führungskräfte und dem operativen Außenraum des Unternehmens. Aufstellungen, die im Management verlässliche Ergebnisse liefern sollen, müssen daher einige spezielle Kriterien erfüllen, die direkt an das Wesen von Unternehmensführung gekoppelt sind. Damit eine präzise Spiegelung im Firmenkontext erfolgen kann, bedarf es daher:

- auf der Ebene Methode, neben den Inneren Gestalten, der **Spiegelung des Unternehmenszwecks** als wesentlichem Bestandteil der Aufstellungen. Denn das Ziel der Methode im Geschäftsbereich besteht im Auflösen von Widerständen und Blockaden, die sich im Sinne einer Neu-Ausrichtung letztendlich zugunsten des Unternehmenszwecks positiv auswirken sollen. Denn die Aufstellung dient sich weder selbst noch primär den sozialen Beziehungen der Beteiligten, sondern dem unternehmerischen Streben, an das die vitale Kraft durch den Gründungsakt gebunden ist, und an dem sie sich demnach auch ausrichten soll.
- auf der Ebene Leiter der **Verinnerlichung der Essenzen von Führung** als den erfolgsrelevanten Dimensionen von Management und Mitarbeiter-Führung im

Unternehmen. Dabei geht es nicht um ein umfassendes operatives Wissen, sondern um die Kenntnis der Wirkprinzipien von Führung sowie ihrer nachhaltigen Umsetzung. Dieses Wissen soll vor allem dem Aufstellungsleiter dazu dienen, die wichtigsten Hebel von Führung zum Gegenstand der Spiegelung zu machen. Dadurch werden die Aufstellungs-Ergebnisse mit dem je vorhandenen Wissensstand des Klienten verbunden, und es entstehen bereits während des Prozesses konkrete Strategien und Maßnahmen. Der so gewonnene praktische Mehrwert begünstigt auch die Geschwindigkeit der Umsetzung, die praktisch nahtlos, ohne weitere Reflexion, nach der Aufstellung beginnen kann.

- auf der Ebene Klient, die **Rolle des „starken Machers" ablegen** zu können und sich auf den Prozess als ganzer Mensch, als Persönlichkeit einzulassen, und zwar nicht nur der Informationsgewinnung wegen, sondern der Verarbeitung eigener unbewusster Blockaden wegen, die nur erschlossen werden können, wenn man dafür offen und bereit ist. An dieser Stelle ist der vorbereitende Rahmen durch den Leiter entscheidend, der den Klienten in die erforderliche Haltung versetzen soll. Dazu gehört es auch zu vermeiden, dass Themen oder Personen im Vorgespräch bereits aus- oder auch nur unausgesprochen tabuisiert werden und das Private nicht erörtert werden darf.

Werden diese Elemente zum Bestandteil einer Aufstellung, entsteht eine ganzheitliche Systemik, getragen von Inneren Gestalten, die das Gelenkstück zwischen den seelischen Dynamiken der Menschen und den Sachverhalten im Unternehmen sind. Der unternehmerische Fokus macht das Format zur Management-Aufstellung und stellt sicher, dass die neu gewonnene Klarheit im Unternehmen auch operativ ankommen kann.

> **Lese-Tipp**
>
> Fallbeispiel 7: „One Voice". Die Geschwister und Eigentümer einer italienischen Restaurant-Kette haben einen schweren Streit, der das Weiterbestehen der Firma bedroht.

In diesem Sinne gehört für den Klienten wie auch den Leiter die Erörterung der Frage nach guter Führung zur vorbereitenden Auseinandersetzung mit dem Arbeitsmodell von Management-Aufstellungen. Nach der eingehenden Vorstellung der Systemik der Inneren Gestalten in ▶ Kap. 3, bieten wir daher in ▶ Kap. 4 ein innovatives Führungsmodell auf Basis des Verständnisses des Vielheitsmodells der Seele an. Denn Führung abstrakt, ohne das Wesen und Wirken Innerer Gestalten zu denken, hieße das Konkreteste und vor allem auch das Wirksamste im Menschen auszulassen.

2.6 Aufstellungen als alltagsfähige Management-Methode mit vielen Vorteilen

Obwohl bereits einige Publikationen auf die Verwendung von Aufstellungen in der Wirtschaft hinweisen, ist bisher sehr wenig über in unserem Sinne unmittelbar anwendbare Management-Aufstellungen publiziert worden. Es geht also um eine unserer Auffassung nach entscheidende Verschiebung des Fokus der Methode von der Ebene Personal- bzw. Organisationsentwicklung hin zu operativer Arbeitsmethodik im Management.

Aufstellungen sollen also nicht mehr länger als exotisches Sonderformat für schwierige Fälle dienen, sondern eine neue wirksame Management-Methode werden, die, ähnlich wie Besprechungen, Reports oder Zahlenanalysen, zum gängigen operativen Handwerkszeug einer Führungskraft gehören. Wenn wir über Management-Aufstellungen schreiben, dann in diesem Sinne, als alltägliches Werkzeug in der Leitung und Steuerung von Unternehmen, selbstständig vom Manager oder der Manager-Runde ausgeführt, geleitet und interpretiert. Es handelt sich demnach um eine für Manager erlernbare und einsetzbare Methode in der Führung von kleinen, mittleren und großen Organisationen.

Durch Aufstellungen im Management ergeben sich **vielfältige Vorteile,** auf die Unternehmenslenker von heute nicht verzichten sollten:

- Management-Aufstellungen ermöglichen eine **völlig andere Betrachtungsweise von Geschäftsvorgängen.** Da neben der Rollenfunktion der Akteure immer auch ihre persönliche Motiv-Ebene in Form ihrer Inneren Gestalten einbezogen wird, entsteht eine wesentlich umfangreichere **Hintergrundarbeit,** die die oftmals vordergründige und glatte Business-Fassade entzaubert. Die formalen Handlungen oder Strukturen werden zum Ausgangspunkt der Spiegelung und der Erfassung jener Inneren Gestalten, die im Hintergrund das Geschehen kontrollieren.
- Aufstellungen sind als Methode insofern eine Besonderheit, als sie, anders als übliche Methoden im Management, die unbewusste Ebene und damit auch die sog. „hidden agendas", manipulativen Absichten und jegliches Macht- und Kalkülstreben sichtbar machen. Daraus ergibt sich ein **Wissensvorsprung sowie effektiver Schutz vor Manipulation,** der erst eine proaktive und nicht nur reaktive Haltung ermöglicht. Gerade bei der **Vorbereitung und Durchführung von Verhandlungen** besteht die Möglichkeit, dort eine Lösung zu finden, wo sich die Fronten zweier oder mehrerer Parteien derart verhärtet haben, dass keiner mehr ohne Gesichtsverlust nachgeben kann, und die Sache somit in einer Pattstellung verharrt.
- Aufstellungen können ohne wesentlichen Informationsverlust große Komplexitäten erfassen. Im Laufe des Erschließens und Spiegelns ändern und entwickeln sich die Einsichten bezüglich des komplexen Sachverhaltes. Wichtige Elemente können von den weniger maßgebenden Elementen unterschieden werden und Einzelelemente da in Bezug zueinander gesetzt werden, wo vorher unübersichtliches Chaos, Verwirrung oder große Unklarheit herrschten. So entsteht ein Überblick und Einblick in die komplexen Zusammenhänge eines Sachverhaltes, was am Ende einer **komplexitätserhaltenden Komplexitätsreduktion** (Helm Stierlin) entspricht, die im Management essenzielle Arbeit vor wichtigen Entscheidungen ist.
- Gerade die Initiierung und **Durchführung komplexer Veränderungen** gelingt umso reibungsloser und nachhaltiger, je genauer die zu erwartenden Widerstände antizipiert werden können. Durch die Spiegelung der Motivlagen in Bezug auf die neuen angestrebten formalen Strukturen entstehen bereits im Hier und Jetzt Resonanzen, die quasi einen **Blick in die Zukunft** gestatten. Diese Vorschau ist besonders treffsicher, da sie die unausgesprochenen, häufig unbewussten Erwartungen, Bereiche, die man gewöhnlicherweise zu umgehen pflegt, oder Tabus methodisch sichtbar macht. Durch die Vorkenntnis der „Stolpersteine und Tretminen" kann der **Change-Prozess um vieles schneller, kostengünstiger und reibungsloser** vonstattengehen.
- Insbesondere beim Finden der sprichwörtlich optimalen Aufstellung, egal, ob es sich um formale Organisationsstrukturen oder auch konkrete Team-Zusammensetzungen handelt, helfen Aufstellungen, diese optimale Konstellation zu finden.

Aufstellungen, engl. *constellation work,* sind ihrem Wesen nach dafür geeignet, Strukturen und Dynamiken sichtbar zu machen, die im Alltag Bestand haben können und nicht am Widerstand der Beteiligten scheitern. Durch die spiegelnde Resonanz der Akteure untereinander gelingt eine verlässliche Antizipation von Team-Dynamiken, die als Instrument im Recruiting und Team-Building eingesetzt werden können. Management-Aufstellungen können insofern wichtige **Hinweise für das richtige Anforderungsprofil von Bewerbern als auch ihre Passung** in Bezug auf die vorhandene Firmen- oder Abteilungskultur liefern.

- Die **Methode ist frei ohne nennenswerte Hilfsmittel sofort einsetzbar** und entspricht dem zeitlichen Rahmen herkömmlicher Entscheidungsfindungsverfahren wie Besprechungen oder Reports. So kann eine Einsicht bereits in fünf Minuten gewonnen werden, aber selbst das Aufstellen eines komplexen Themas wird in der Regel nicht mehr als eine Stunde in Anspruch nehmen. Es gibt zudem eine große Bandbreite von Aufstellungs-Formaten, sowohl passend für eher einfache und übersichtliche Sachverhalte operativen Charakters als auch für vorrangig strategische Fragen mit großer Vielschichtigkeit.

> **Lese-Tipp**
>
> Fallbeispiel 5: „Wer ist der Richtige?". Der Spartenleiter eines internationalen Maschinenbauunternehmens muss dringend eine vakante Schlüsselposition nachbesetzen.

Durch die Heranziehung der Systemik der Inneren Gestalten als grundlegenden Rahmen der Management-Aufstellungen ergeben sich darüber hinaus **noch weitere Vorteile, die unmittelbar an das Modell selbst geknüpft sind.** Denn in jeglicher Diagnostik entscheidet der Präzisionsgrad der Erfassung und Sichtbarmachung über den Grad der möglichen Erkenntnis. Die Systemik der Inneren Gestalten erfasst die konkreten und je spezifischen Träger und Beweger im Unbewussten. Es muss daher kein allgemeines Modell in die Seele und das Unbewusste hinein- oder rückprojiziert werden, sondern das je Spezifische kann und soll sich wertungsfrei als Phänomen entfalten und zeigen. Die Systemik der Inneren Gestalten arbeitet direkt mit den Strukturelementen des Unbewussten, die sich als abgespaltene Teilpersönlichkeiten mit je eigenem Willen und Bewusstsein zeigen. So werden Management-Aufstellungen zu quasi „bildgebenden Verfahren" mit Vorteilen, die sich aus dem Erschließen der Inneren Gestalten sui generis ergeben:

- Aufstellungen von Inneren Gestalten produzieren **dialogfähige Ergebnisse,** da sich personenhafte Ausformungen des Unbewussten zeigen, mit denen mittels der Methode des Voice Dialogue direkt dialogisch weitergearbeitet werden kann. Aufstellungen liefern damit keine abstrakten Erkenntnisse, die der weiteren Spekulation offenstehen, sondern konkret erfahrbare, und zwar als „Dialog mit dem Unbewussten". Durch die Inneren Gestalten wird die Seele direkt ansprechbar und kann somit zum alltäglichen und konkreten „Reflexionspartner" werden. Dadurch kann sich auch ein völlig neues Selbst-Verständnis einstellen, das sich seiner eigenen Widersprüchlichkeiten bewusst ist und den dahinter stehenden tieferen Zusammenhang versteht, statt sich selbst oder andere für das Nicht-Gelingen im Leben strafend zur Verantwortung zu ziehen.

- So entsteht mit der Zeit auch eine differenzierte Kenntnis der eigenen Seelenlandschaft, die zur Grundlage eines **seelischen Unterscheidungsvermögens** und auch von Achtsamkeit wird. Achtsamkeit (engl. mindfulness) heißt in diesem Sinne, sich gewahr werden, welche Innere Gestalt gerade reagiert, nicht reagiert oder in Widerstand geht – mit ihr in Kontakt zu sein und ihren Willen zu erschließen.
- In der Zweier- oder Gruppenkonstellation angewendet, können so Konflikte gelöst werden, indem man sich konkret auf Innere Gestalten berufen kann. Somit entsteht der nötige **Abstand zu den überflutenden Emotionen** und dem Zug der Verstrickung, der die Beteiligten in Bann hält. Das bis dahin aus dem Unbewussten gesteuerte Bewusstsein kann sich durch konsequente Anwendung des Vielheitsmodells differenzieren, ausdehnen und die Grundlagen seiner eigenen Projektionen reflektieren. So wird die Verantwortung für das Eigene wieder in den Mittelpunkt gerückt und der Kampf gegen den anderen obsolet. Der gegenseitige Austausch über diesen Reflexionsprozess erzeugt eine vertiefte gegenseitige Kenntnis und **realistische Erwartungen** darüber, was vom anderen gefordert werden kann und was auf Grundlage seiner Inneren Gestalten (noch) nicht möglich ist. Dieses fundierte Erwartungsmanagement schützt vor weiteren Projektionen und bietet so den **besten Schutz vor Konflikteskalation** oder gar Beziehungsabbrüchen.
- Durch die gegenseitige Spiegelung kommt es zu einer umfangreichen **Selbst- und Fremdklärung** als notwendige Vorarbeit für jegliche Problemlösung und konstruktive Kommunikation. Denn wo die Akteure mehr Klarheit über ihre eigenen Anteile am Problemkreis haben, kann erst **schuld- und wertneutrale Kommunikation** starten, die viele Eskalationskaskaden hinfällig werden lässt.
- Insbesondere in den teilweise hochemotionalen **interkulturellen Beziehungen** sorgt die gegenseitige Kenntnis der Inneren Gestalten für die nötige Ebenbürtigkeit, die für den weiteren Dialog maßgeblich ist. Durch die **Spiegelung der Kulturmuster tragenden Inneren Gestalten** wird die innere Realität und das innere Erleben für alle Beteiligten erlebbar. Durch Aufstellung des gesellschaftlich-historischen Kontexts wird die innere Logik des Verhaltens ohne jegliche moralische Bewertung offenbar und verständlich gemacht. Das im interkulturellen Dialog als so problematisch empfundene allgemeine Etikettieren nach Kulturmustern mit all seinen stigmatisierenden Folgen kann so ausbleiben und wird durch das individuelle Erschließen der kultur-historischen Ebenen des Unbewussten ersetzt.

Grundlage der Erschließung dieser Vorteile ist jedoch das fundamentale Verständnis der das Bewusstsein sprengenden Natur der Inneren Gestalten, ihres Entstehens und ihrer Dynamik im Unbewussten. Dieses Wissen dient wiederum dem tieferen Verständnis der häufig widersprüchlichen Lebensbewegungen, die sich in allen Lebensbereichen vollziehen und daher auch vor der scheinbar so geordneten Business-Welt nicht haltmachen.

Literatur

Jung, C. G. (1957). *Bewußtes und Unbewußtes*. Frankfurt a. M.: Fischer Bücherei.
Jung, C. G. (2000). *Grundfragen zur Praxis*. Augsburg: Bechtermünz.
Heidegger, M. (2007). *Zur Sache des Denkens*. Frankfurt a. M.: Klostermann.

Eine wirtschaftsrelevante Systemik des Unbewussten

3.1 Das Unbewusste als Vielheit von Symptomen – 30

3.2 Der vertikalen Dimension des Unbewussten begegnen – 31

3.3 Das Unbewusste als Bereich des Verdrängten – 33

3.4 Trauma und seelische Spaltung – 34

3.5 Die Ebenen der seelischen Spaltung – 35

3.6 Innere Gestalten als abgespaltener Komplex im Unbewussten – 42

3.7 Innere Gestalten als autonome Teilpersönlichkeiten – 42

3.8 Die paradoxe Spaltungsdynamik innerhalb der Inneren Gestalt – 43
3.8.1 Das als Polarität beschaffene Bezugssystem von Trauma- und Überlebensstrukturen – 43
3.8.2 Überlebensstrukturen als geistige Machtgestalten im Vordergrund – 44
3.8.3 Trauma-Strukturen als verletzte seelische Anteile im Hintergrund – 45
3.8.4 Reinszenierungsdrang der Trauma-Strukturen als Heilungsimpuls der Seele – 46
3.8.5 Die hintergründige Grundstimmung der Trauma-Strukturen – 48

© Springer Fachmedien Wiesbaden GmbH, ein Teil von Springer Nature 2019
A. N. Riechers, R. Ress, *Die beseelte Organisation und ihr Geist*,
https://doi.org/10.1007/978-3-658-23922-0_3

3.9	Transgenerationale Innere Gestalt (TIG)	– 52
3.10	Die TIG als Feld der verwirklichten Qualitäten der Ahnen	– 54
3.11	Weitere Schichten der Inneren Gestalten	– 55
3.12	Innere Gestalten als Träger und Beweger des Unbewussten	– 58
3.13	Fazit zur Systemik der Inneren Gestalten	– 58
	Literatur	– 61

Das Konzept der hier vorgestellten Management-Aufstellungen kann unter Berufung auf die aktuelle Forschung zum Unbewussten von folgender Grundthese ausgehen:

In den Sachverhalten des Arbeitsalltags spiegeln sich die unbewussten Haltungen von Führungskräften, Mitarbeitern und allen weiteren Akteuren in einem solchen Ausmaß, dass sie das Geschick oder Missgeschick der Organisation maßgebend beeinflussen. Die Fehl- und Nichtentscheidungen, die häufig auf blinder Hingabe an Illusionen, unrealistischen Einschätzungen oder sogar komplettem Realitätsverlust basieren, haben fatale Folgen für Wirtschaft und Politik. Über kurz oder lang werden sie damit zu ernst zu nehmenden Wirtschaftsfaktoren, die je nach Fall sogar in genauen Zahlen erfassbar sind. Daher ist das Unbewusste nicht nur ein Bereich der tiefenpsychologischen Forschungen, sondern auch ein die Wirklichkeit gestaltender Faktor in Unternehmen und Organisationen. Umso mehr verwundert es, dass noch keine umfassende, systematische und vor allem wirtschaftsrelevante Systemik des Unbewussten vorliegt. Dies insbesondere auch deshalb, weil sonst fast alle wirtschaftsrelevanten Bereiche systematisch untersucht wurden. Wo es Ansätze in diese Richtung gibt, betreffen sie eher nur Teilbereiche, wie z. B. die Arbeits- und Organisationspsychologie. Was jedoch vor dem Hintergrund der Relevanz und Tragweite unbewusster Nicht- und Fehlentscheidungen Not tut, ist eine umfassende Systemik des Unbewussten, die praxisnah anwendbar ist und trotzdem in ihrem wirtschaftsrelevanten Bezug nichts an Tiefe und Aussagekraft zu wünschen übrig lässt.

Wir verfolgen das Ziel, ein theoretisches wie begriffliches Instrumentarium sowie anschauliche Modelle bereitzustellen, die Managern sowohl die Unterscheidung bewusster Handlungen von unbewussten Reaktionen und Verhaltensmustern ermöglicht, als auch erlaubt, das Ineinanderwirken von formalen Sachverhalten und unbewussten Haltungen zu erkennen. Im Ergebnis soll die hier vorgestellte Systemik unbewusste Phänomene und ihre verborgenen Zusammenhänge in ihrem Einfluss auf das aktuelle Geschehen im Wirtschaftsbereich deutlich machen.

Zum Unterscheiden und Erkennen dieser unbewussten Phänomene gehört vorrangig auch ein feines und differenziertes Begriffswerkzeug, das die unterschiedlichen Facetten der unbewussten Verarbeitung verdeutlicht und zur Bewusstseinsebene hin abgrenzt. In diesem Sinne prägen die Begriffe die Denkart, und die Denkart prägt die Wahrnehmung. Je genauer diese Apparatur ist, desto besser gelingt die unterscheidende Orientierung im Seelenraum. Es geht hier um das essenzielle Erkennen und Auseinanderhalten von Bewusstsein und Unbewusstem. Eine zentrale Rolle spielen dabei die Inneren Gestalten als konkrete Zugänge zu einer mehrdimensionalen Seelenlandschaft, die sich in vielschichtigen unbewussten Ebenen zeigen und interagieren. Spätestens an diesem Punkt verlassen wir das bewusstseinszentrierte Einheitsmodell der Psyche, das jene Vielheit unbewusster seelischer Bezüge eben nicht erfassen kann und darin auch seine wesentliche Limitierung bei der Erklärung wirtschaftsrelevanten menschlichen Verhaltens hat.

Das hier im Fokus stehende System ist daher das der Inneren Gestalten, die als Machtzentren im Unbewussten alle Lebensbereiche wesentlich beeinflussen, und zwar sowohl in der Mikroperspektive eines Menschen als auch der Makroperspektive einer Familie, Organisation oder Gesellschaft. Systemisch zu arbeiten heißt, in diesen umfassenden Zusammenhängen wahrzunehmen und denken zu lernen. Systemik betrachtet immer größere Kontexte, bezieht alle relevanten Wechselwirkungen zwischen sowie innerhalb von Systemen ein und gibt sich mit isolierten Antworten und Theorien nicht zufrieden.

Die Leitfragen in Bezug auf diese wirtschaftsrelevante Systemik lauten daher: Was ist eigentlich das Unbewusste, und wie zeigen sich die Inneren Gestalten darin? Woran können wir sie im Leben konkret erkennen? Aus welchen Quellen speisen die Inneren Gestalten ihre Kraft und wirksame Wirklichkeit? Wie beeinflussen sie die Haltungen und Einstellungen des Einzelnen? Und wie beeinflusst dies alles wiederum das Unternehmen als Ganzes (► Kap. 4)?

► Kap. 5 hat zum einen den Fokus darauf, wie wir die Inneren Gestalten und ihre verhindernden Haltungen in eine ermöglichende Kraft verwandeln können, und beschreibt zum anderen, wie sich dies in der Wirtschaft vorteilhaft auswirken kann.

3.1 Das Unbewusste als Vielheit von Symptomen

Sobald man sich bewusst mit dem Unbewussten auseinandersetzt, wird man einer paradoxen Gegebenheit ausgesetzt: Das Unbewusste lässt sich per Definition nie direkt wahrnehmen, da es unterhalb der Bewusstseinsschwelle ein autonomes Dasein pflegt. Wir sprechen also über ein Phänomen, das wir vorerst nur anhand seiner Folgen im Bewusstseinsraum erfassen können. Was uns allerdings bewusst werden kann, ist eine Vielheit an Symptomen, durch die sich das Unbewusste bemerkbar macht. Von den Symptomen ausgehend gibt uns auch das griechische Wort sýmptōma bereits einen Hinweis, wie dies vonstattengehen kann. Es leitet sich nämlich vom Verbum píptein (fallen, stürzen) ab. Das Unbewusste, so könnte man in diesem Sinne sagen, bringt die Kontrolle des Ich-Bewusstseins beständig zum Fallen oder gar Stürzen. Dies spiegelt sich nicht von ungefähr in einer Vielheit von unbewussten Haltungen, Tendenzen und Handlungen, die eine dem Bewusstsein entgegengesetzte Wirkung haben.

Jene Haltungen, die, wie wir weiter unten sehen werden, Auswirkungen einer Vielheit von unbewussten Inneren Gestalten sind, bringen das Bewusstsein mit zum Teil weitreichenden Folgen von seinem geplanten Kurs ab, und zwar immer dann, wenn die Dinge unfreiwillig entgleiten und eine mehr oder weniger unkontrollierte Eigendynamik entwickeln. Dazu gehören die typischen Fälle eines vorschnellen Nachgebens bei einer Verhandlung oder auch des Ausblendens wichtiger Fakten, das sich im Ton Vergreifen während einer prinzipiell sachlich geführten Debatte, das sich „Festbeißen" in einer eher unbedeutenden Angelegenheit, das Ausweichen oder Meiden einer Person sowie auch mit dem Team nicht abgestimmte Alleingänge ohne zeitliche Not. Häufig werden jene Fehlleistungen dem Bewusstsein erst dann klar, wenn es schon zu spät ist und nur noch Raum für Schadensbegrenzung bleibt. Dies kann bei einer Fehlentscheidung aufgrund ihrer rasch offensichtlich werdenden Folgen bald der Fall sein, aber auch erst nach vielen Jahren unheilvoller Beziehung bzw. Zusammenarbeit erkennbar werden. So oder so, es bleibt die bittere Erkenntnis, einem unbewussten Willen zum Opfer gefallen zu sein.

Wenn das Unbewusste mit voller Kraft wirkt, werden wir im Zwang gehalten, d. h. in der kontinuierlichen und ungewollten Wiederholung, sei es im Beziehungsleben oder im beruflichen Kontext, also mit ähnlichen Partnern und folglich ähnlichen Konflikten. In den symptomatischen Aktionen und Mustern des Unbewussten „fallen und stürzen" wir, und zwar durch die Maßlosigkeit und Unverhältnismäßigkeit unserer Taten und Erwartungen, die Überschätzung unserer Fähigkeiten infolge irrational getroffener Entscheidungen oder einem inneren Druck, der unsere Reaktionen völlig unangemessen ausfallen lässt. Das Unbewusste drängt sich auch dann auf, wenn äußerlich alles friedlich erscheint, innerlich jedoch „Unruhe im Blut" herrscht, wenn also der

Selbstzweifel nagt, obgleich objektiv keinerlei Grund dafür besteht, aber auch, wenn die Stimmung grundlos kippt oder uns ein harmlos wirkender fremder Mensch in Rage bringt. Das Unbewusste zeigt sich auch in den Träumen, die nachts über uns herzufallen scheinen, und schließlich auch in den psychosomatischen Symptomen, die quasi direkt mit unserer inneren Verfasstheit zusammenhängen. Das Unbewusste ist Wirklichkeit, indem es wirkt, und zwar auf allen entscheidenden Ebenen – dem geistigen, seelischen und körperlichen Erleben. Es steht in unmittelbarer Verbindung zum autonomen Nervensystem, das innere Anspannung und Konflikte sofort in Reaktionen des Sympathikus übersetzt, akut oder chronisch, je nach Dauer und Intensität der unbewussten Inhalte.

Die Mächtigkeit des Unbewussten zeigt sich in seiner kreisenden Bewegung in Form von ungewollten Mustern und Wiederholungen, die in ihrer Aneinanderreihung zu den eigentlichen Schicksalslinien der Persönlichkeit werden, Schicksalen, die in ihren „Zügen und Tendenzen" häufig mit denen unserer Ahnen übereinstimmen. Spätestens hier erkennen wir auch die ganze Tragweite des Unbewussten, die weit über das eigene Persönliche hinausgeht, und ohne den gesamten familiären sowie geschichtlich kulturellen Kontext nicht gedacht werden könnte. Der Mensch ist insofern nicht nur ein Mehrgenerationenwesen (Franz Ruppert), sondern auch ein geschichtliches Wesen. Seine gesamte Geschichte, samt Kriegen, Schicksalsschlägen und Kulturmustern, wird in seinem Ahnensystem abgebildet und wirkt dadurch prägend weiter.

3.2 Der vertikalen Dimension des Unbewussten begegnen

Das Unbewusste stellt den, der es ernst nimmt und sich seines Wirkens gewiss ist, vor viele Herausforderungen. Die größte besteht für den modernen Zivilmenschen, der Zeit seines Lebens von der Vorherrschaft des bewussten Willens ausging, darin, nunmehr anerkennen zu müssen, dass es Ebenen im Menschsein gibt, die durch das Bewusstsein selbst nicht erschließbar und damit auch nicht kontrollierbar sind. Die Symptome des Unbewussten, seine Haltungen und Muster sowie irrationalen Handlungen entziehen sich dem Bewusstsein und stellen seine vermeintliche Allmacht infrage. Man könnte sogar noch einen Schritt weiter gehen und sagen: *„Symptome demütigen: sie relativieren das Ich. Sie entmachten es"* (Hillman 1997, S. 59). Entscheidend im Umgang mit dem Unbewussten ist es also, wie wir mit dieser Entmachtung umgehen. Ignorieren wir sie oder untersuchen wir sie ernsthaft anhand ihrer Auswirkungen? Und wenn wir sie untersuchen wollen: Welche methodologischen Mittel stehen uns dabei zur Verfügung?

Dass unser Bewusstsein vor der Untersuchung des Unbewussten eine natürliche Scheu besitzt, hat u. a. damit zu tun, dass wir dort der gesamten Tragweite persönlicher, familiärer und kollektiver Ebenen begegnen. Der Gang nach „unten", also in das Unbewusste, ist daher so gut wie immer auch der Gang in Richtung der Tabuzonen von Menschen, Familien sowie ganzen Völkern und verständlicherweise von Widerständen jeder Art begleitet. Es ist daher nachvollziehbar und auch häufig genug beobachtbar, dass zunächst alle möglichen Erklärungsversuche auf der horizontalen Ebene des Verstandes herangezogen werden. Schließlich will man „oben" bleiben, also auf der Oberfläche, um das Wirken auf der vertikalen Ebene, also der des Unbewussten, nicht zur Kenntnis nehmen zu müssen. Häufig heißt es dann „das war nur, weil …" und es werden im gleichen Atemzuge Erwägungen des Bewusstseins zitiert, die zwar irgendwie nachvollziehbar sind, jedoch nur versuchen, die eigene Beunruhigung im Nachhinein zu lindern. Das, was Unruhe erzeugt, ist in Wahrheit die Erschütterung der Autonomie, der befürchtete Kontrollverlust. Dies ist das Symptom, das die meiste Angst einflößt und die Quelle großen Widerstandes darstellt. Der zivilisatorische Fortschrittsgeist mit seinen Relativierungstendenzen, seinem Reduktionismus und seiner Beliebigkeit im Denken stellt somit die erste Hürde bei der Erschließung des Unbewussten dar, vor allem auch weil dieser Geist in der modernen Zivilgesellschaft genauso verbreitet wie unreflektiert ist.

Wer jedoch ernsthaft die Tiefe des Unbewussten erkunden möchte, betritt aus der Perspektive des Bewusstseins per se Neuland, und das erfordert wie jede Expedition ins Unbekannte Interesse und Mut. Um das Verborgene zu entdecken, bedarf es daher zunächst einer inneren Öffnung, die dem Abwesenden Raum zum Erscheinen gibt. Oder, um es mit Martin Heidegger auszudrücken, um offenbar zu werden, ist das Unbewusste auf eine Lichtung angewiesen:

> „Lichten heißt: freimachen, freigeben, freilassen. Lichten gehört zu leicht. Etwas leichtmachen, erleichtern meint: ihm die Widerstände beseitigen, es ins Widerstandslose, ins Freie bringen. Den Anker lichten, besagt: ihn aus dem umschließenden Meeresgrund befreien und ihn ins Freie des Wassers und der Luft heben. Anwesenheit ist angewiesen auf Lichtung im Sinne der Gewährnis des Freien" (Heidegger 1984, S. 17).

In Bezug auf das Unbewusste ist diese Gewährnis keine Technik, sondern die Bereitschaft in sich selbst, eine Lichtung zu errichten und konstant offen zu halten. Dies bietet dem Unbewussten eine widerstandsfreie Zone für sein Erscheinen. Die Qualitäten, die dafür benötigt werden, sind andere als im Bewusstseinsraum: Anstelle einer schnellen Erklärung geht es um ein wertungsfreies Innehalten, anstelle des Vorangehens stehen nun Zurückhaltung und die Fähigkeit zu angstfreier Beobachtung im Vordergrund. Dabei sind die sich zeigenden Ängste und Widerstände der griffigste Zugang, gleich einer Pforte zum Unbewussten. Sie sind die verlässlichen Eingangstüren zu den Inneren Gestalten, die wie Schwellenhüter zwischen dem Bewusstsein und dem Unbewussten wirken. Der aktive Umgang mit ihnen, statt sie zu umgehen zu versuchen, ist konkrete und methodologisch geleitete Auseinandersetzung mit dem Unbewussten. Dafür bedarf es jedoch vorerst einer Bereitschaft, sich den unbequemen und zähen Widerständen zu stellen. Nicht die schnelle Lösung auf der sachlichen Ebene oder der Wunsch nach Freiheit, die von der vorgegebenen Realität losgelöst ist, stehen hier im Vordergrund, sondern zuerst die Arbeit mit dem, was sich konkret in den Weg stellt. Der Fokus in der Arbeit mit dem Unbewussten ist daher nicht primär lösungsorientiert, sondern zuerst bewegungsorientiert, und zwar in dem Sinne, dass zuerst die Hindernisse fokussiert werden, die uns erstarrt und unbeweglich halten, denn die Bewegung entwickelt sich erst durch die Umwandlung des Erstarrten, das sich im Widerstand befindet.

Somit steht das Erschließen des Unbewussten in der phänomenologischen Tradition, sich auf dem Wege der Wahrheitsfindung von der aktiv untersuchenden Skepsis leiten zu lassen. Es geht darum, das scheinbar Evidente und vordergründig Offensichtliche nicht gleich für wahr zu nehmen, sondern dem Phänomen genügend Raum und Zeit zu lassen, sodass es sich ganz offenbaren kann. Diese Grundhaltung dem Unbewussten gegenüber ist deshalb notwendig, weil die unbewussten Inhalte und damit auch die Inneren Gestalten ganz anderen Gesetzmäßigkeiten folgen als die Inhalte des Bewusstseinsraumes. Es ist eine natürliche Tendenz des Verstandes, sich der Dinge zu bemächtigen, sie begreifen und beherrschen zu wollen. Den unbewussten Ebenen des Menschen müssen wir jedoch ganz anders begegnen, denn: *„Das Unbewußte ist kein dämonisches Ungeheuer, sondern ein moralisch, ästhetisch und intellektuell indifferentes Naturwesen, das nur dann wirklich gefährlich wird, wenn unsere bewußte Einstellung dazu hoffnungslos unrichtig ist"* (Jung 1996, S. 161).

Die phänomenologische Haltung ist mit Sicherheit eine gute Vorbereitung dafür, der Gefahr der unangemessenen Relativierung und Rationalisierung des Unbewussten zu entgehen. Sie ist darüber hinaus aber auch deshalb empfehlenswert, um nicht zu schnellen Deutungen zu unterliegen, und auch, um dem Filter eigener Wünsche und Meinungen entgegenzuwirken, die uns den Blick auf die Realität verschleiern.

3.3 Das Unbewusste als Bereich des Verdrängten

Das, was sich im Unbewussten in Form von Symptomen, Haltungen, Handlungen sowie Nacht- und Tagträumen spiegelbildlich zu uns verhält, ist trotz seiner Wirkung unter die Bewusstseinsschwelle verdrängt, d. h., dass seine Quelle dem Bewusstsein nicht direkt zugänglich sein soll. Dafür muss es einen Grund geben, denn, von der Natur erschaffen, dient selbst so ein indifferentes Naturwesen wie das Unbewusste am Ende auch dem Leben. Wenn aber verschiedene Inhalte dennoch dem bewussten Erleben vorenthalten werden sollen, dann, weil sie dem Leben selbst im Wege stehen und es unerträglich machen würden. Damit ergeben sich auch schon die Kategorien der verdrängten Inhalte: unzumutbar, überfordernd, überflutend und damit in Summe die sowohl die körperlichen als auch emotionalen Kapazitäten übersteigenden Ereignisse oder Dauer-Zustände, die das Dasein zu zerreißen drohen.

All diese Erfahrungen hinterlassen in der Seele eine Wunde (gr. Trauma) und unterscheiden sich daher von einer Erfahrung im gewöhnlichen Sinne. Diese traumatischen Erfahrungen bilden eine eigene Erfahrungskategorie, die wir als existenzielle Grenzerfahrungen bezeichnet haben (vgl. Riechers und Ress 2015, S. 10). Als eine das Leben bedrohende Erfahrung ist sie häufig deckungsgleich mit der Grenze zum physischen Tod, sie kann aber auch eine die Würde des Menschen bedrohende oder vernichtende Verletzung der personalen Integrität sein. In allen Fällen reichen die Kräfte eines Menschen, und insbesondere die eines Kindes, zur Bewältigung der Situation nicht aus, und darum behilft sich die Natur mit einem automatischen Notfallprogramm, der seelischen Spaltung. Das Unerträgliche oder Unzumutbare, seien es Angst, Ohnmacht, Schrecken, Gewalt, Ablehnung, Hunger, elende Lebensverhältnisse, bedrohende Leere oder Einsamkeit, wird durch die Abspaltung in das Unbewusste dem unmittelbaren Erleben entzogen und damit erträglich. Dadurch kann man das Leben, zumindest vorübergehend, weiterführen, ohne durch die traumatischen Inhalte ständig gelähmt oder in Schock versetzt zu werden, wenngleich ja die traumatischen Inhalte in der Verdrängung nicht verlorengehen, sondern dort paradoxerweise „sicher" aufgehoben sind.

Ob es während einer existenziellen Grenzerfahrung zur seelischen Spaltung kommt, wird individuell durch die aktuellen Möglichkeiten und das innere Erleben des je konkreten Menschen bestimmt. So ist die Schwelle des Erträglichen für einen erfahrenen Frontsoldaten eine andere als für ein Kleinkind. Während der Soldat gelernt hat, Gefahrensituationen einzuordnen und tagelang kärglich und ohne Bezug ausharren zu können, ist beim Kind die für eine Bewertung der Lage notwendige kognitive Ebene schlicht noch nicht vorhanden, und es reichen wenige Stunden Alleinsein, dass sich eine kindliche Seele bereits aus Schutz vor der „gefühlten Aussetzung" spaltet.

3.4 Trauma und seelische Spaltung

Nach dem Spaltungsmodell von Franz Ruppert spaltet sich die Seele nach einer die Kräfte übersteigenden existenziellen Grenzerfahrung durch dissoziative Prozesse in drei Teile auf:
- Ein Trauma-Anteil, der die traumatische Schockladung trägt, wird ins Unbewusste abgespalten
- und dort von einem Überlebens-Anteil abgeschirmt, der gleichzeitig vor künftigen Traumatisierungen schützen soll.
- Es verbleibt dadurch ein reduzierter gesunder Anteil der Seele, der sich, getrennt von Trauma- und Überlebens-Anteilen, weiterentwickelt (Ruppert 2010, S. 30).

In Bezug auf die Eventualitäten des Lebens ist der Spaltungsmechanismus daher eine im Sinne des Überlebens und Weiterlebens durchaus sinnvolle Lösung. Denn in Anbetracht der Verletzlichkeit menschlicher Existenz gehören existenzielle Grenzerfahrungen zur absoluten Normalität. Unfälle, Schicksalsschläge, Gewalttaten und aggressive Auseinandersetzungen stellen selbst in den befriedeten Regionen der Welt alltägliche Phänomene dar, die seelische Narben hinterlassen. Auch die Geburt und anschließende Phase der vollkommenen Abhängigkeit und Bedürftigkeit des Kindes sind an eine fragile und weitestgehend noch unmündige Seele gebunden, die den „groben" Einflüssen der Welt ausgesetzt wird und sich am Ende nur noch mit Abspaltung „helfen" kann. Gerade aus diesem Grund ist die Kindheit eine entscheidend prägende Zeit und für die Persönlichkeitsbildung außerordentlich ausschlaggebend. Denn das, was sich einprägt, sind existenzielle Grenzerfahrungen, die wie in einer Prägemünze über Generationen hinweg die unbewusste Seelenlandschaft formen. Aus ihnen resultieren dann abgespaltene und daher autonom wirkende existenzielle Haltungen, die in Summe den Charakter (von gr. charassein – prägen, einzeichnen) formen. Diese im Unbewussten wirkenden Haltungen kann man daher auch nicht nach den Wünschen des Bewusstseins ändern. An der existenziellen Kante zwischen Leben und Tod ist schlicht kein Platz für Beliebigkeit oder eine freie Wahl.

Durch die Abspaltung in der Seele bilden beide Strukturen, sowohl das Verdrängte in Form von Trauma-Strukturen als auch das in Verdrängung Haltende als Überlebensstruktur, ein gegensätzliches und paradoxes Bezugssystem, das sich in einem infiniten circulus vitiosus befindet. Traumata als abgespaltene Tabu- und Gefahrenzonen kommen daher auch nicht zur Ruhe. Weder lösen sie sich von selbst auf noch verwandeln sie sich eigenständig. Auf der einen Seite soll nämlich das traumatische Geschehen durch die Verdrängung vergessen werden, während auf der anderen Seite ständige Alarmbereitschaft der Überlebensstrukturen herrschen muss, um das erneute Eintreten des Traumatischen zu verhindern. Dass sich solch ein Bezugssystem früher oder später energetisch erschöpfen muss, ist offensichtlich.

Für das Bewusstsein selbst erschließt sich dieser Zusammenhang allerdings keinesfalls sofort, und gerade im Management zeigt sich der funktionale Bezug von Trauma- und Überlebensstrukturen erst in einer zeitlichen Verschiebung. Denn während ständiges Beschäftigt- und Angetriebensein, Selbstkontrolle und die Härte der Überlebensstrukturen bei Führungskräften durchaus gerne gesehen werden, werden die Begleiterscheinungen wie Burn-out oder mangelndes Sozialverhalten tabuisiert, marginalisiert oder pathologisiert. Dabei wird jedoch mangels Wissen über die Tragweite seelischer Spaltungen verkannt, dass es sich um die andere Seite derselben Medaille handelt. Es gibt schlicht keine Überlebensstrukturen ohne Trauma-Strukturen, denn weil und indem sie funktional und unfrei aufeinander bezogen sind, bilden sie insbesondere im Management die Grundlage sowohl für den Aufstieg eines Menschen als auch seines Niedergangs. Burn-out steht symptomatisch für das Erschöpfen und den völligen Zusammenbruch dieses inneren Bezugssystems. Wer also Burn-out verhindern oder problematisches Sozialverhalten verbessern will, muss sich dem ganzen Bezugssystem von Trauma- und Überlebensstrukturen und damit der seelischen Spaltung selbst widmen. Ein Unterfangen, das weit über ein Achtsamkeitstraining oder Resilienz-Coaching, also die gängigen Personalentwicklungs-Tools, hinausgeht.

> **Lese-Tipp**
>
> Fallbeispiel 3: „Es hängt alles zusammen". Eine Einkaufsleiterin soll befördert werden, macht aber zu viele Überstunden und kann nur mit Widerwillen delegieren.

Sind die Folgen der seelischen Spaltung erst mal bewusst geworden, empfiehlt sich auch kein Abwarten in der Hoffnung auf Milderung der Symptome. Eine Art natürlicher Mechanismus zur Lösung oder Aufhebung der Spaltung ist nämlich per se nicht vorgesehen, weil aus Sicht der Natur ja bereits alles Nötige getan wurde, um die Existenz, inklusive der Fähigkeit zur Reproduktion, aufrechterhalten zu können. Der Anspruch auf ein befreites und „schönes" Leben ist der Natur fremd, er gehört vielmehr zum Kulturwesen Mensch, und deshalb ist die Auflösung von Traumata auch von jeher eine menschliche Kulturleistung gewesen und geblieben.

Die abgespaltenen Anteile bleiben, solange mit ihnen nicht integrativ gearbeitet wird, deshalb auf dem Bewusstseinsstand ihrer Entstehung, sozusagen eingefroren, und können nicht nachreifen. Kindliche Trauma-Anteile werden beispielsweise von Überlebensstrukturen abgeschirmt und beschützt, deren Wirkung jedoch alles andere als kindlich ist. Insofern erklären sich auch unreife Reaktionen bei Erwachsenen, wenn etwas als existenzielle Grenzerfahrung im kindlichen Alter erlebt und abgespalten werden musste. Der erwachsene Verstand wird dann durch einen Trigger im Unbewussten auf die kindlichen traumatischen Anteile zurückgeworfen, und das geschieht besonders oft in stressvollen und belastenden Situationen, wenn man es am allerwenigsten „braucht". Der Alltag eines Managers besteht jedoch oft aus gerade solchen Extrem-Situationen und wird dadurch zur realen und täglichen Herausforderung im Umgang mit dem Unbewussten.

3.5 Die Ebenen der seelischen Spaltung

Der durch existenzielle Grenzerfahrungen ausgelöste Spaltungsvorgang betrifft den ganzen Menschen. Trauma- und Überlebensstrukturen sind in diesem Sinne funktionale Begriffe, welche die Folgen von Spaltung beleuchten, die sich immer innerhalb der Triade von Körper, Geist und Seele niederschlagen. Dabei dient der Körper als Ort der Abspeicherung des physischen wie auch des psychischen Schmerzes und ist als Träger der Seele ebenso in all seinen wesentlichen Aspekten betroffen, wie auch die Seele als Beweger des Körpers erfasst ist. ◘ Abb. 3.3 „Weltanschauung" zeigt, wie die drei Zentren des menschlichen Organismus von der seelischen Spaltung erfasst werden. Diese von dem deutschen Informatiker und Psychotherapeuten Prof. Wilhelm Steinmüller entwickelte funktionale Betrachtung des menschlichen Organismus gibt bereits einen wichtigen Hinweis auf die methodologischen Voraussetzungen in der Ansprache der Traumata und ihrer Auflösung. Im Folgenden zeigen wir in kompakter Form auf, wie

die seelische Spaltung sich in jedem Zentrum auswirkt und welche korrespondierende „Symptom-Sprache" zum Tragen kommt:
- Das *vitale Zentrum* steht für die vitale Kraft, die unser Dasein belebt und trägt. Es ist der Bereich der überlebenswichtigen Funktionen und ihrer nervalen Übertragung, die die Grundlage für den Fluss vitaler Kraft sind. Sie strömt in Körper und Seele und verbindet beide Aspekte zu einer untrennbaren Einheit. Mit dem Erlöschen der vitalen Kraft endet das Leben. Um dies zu verhindern, reagiert das vitale Zentrum während einer existenziellen Grenzerfahrung mit einem der drei Überlebensmuster des Hirnstamms: Angriff, Flucht oder, wenn keines von beiden möglich ist, Erstarrung. Wenn die Situation die eigenen Kräfte übersteigt, kommt es zur seelischen Spaltung, in der die vitale Kraft im traumatischen Schock eingefroren bleibt. Der Bezugskomplex von Trauma- und Überlebensstrukturen zeigt sich im vitalen Zentrum als Abspaltung dieser Schockenergie im Weichgewebe (im Wesentlichen den Organen, der Muskulatur sowie den Faszien) und im autonomen Nervensystem. Insgesamt verringert sich dadurch der freie Fluss vitaler Energie im Organismus, und der Körper leidet unter einer permanent zurückgehaltenen Schockenergie. Funktional sorgen die Überlebensstrukturen dafür, dass der Körper gegen das erneute Erleben des Traumas unempfindlich wird. Dies gelingt vor allem durch die Errichtung eines Muskelpanzers sowie die Verflachung des Atems, beides mit dem Ziel, das Fühlen zu verringern. Da ohne Auflösung der seelischen Spaltung der Organismus jedoch in ständiger Alarmbereitschaft bleibt, ist auch das autonome Nervensystem ständig aktiviert. Das Gleichgewicht zwischen Anspannung und Entspannung, das physiologisch der Aktivierung durch den Sympathikus und seiner Deaktivierung durch den Parasympathikus entspricht, gerät aus den Fugen. Die Folge ist nervlicher Dauerstress und innere Unruhe, selbst wenn im Außen alles friedlich sein mag. Weitere Folgen sind schlechter Schlaf, Konzentrationsstörungen, Gereiztheit etc. Insgesamt nimmt die Regulationsfähigkeit des Organismus ab, was wiederum zu vermindertem Fluss vitaler Kraft führt.

Der traumabedingte Stress verändert auch die epigenetische Struktur eines Menschen. Es handelt sich dabei um die körpereigenen Mechanismen, mit denen die Aktivierung unserer Gene gesteuert wird. Dadurch kann sich der Organismus flexibel an bedrohliche Umweltbedingungen anpassen und schneller auf diese reagieren. Insofern sind existenzielle Grenzerfahrungen auch im Zellkern eingeschrieben und werden an folgende Generationen weitergegeben (Reumschüssel 2018, S. 45–61). Bei erneuter, auch nur vager Andeutung eines ähnlichen bedrohenden Reizes (Trigger) schlagen die Hirnareale des vitalen Zentrums sofort Alarm, und die verdrängten Inhalte werden als Fragmente wieder spürbar. Durch die Trigger wird eine Überflutung mit Ohnmacht, Schrecken oder Verzweiflung bewirkt, die ihrerseits wieder mit einer erneuten Stressreaktion beantwortet wird. So kann durch Wiedererinnerung ein Mensch in Erstarrung geraten, davonlaufen oder aggressive Kampfmuster aufzeigen.

Wenn die vitale Energie wieder ganz fließen soll, muss man mit dem ganzen Bezugssystem von Trauma- und Überlebensstrukturen arbeiten. Eine isolierte Symptombehandlung der vereinzelten Elemente kann zwar kurzfristig Linderung verschaffen, löst jedoch nicht die ursächliche seelische Spaltung, in der die vitale Kraft fragmentiert zurückgehalten wird (vgl. ◘ Abb. 3.1 Stress als Traumafolge I und ◘ Abb. 3.2 Stress als Traumafolge II – beide Abbildungen können unter ► http://extras.springer.com heruntergeladen werden).

Es gilt der Satz von Friedrich Nietzsche: *„Es gibt keinen gefährlicheren Irrtum, als die Folge mit der Ursache zu verwechseln."*

3.5 · Die Ebenen der seelischen Spaltung

Entstehung von Stress als Traumafolge I

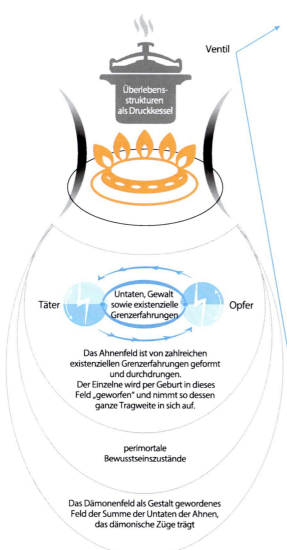

Die Weg-von-Bewegung zeigt sich in der Form von Workaholismus, ständigem Angetriebensein und Abhängigkeiten aller Art: von Alkoholismus über zwanghafte Fokussierung auf gesunde Ernährung oder Yogaübungen bis zu ständigem Reisen, oft auch abwechselnd, je nachdem, was der „Markt" gerade anbietet.

Alles kann zu einem Ventil für die Ablenkung und das Ablassen des inneren Druckes werden, der aus dem familiären Unbewussten emporsteigt und den Einzelnen ständig antreibt, ablenkt, ihn beschäftigt hält und doch zugleich paralysiert. Es handelt sich um zwei Seiten einer Medaille.

Die Somatisierung erfolgt durch Überlastung des Herzens und anderer Organe, durch Erschöpfung sowie weitere Krankheiten, und zwar in Folge der Verstrickung, des Mittragens der seelischen Last, der Schuld, der Ladung von Aggression und des Hasses, der Energie von Wahnsinn wie auch der Schockenergie aus dem Ahnenfeld.

Sowohl die undurchdringliche Schutzmauer der Überlebensstrukturen, die keine gesunden Grenzen kennt, als auch das ständige Überflutetwerden durch traumatische Zustände bedingen einander und sind die Folgen existenzieller Grenzerfahrungen. Die im Unbewussten abgespaltene und darin gehaltene Schockenergie wirkt sich permanent auf das autonome Nervensystem aus. So wird eine Dauerbelastung generiert, die vom Bewusstsein fälschlicherweise zur Hauptursache von Stress erklärt wird, statt sie als Folge von Traumata zu erkennen. Nachhaltiges Stressmanagement sowie Burn-out Prävention müssen daher an den Quellen von Stress ansetzen, namentlich der seelischen Spaltung und den Trauma- und Überlebensstrukturen.

Abb. 3.1 Stress als Traumafolge I

Entstehung von Stress als Traumafolge II

Sympathikus
Modus zur Mobilisierung vitaler Kraft, um die bevorstehende Leistung erbringen zu können. Es geht um einen temporären Energieeinsatz, der von der Erholungsphase (Parasympathikus) abgelöst wird.

Parasympathikus
Ruhemodus zur Erholung und ausgleichender Neubildung vitaler Kraft.

Gesunder Modus
Verteiler mit intakter Regulationsfähigkeit im autonomen Nervensystem

---

Trauma-Modus
als direkte Folge existenzieller Grenzerfahrungen, sowohl eigener, als auch der Ahnen:
Verteiler ohne Regulationsfähigkeit im autonomen Nervensystem –
er verbleibt erstarrt in der Sympathikusstellung.

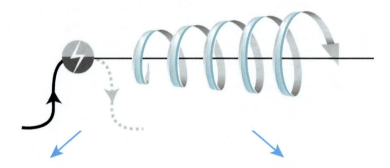

Sympathikus
Die im autonomen Nervensystem mobilisierte vitale Kraft läuft auf Hochtouren und erstarrt darin. Während einer existenziellen Grenzerfahrung wird die Bewegung des Angriffs- oder Fluchtmodus unterbrochen und erstarrt. Die Erstarrung selbst ist der dritte Modus, der automatisch dann stattfindet, wenn weder Angriff noch Flucht möglich sind. Die unterbrochene Bewegung verbleibt in der Schock-Erstarrung unvollendet und in ihr ständig kreisend.

Parasympathikus
Im Modus des Erstarrens bei gleichzeitiger Überflutung mit Schockenergie kommt es zu einer chronischen Dauerbelastung. Davon werden das autonome Nervensystem sowie der gesamte Organismus überflutet und in ständigen Stress versetzt. Eine Entlastung, Erholung oder Neuschöpfung der vitalen Kraft ist nicht möglich. Auf Dauer heißt dies: Erschöpfung, Paralyse und Burn-out-Syndrom.

> **Trauma-Arbeit ist effektives und nachhaltiges Stressmanagement, da sie an der Quelle von Stress ansetzt, der seelischen Spaltung.**

Abb. 3.2 Stress als Traumafolge II

3.5 · Die Ebenen der seelischen Spaltung

- Das *emotionale Zentrum* steht für das emotionale Erleben und entspricht im Wesentlichen dem limbischen System. Es ist direkt an die vitalen Impulse des vitalen Zentrums angebunden. Wenn die vitale Energie aufgrund von Traumata erstarrt, verschließt sich auch der Zugang zu den Emotionen. Man erlebt sich selbst als emotional verflacht, wenngleich die emotionale Verflachung keine persönliche Eigenschaft oder Unfähigkeit darstellt. Bildhaft gesprochen: Wenn ein Fluss einfriert, bewegt sich seine Oberfläche auch nicht mehr. Sobald wir jedoch die im Schock erstarrte vitale Energie durch gezielte Lösung im Weichgewebe und den Faszien wieder freisetzen, kommen auch die zurückgehaltenen Gefühle und Empfindungen wieder zum Vorschein. Das gesamte Reservoir frei fließender Emotionalität hängt unmittelbar mit dem Fließen oder Erstarren der vitalen Kraft zusammen. Deshalb sind Emotionen auch kaum aus dem rationalen Zentrum, also dem Neokortex, willentlich steuerbar und beeinflussbar.
- Das *rationale Zentrum* steht für die verbal-kognitiven Funktionen und das bewusste Streben. Es baut funktional auf den beiden entwicklungsgeschichtlich älteren Zentren auf und steht mit ihnen in ständiger Wechselwirkung. Dies zeigt sich dann sehr deutlich, wenn man die menschlichen Weltanschauungen auf ihren Ursprung hin untersucht. Denn unabhängig von ihrer Komplexität oder auch Einfachheit liegen ihnen einige oder sogar viele existenzielle Grenzerfahrungen zugrunde. Aus dieser Prägung heraus bildet sich später eine „Meinung" oder eine umfassende Weltanschauung, eine innere Überzeugung, die sich in unbewussten oder teilbewussten Haltungen spiegelt. So kann beispielsweise eine durch Geburtstrauma verursachte frühkindliche Spaltung einen vorverbalen Persönlichkeitskern prägen, der sich erst viel später im sprachlichen Gewand einer Weltanschauung präsentiert (vgl. ◘ Abb. 3.3. Weltanschauung). Aus der Perspektive des rationalen Zentrums ist nicht so interessant, wie die Weltanschauung gedanklich beschaffen ist, sondern was ihr vorausging. Denn sprachlich verdichtet sich die traumatische Schockladung in einen „gewichtigen Satz" (Riechers und Ress 2015, S. 34), der wie eine Speerspitze die existenzielle Wucht des Ereignisses andeutet. Beispiele sind: „Das kann ich nicht!", „Es geht zu Ende!", „Es ist zu viel!", „Es muss aufhören!". Und genauso gibt es das, was die im Zeitpunkt der existenziellen Grenzerfahrung Hoffnung machende Überlebensstrategie andeutet: „Sei stark!", „Gib nicht auf!", „Nicht einschlafen!", „Immer freundlich sein!", „Lass dir nichts anmerken!", „Mach keinen Fehler!", „Sei perfekt!" etc.

Ein solch gewichtiger Satz gründet – wie der Stab des Speeres – im vitalen Zentrum und korrespondiert mit der jeweiligen emotionalen Grundstimmung eines Menschen. Diese häufig als Lebensmottos oder Glaubenssätze dem Bewusstsein und seiner Kontrolle zugeschriebenen Aussagen sind alles andere als aus dem freien Willen entstanden und von ihm kontrolliert, sondern vielmehr charakter- und schicksalsprägende Leitmotive. Da in ihnen die Wucht der existenziellen Grenzerfahrung abgespeichert ist, werden sie auch mit ebenso großer Vehemenz vertreten und so über kurz oder lang zur Sollbruchstelle oder dem blockierenden Faktor der Entwicklung.

Alle Ebenen der Spaltung samt ihren biografischen und transgenerationalen Folgen manifestieren sich in der **Seele des Menschen.** Sie verbindet alle körperlichen und geistigen Ebenen zu einer unverwechselbaren Einheit, die das menschliche Dasein ausmacht und seine transgenerationale Tragweite spiegelt. Die Seele ist damit mehr als die Summe ihrer Teile und bietet uns als mehrdimensionale Wirklichkeit ein zusammenhängendes

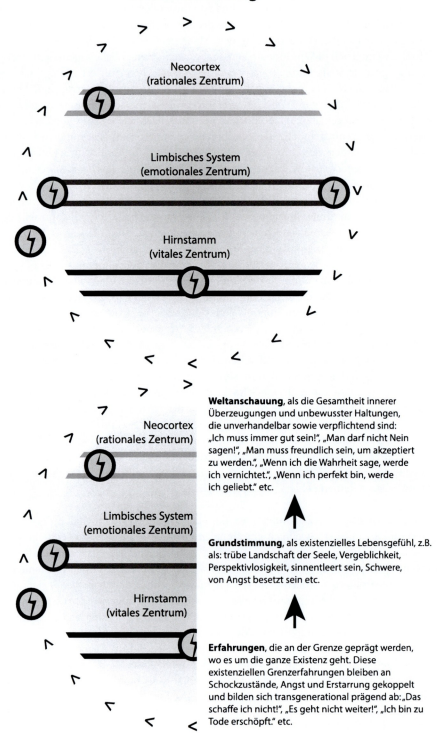

◘ Abb. 3.3   Weltanschauung

Bild menschlichen Lebens. Wilhelm Reich erklärt dazu: „Mit anderen Worten, wir können unter keinen Umständen einen lebenden Organismus in Charaktereigenschaften hier, Muskeln dort und Plasmafunktionen an dritter Stelle aufteilen, wenn wir mit unserer einheitlichen Auffassung des Organismus praktisch Ernst machen wollen" (Reich 2010, S. 473).

In genau dieser einheitlichen und ganzheitlichen Auffassung ist die Seele daher kein Abstraktum, sondern ein vollkommen systemischer Begriff und ein lebendes Symbol, ohne das die Spaltungsfolgen in zusammenhanglose Einzelsymptome zerfallen würden (Riechers und Ress 2015, S. 8). Überhaupt scheint der Seelenbegriff, und zwar auch wegen seiner Schwere und seines altertümlichen Klangs, mit dem menschlichen Wunsch, die Dinge verstehen zu wollen, bestens im Einklang zu stehen. Erst in der seelischen Sphäre, die mit dem Unbewussten auf das Tiefste verwoben ist, keimen die letzten und wesentlichen Fragen auf. So stehen die vertikale Ebene des Unbewussten und die horizontale Ebene der geschichtlichen Lebensereignisse im seelischen Erleben in ständiger Wechselwirkung. Dabei sind die unbewussten Haltungen als Folge der biografischen wie transgenerationalen existenziellen Grenzerfahrungen die maßgebenden Faktoren der Lebensgestaltung, denn sie prägen Beziehungen, Familien, Firmen und ganze Gesellschaften. Die Auseinandersetzung mit der Seele ist daher kein isoliertes Unterfangen, sondern Teil einer aktiven und nachhaltigen Lebensgestaltung. Denn mit den seelischen Spaltungen zu arbeiten, heißt, die unbewusste Ursache vielfältiger Folgen im Leben zu erschließen und zu verwandeln.

In dieser umfassenden Systemik ist die Seele auch der Träger der vitalen Kraft eines Menschen, deren freier Fluss durch die seelische Spaltung eingeschränkt wird. Die Folgen von Traumata wirken dann wie Staudämme im Flussbett der Seele. Die vitale Kraft wird als eingefrorene Schockenergie zurückgehalten, staut sich auf und kommt, wenn überhaupt, nur noch geschwächt an. Gleichzeitig sorgen die Überlebensstrukturen wie künstliche Schleusen für Druckentlastung – kompensatorische Ausweichmanöver, die den Verzicht der Vitalität kaschieren oder zumindest erträglich machen wollen. Die Ersatzbefriedigung kann jedoch das Genuine nie ersetzen, wodurch sich über kurz oder lang ein Mangelgefühl und innere Leere einstellen, gepaart mit Sehnsucht nach dem Ungelebten.

> **Lese-Tipp**
>
> Fallbeispiel 8: „Alles schnell und alles auf einmal". Ein Geschäftsführer verspürt einen immer stärker werdenden inneren Druck. Es fällt ihm schwer, Prioritäten zu setzen und es passieren immer mehr Fehler.

Die vitale Kraft ist ebenso wie die Seele selbst ein lebendes Symbol und wie alle auf das Ganze abzielenden Symbole weder logisch beweisbar noch in ihrem Sinngehalt völlig ausschöpfbar (vgl. Hillman 1997, S. 44). Sie gleicht vielmehr einer Universalie und zeigt sich in den Dingen selbst, universalia in rebus (Petrus Abaelardus). „Seele heißt ursprünglich die ‚Bewegliche'" (Kirchner und Regenbogen 2013, S. 590), und ihre Ausdruckssprache ist Bewegung, die sich im Leben selbst vollzieht. Die traumatisierte und gespaltene Seele hingegen zeigt sich in einer Nicht- und Schein-Bewegung, nämlich da, wo das Leben stehen bleibt, man auf der Stelle tritt, nie ankommt, die Dinge ins Stocken geraten oder man sich im Kreis dreht. Die Modi der traumatisierten Seele sind daher: Wiederholen gleicher Muster, Blockaden als Erstarrung, Leerlauf und Zug aus dem Leben hinaus (vgl. Ress und Riechers 2017, S. 13).

3.6 Innere Gestalten als abgespaltener Komplex im Unbewussten

Durch den hier verwendeten Seelenbegriff erhält das Phänomen der seelischen Spaltung seine volle Dimension und Tragweite. Denn in dieser ganzheitlichen Betrachtung hinterlassen traumatische Ereignisse nicht nur eine psychische Wunde, sondern vielmehr einen ganzen Riss in der Seele. Dieser Riss zieht sich durch alle funktionalen Ebenen, nimmt der Seele ihre Ganzheit und verformt dadurch das innere Erleben. Wenn also infolge einer existenziellen Grenzerfahrung ein Teil der Seele abgespalten wird, spaltet sich der gesamte Komplex des vitalen, emotionalen und rationalen Zentrums als untrennbarer Aspekt einer Einheit ab. Das Ergebnis ist ein unbewusster Komplex (C. G. Jung), ein abgeschlossenes Ganzes im Unbewussten, in dem die gesamte Triade von Körper, Geist und Seele verflochten ist und die wir daher als vielschichtige Innere Gestalten mit durchaus persönlichen Zügen wahrnehmen können. Die existenzielle Grenzerfahrung ist der prägende Rahmen für ihre gesamte Erscheinung, die dadurch in allen Aspekten ihren spezifischen Charakter erhält: einen bestimmten Körperausdruck, eine je eigene Emotionalität und daran geknüpftes inneres Erleben sowie spezifische Gedanken mit eigenen Überzeugungen, Werten und Glaubenssätzen, die in eine eigene innere Logik münden. Innere Gestalten sind daher autonome seelische Entitäten, die alle Ebenen der Spaltung in sich zu einer phänomenologischen Realie vereinen.

Genau an dieser Stelle setzt übrigens die Methode Voice Dialogue an, die auf Grundlage der Teilbewusstheit einen echten Dialog mit den Inneren Gestalten führen kann. Während dieses dialogischen Miteinanders werden alle Ebenen der Spaltung in Resonanz gesetzt: das rationale Zentrum mit der verbalen Sprache und dem analytischen Denken, das emotionale Zentrum mit der Ausdruckssprache von Gefühlen, Bildern und Tönen und auch das vitale Zentrum mit flankierender Körperarbeit, die die Nerven, das Weichgewebe und die Faszien anspricht.

3.7 Innere Gestalten als autonome Teilpersönlichkeiten

Dass die Innere Gestalt kein Konstrukt ist, sondern Wirklichkeit, spüren wir an ihrer Wirkung im Leben. Denn: *„Wirklichkeit ist, wie das deutsche Wort besagt, das, was wirkt"* (Jung 1957, S. 145). Ihre Realität können wir dann vernehmen, wenn sie kraft ihrer Autonomie unser Bewusstsein vorübergehend außer Kraft setzt. Im Moment der Aktivierung kippen die Stimmung und das gesamte Bewusstseinsgefüge. Dann verändert sich unsere Verfassung insoweit, als wir anders fühlen, interpretieren und bewerten. Wir verfolgen – mehr oder weniger zwanghaft – eine gewisse Logik, die uns zum Handeln oder Nicht-Handeln drängt. Ein schlagartig auftretender und wenig reflektierter Aktivismus oder auch ein starker Widerstand sind verlässliche Indikatoren für die Aktivierung einer Inneren Gestalt.

An die existenzielle Grenzerfahrung gebunden, zeigen sie sich im Modus des Überlebens, in dem das übliche rationale Abwägen weder Zeit noch Raum hat. Sobald die

Inneren Gestalten also durch einen Trigger im Unbewussten, dies mag ein Wort, ein Geruch, ein Ort, ein bestimmter Typ Mensch, eine Atmosphäre oder Situation sein, aktiviert werden, durchbrechen sie die Bewusstseinsschwelle und reagieren erneut mit Kampf- und Fluchtverhalten oder Erstarrung. Häufig ist diese Aktivierung von einem spürbaren Maß an Überforderung oder Überflutung mit existenziellen Zuständen wie Ohnmacht, Angst oder Anflügen von Panik verbunden – das heißt allen begleitenden Phänomenen einer existenziellen Grenzerfahrung.

Die Über- und Durchgriffe der Inneren Gestalten sind vielleicht nicht exakt vorhersagbar, doch zeigen sie im Rückblick eine erkennbare Handschrift. Wenn das Bewusstsein sie nicht unterdrücken kann, sei es im Traum, im Rausch oder unter extremem Stress, zeigen sie sich in voller physischer Gestalt, in Emotionen und der Sprache. In diesem Moment erkennen wir uns oder andere nicht mehr wieder, wir lernen Menschen „von einer anderen Seite" kennen und sind im besten Falle nur erstaunt über dieses „andere Gesicht". Dies geht so weit, dass Jung bereits konstatierte: *„In der Tat versetzt uns ein aktiver Komplex momentan in einen Zustand der Unfreiheit, des Zwangsdenkens und -handelns, wofür unter Umständen der juristische Begriff der «beschränkten Zurechnungsfähigkeit» in Frage käme"* (Jung 2000, S. 189).

Dass dieser Zustand keine Ausnahme, sondern ein seelischer Dauerzustand ist, von dem das Bewusstsein permanent durchdrungen ist, wird nach Erhellung der Spaltungsdynamik innerhalb der Inneren Gestalt klar.

3.8 Die paradoxe Spaltungsdynamik innerhalb der Inneren Gestalt

So wie durch die Seele verläuft auch durch die Innere Gestalt der Riss der seelischen Spaltung. Sie vereint in sich dadurch den an die Spaltung gebundenen antagonistischen Komplex von Trauma- und Überlebensstrukturen, was sie selbst zu einem widersprüchlichen und zerrissenen Wesen werden lässt. Durch dieses Hin- und Hergerissensein entfalten sich starke und teilweise äußerst paradoxe Dynamiken, die durch die Inneren Gestalten die gesamte unbewusste Seelenlandschaft formen.

3.8.1 Das als Polarität beschaffene Bezugssystem von Trauma- und Überlebensstrukturen

Auf der einen Seite werden die Trauma-Anteile von den Überlebensstrukturen mit der unverhandelbaren Notwendigkeit des Überlebens dauerhaft in den Tiefen des Unbewussten verdrängt gehalten, und es wird alles unternommen, damit das Verdrängte nicht wieder erlebt werden muss. Auf der anderen Seite strebt das Verdrängte wie ein unter Wasser gehaltener Ball wieder an die Oberfläche, verstrickt sich zu diesem Zwecke in Konstellationen, in denen das Traumatische wieder sichtbar und schließlich seiner Heilung zugeführt werden kann. So ergibt sich ein Hin und Her sowie ein Auf und Ab in der Seele, was wie ein ozeanischer Wellengang beständigen Einfluss auf unser Bewusstsein hat. Die Innere Gestalt, die ein Bezugskomplex von Trauma- und Überlebensstrukturen ist, wird so zu einem janusköpfigen Wesen, das ein der Welt zugewandtes als auch ihr abgewandtes Gesicht trägt.

3.8.2 Überlebensstrukturen als geistige Machtgestalten im Vordergrund

So zeigt sich die verletzte, ja, eben traumatisierte Gestalt in der Öffentlichkeit primär mit ihrer Überlebensstruktur. Diese Struktur bildet ihre Persona, die, gleich wie die Maske des Schauspielers im griechischen Theater, die der Welt zugewandte und vordergründige Seite der Persönlichkeit bildet. An dieser Stelle finden wir meist eine unverletzliche geistige Machtgestalt. Ihre Unverletzlichkeit entspricht ihrer geistigen Provenienz, die anders als die Seele per se unverletzlich und bedürfnislos und dadurch stark, ausdauernd, unnachgiebig, streng usw. sein kann. All diese Qualitäten dienen dem Überleben und helfen, einen unempfindsamen Schutzschild für den Trauma-Anteil zu errichten und aufrechtzuerhalten. Dabei ist der Geist vor allem für die kindliche und bedürftige Seele wie eine Schutz- und Trutzburg, wenn die Eltern das benötigte Maß an Nähe, Zuneigung und Geborgenheit nicht geben können. Dann bewahrt er, und das ist eine weitere Paradoxie, das Menschliche im Menschen mit seinen unpersönlichen Mitteln gegen jede Form der Rohheit, Leere und Gewalt.

Dabei ist die grundlegende Strategie der Überlebensstrukturen eine permanente „Weg-von-Trauma-Bewegung", die grundsätzlich als Kompensationsdrang ausgelebt wird. Um also die durch die existenzielle Grenzerfahrung erlittene Leere, Ohnmacht, mangelnde Liebe oder Anerkennung in Verdrängung zu halten, werden alle Formen von Ersatzbefriedigungen, Ablenkungen oder auch das Nicht-Fühlen herangezogen. So verbinden sich geistige Qualitäten mit einem großen Antrieb, die beide in ihrer Kombination den Motor für gesellschaftliche Karrieren bilden: Zielstrebigkeit, Ausdauer, Durchsetzungsvermögen, schnelle Auffassungsgabe sowie analytisches Denken. Das sind Eigenschaften, für die Menschen in modernen Zivilisationen von klein auf mit Wertschätzung, Status und Wohlstand belohnt werden. Insofern können sich die geistigen Überlebensstrukturen bereits ab dem Schulalter hinter ihrer sozial angepassten und tolerierten Maskerade perfekt ins gesellschaftliche System eingliedern und werden zudem noch ungewollt bestärkt. Von dem allgegenwärtigen Stärkeparadigma einer individualistischen Gesellschaft befeuert, wird ihre Macht dann noch größer und verschleiert dem Bewusstsein vollkommen, dass es sich um eine unbewusste und meist vollständige Identifikation mit einer Überlebensstruktur handelt.

Das zwanghafte Momentum tarnt sich beispielsweise im gesellschaftlich akzeptierten Workaholismus, im Extremsport, ausgiebigen sozialen oder familiären Engagement oder auch einfach nur in vielen Freizeitaktivitäten. In Betracht kommt bei genauerer Betrachtung also jede Form von Aktivität, die einen Hauch von Zwang verspüren lässt und die Person in einem Zustand des rastlosen Kreisens hält. Die mit nüchternem und aufmerksamem Blick von außen wahrnehmbaren Mechanismen der Negation einer seelischen Spaltung sind der betreffenden Person jedoch kaum bewusst. Denn selbst wenn sie sich dem nähern wollte, müsste sie innerlich mit einem großen Widerstand der Überlebensstrukturen gegen das Sichtbarwerden des traumatischen Erlebnisses rechnen. Widerstand ist im Übrigen der zweite wesentliche Mechanismus des „Weg-von" und weniger eine Präventiv- als eine Akutstrategie. Er tritt vor allem dann auf, wenn das Sichtbarwerden des Trauma-Anteils unmittelbar bevorsteht oder einzutreten droht. In diesen Momenten spitzt sich der Vermeidungsdrang der Überlebensstrukturen zu, und es werden alle Register gezogen, vom passiven Nicht-Denken bis zum aggressiven Angriff (vgl. auch ◘ Tab. 1.1 Tabelle der Widerstände).

Trotz aller Auffälligkeiten im Verhalten bezieht das Bewusstsein jene Handlungen nicht auf eine seelische Spaltung im Inneren, sondern zieht alle möglichen Umstände im Außen zur Erklärung heran. Denn hinter dem Widerstand wirkt im Verborgenen die Innere Gestalt, die zur Erfüllung ihrer Mission – dem Fernhalten des seelischen Schmerzes – vollen Zugriff auf das rationale Zentrum hat. In diesem Sinne wird die gesamte Intelligenz eines Menschen den Zwecken des seelischen Überlebens untergeordnet, um mit zum Teil raffinierten Strategien und flankierendem Nicht-Fühlen die Ausblendung der eigentlichen Themen zu betreiben. Genau aus diesem Grunde ist hohe Intelligenz und selbst psychologisches Expertentum kein Schutz gegen die Identifikation mit den Überlebensstrukturen. Sie nutzen das vorhandene Potenzial im Moment der „Gefahrenabwehr" in dem Maße, das dem Überleben entspricht – das heißt schnell und absolut.

Da der Schmerz im Unbewussten abgespalten ist, besteht auch eine generelle Scheu der Überlebensstruktur vor jener Tiefe, die sie ihrem unbewussten Schmerz näherkommen lassen könnte. Die Strategie reicht hier von Vermeiden jeglicher Tiefe bis hin zu „selektiver Tiefe". Während sich im ersten Falle die antagonistische Bewegung als zwanghaftes Kreisen an der Oberfläche zeigt, kann sich die Person im zweiten Fall mit allen möglichen Themen tiefgehend auseinandersetzen, dringt jedoch in den wesentlichen Bereich nicht vor und macht keine Fortschritte. Dies zeigt sich dann umso mehr als Diskrepanz und Bewusstseinsgefälle, zumal die Person als Vorbild erscheint oder erscheinen möchte. Doch auch hier gilt, dass die Inneren Gestalten wie Schwellenhüter darüber entscheiden, was offenbar werden darf und was nicht. Das generelle oder selektive Vermeiden von Tiefe ist deswegen also keine bewusste Entscheidung oder geistige Haltung, sondern eine seelische und damit von der Person unabhängige Notwendigkeit. Die Innere Gestalt ist und bleibt dadurch nicht greifbar, genauso wie sich die bewusste Persona im Widerstandsbereich zeigt: ständig relativierend, geistig sprunghaft, ausweichend, stur, verallgemeinernd usw. Man lässt sich nicht in die Karten schauen, und schon gar nicht in die Seele.

3.8.3 Trauma-Strukturen als verletzte seelische Anteile im Hintergrund

Bei aller vordergründig zur Schau getragenen Stärke und Unabhängigkeit, die „weg vom" Trauma drängt, gibt es auch den entgegengesetzten Zug der Seele „hin zum" Trauma und damit hin zu Chaos, Ohnmacht und Erstarrung. Denn das in der seelischen Spaltung Verdrängte repräsentiert gleichzeitig das im Leben Vereitelte, Unerreichte und Unterbrochene. Dabei handelt es sich um die im Zuge der existenziellen Grenzerfahrung unfreiwillig unterdrückten oder unterbrochenen Lebensbewegungen, die nun in der seelischen Spaltung als das Ungelebte zurückgehalten werden. Da das Leben jedoch gelebt werden will, entfaltet das Ungelebte eine starke Sehnsucht, die einst unterbrochenen Lebensbewegungen zum Abschluss zu bringen und so das damals Vereitelte nun doch noch zu verwirklichen.

So ziehen die Trauma-Strukturen die Person völlig unbewusst und am bewussten Willen vorbei immer wieder in Konstellationen hinein, in denen sich die Seele mit ihren Wunden spiegeln kann. Konkret zeigt sich diese Bewegung als ein Verstrickungs-Drang, der durch vielfältigste Formen ein seelisches Konstellations- und Reaktionsmuster zu reinszenieren sucht und den Menschen erneut mit dem traumatischen

Schmerz konfrontiert. Die Verstrickung in bestimmte Umstände, Beziehungsmuster oder Abhängigkeiten bringt so den im Unbewussten verborgenen Rohstoff der seelischen Spaltung an die Oberfläche, der nun auf Auflösung und Erlösung hofft, um endlich wieder in freien Fluss zu kommen.

3.8.4 Reinszenierungsdrang der Trauma-Strukturen als Heilungsimpuls der Seele

Das „Verstrickte" an der seelischen Spaltung zeigt sich zum einen im zwingenden, einengenden und einengend haltenden Charakter, zum anderen wie ein schwer zu widerstehender Zug zu den betreffenden Umständen oder Menschen. Denn solange das unbewusste Thema nicht gelöst ist, nutzt die Seele die Umwelt wie ein unsichtbares Spinnennetz. Die Vernetzung geschieht über das gleiche Thema und eine ähnliche oder sich ergänzende traumatische Konfiguration.

So läuft man, wie von unsichtbarer Hand gesteuert, zielsicher „in die Falle" oder kann sich ihr nicht entziehen (vgl. ◘ Abb. 3.4 Wirkungsfelder der Inneren Gestalten). Wir begegnen Menschen, die uns mit ihrem Verhalten, ihren Werten und Einstellungen über kurz oder lang an unseren Schmerzpunkt bringen, sei es, dass wir zum Täter werden oder das Opfer abgeben. Dabei spielt es auch keine Rolle, wie gut die Person es mit uns meint oder wie viel Geduld, Sympathie und Wohlwollen wir für sie aufbringen. Da die seelische Spaltung die Folge einer existenziellen Grenzerfahrung ist, die mit normalen menschlichen Kräften ja eben nicht zu bewältigen war, überfordert auch die Verstrickung mit dieser Spaltung derart, dass man über kurz oder lang in der verstrickten Konstellation erneut an die Grenzen des Aushaltbaren kommen muss.

Auch deshalb geraten wir in zum Teil merkwürdigste Situationen, in denen wir äußerst abrupt in einen Schmerz oder eine Ohnmacht zurückgeworfen werden und sich Dinge ereignen, die vorher noch undenkbar schienen. Im Nachhinein bleibt dann häufig die Frage, warum man dies nicht hat kommen sehen, oder noch schlimmer, warum man sich schon wieder das Gleiche angezogen hat, mag es ein geschäftlicher oder privater Lebenskontext sein. Auch das, was oder wer wir nie werden wollten, kommt so in unser Leben zurück. Charaktereigenschaften und Wesenszüge von Menschen, die bei uns Schmerzen hinterlassen haben, finden bei uns, auch wenn nur vereinzelt, im Zuge des Reinszenierungsdrangs fruchtbaren Boden und verletzen nun andere Seelen, die unbewusst zum Spiegel für uns werden. Dann wird der andere zum Projektionsfeld, indem wir das bekämpfen, was wir in uns selbst nicht leben können. Oder wir projizieren das von uns Ungelebte oder Unerreichte in idealisierter Form in einen „Heilsbringer", der diese Qualitäten zwar ansatzweise besitzt, aber am Ende der Projektion nur als maßlos überschätzt dastehen kann. Um sich aus der Verstrickung zu lösen, bedarf es daher auch grundsätzlich eines erheblichen Energieaufwands, und es ist oft nur mithilfe eines Begleiters möglich, da wir in uns selbst keinen Abstand schaffen können, der für das Erkennen der Verstrickungen und Projektionen jedoch unverzichtbar ist.

Damit wird klar, dass die unreflektierte und so lange unbewusste Trauma-Struktur die Quelle einer verhängnisvollen Anziehung ihresgleichen ist, die so weit gehen kann, dass Täter immer wieder zu Tätern werden und andere Menschen die Nähe von Tätern suchen, um Opfer zu bleiben. Andere suchen immer wieder die Gefahr, verausgaben sich oder werden wie die Ahnen, denen sie geschworen haben, nie so zu werden wie sie. Dieser paradoxe Zusammenhang, der an sich der Heilung dienen kann, zeigt, wie

3.8 · Die paradoxe Spaltungsdynamik innerhalb der Inneren Gestalt

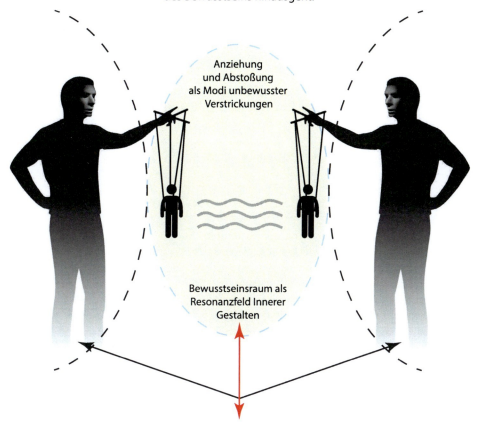

☐ **Abb. 3.4**   Wirkungsfelder der Inneren Gestalten

sehr die vitale Kraft an das Leben stiftende Prinzip der Seele gebunden ist. Denn aus der Warte des Bewusstseins muss es äußerst befremdlich erscheinen, einen Mechanismus zu etablieren, der zwangsläufig in das erneute Erleben des seelischen Schmerzes führt. Aus der Warte der Seele betrachtet entspricht dies jedoch dem Drang der vitalen Kraft, das Leben beständig in Entwicklung und Bewegung zu halten. Der Heilungsimpuls gehört insofern nicht zur Kategorie des Vernünftigen, sondern des Lebendigen, er stellt eine universale und numinose Logik dar, die dem Leben selbst verpflichtet ist. Die Selbstheilungskraft der Seele zeigt sich daher im Sichtbarwerden des Traumatischen, allerdings nicht schon unmittelbar in seiner Heilung. Die Heilung ist ein Kulturakt und blieb und bleibt von jeher Menschen vorenthalten, die tiefen Kontakt zur Seele aufnehmen können.

Man könnte das Gesagte auch kurz und knapp so zusammenfassen: Das Verdrängte repräsentiert das im Leben Vereitelte, Unterbrochene und Verhinderte – einen verwundeten Bereich der Seele, der der Schockladung wegen mit Angst und Panik behaftet ist. Es ist eine psychische Tabuzone, die aus Angst vor erneuter Verletzung nicht mehr gelebt werden kann. Das Ungelebte wird jedoch zur Quelle der größten Sehnsüchte und somit der stärkste projektionsbildende Faktor im Unbewussten. Mit vielen vernünftigen und selbst völlig unvernünftigen Anstrengungen soll das Ungelebte im eigenen Leben vollzogen werden. Da die Sehnsucht jedoch an die unbewusste seelische Spaltung gebunden ist, bleibt das unreflektierte Streben ein blindes und illusionäres Jagen nach Ganzheit, die in der bewussten und materiellen Welt nicht zu finden ist. Von dieser energetischen Kette sind die Inneren Gestalten durchdrungen und wirken aus dem Unbewussten in das Bewusstsein hinein, und zwar flächendeckend und in allen Lebensbereichen (vgl. ◘ Abb. 3.5 und 3.6. Systemik der Inneren Gestalten).

3.8.5 Die hintergründige Grundstimmung der Trauma-Strukturen

Die im Hintergrund waltenden Trauma-Strukturen sind die durch die Überlebensstrukturen gezwungenermaßen verdeckte Seite der Inneren Gestalt. Durch ihre Verdrängung sind sie jedoch nicht verschwunden, sondern wirken energetisch durchaus weiter. Der in ihnen eingefrorene Schmerz, sowohl die Schwere, Leere, Ohnmacht, Hoffnungslosigkeit als auch ihre Bedürftigkeit und Sehnsucht nach Bezug, machen sich im Leben als Stimmung aus dem Hintergrund bemerkbar. So kann auch eine noch so ausgeglichen, souverän und unabhängig wirkende Person energetisch von der eher kindlichen Bedürftigkeit nach Nähe und Zuneigung durchdrungen sein. Oder es ergeben sich die energetischen Phänomene einer durchaus agilen Persona im Vordergrund, die gleichzeitig im Hintergrund in die atmosphärische Schwere einer Trauma-Struktur gehüllt ist. Aber auch das Gegenteil ist möglich, nämlich als energetische Überflutung der Umgebung, die ein Abbild der chaotischen und überflutenden Zustände der existenziellen Grenzerfahrung darstellt. Selbst bei geringster Aktivität wirkt die Person dann anstrengend, und ihr Tun ist für die Umgebung „zu viel".

Alle erörterten Varianten führen bei anderen Mitmenschen zur Wahrnehmung einer gewissen Inkongruenz – einer Unstimmigkeit, die man allerdings zunächst nicht vom Verhalten, sondern von der energetischen Ladung her abzuleiten geneigt ist. Die Überlebensstruktur fühlt sich in diesen Situationen häufig unangenehm ertappt und arbeitet mit noch mehr „Maskerade" gegen das Sichtbarwerden der Wunde. Spätestens dann wirkt der Mensch künstlich, exaltiert oder überdreht. Auch dieses Verhalten ist nicht gewollt, sondern folgt den unpersönlichen Dynamiken der seelischen Spaltung, auch wenn es das Persönlichste, nämlich den Charakter, formt. In dieser Spirale bilden Trauma- und Überlebensstrukturen einen Teufelskreis, gegen den das Bewusstsein kaum ankommen kann (vgl. auch ◘ Tab. 3.1).

3.8 · Die paradoxe Spaltungsdynamik innerhalb der Inneren Gestalt

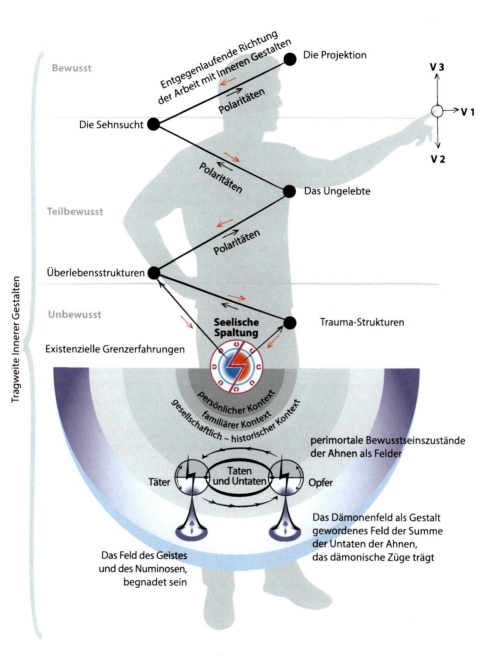

◘ Abb. 3.5 Systemik der Inneren Gestalten – Übersicht

Systemik der Inneren Gestalten

Die Projektion der Sehnsucht in die Objekte der Welt, seien es Sachverhalte, Lebensumstände, Menschen, Beziehungen, private oder professionelle Ziele – sie sollen diese Sehnsucht erfüllen. Projektionen gehen nicht selten fließend in einen zwanghaft unreflektierten Glauben über, der sich an materielle oder auch ideelle Inhalte bindet. So oder so wird die Sehnsucht mit der Projektion unterschiedslos vermengt und bedarf daher zuerst der Unterscheidung. Eine „Therapie" oder „Coaching", die das Unterscheidungsvermögen nicht stärken, werden ungewollt zum Erfüllungsgehilfen dieser Sehnsucht und dienen der Verstärkung der Illusion.

Es kann naturgemäß auch zu einer stark negativen Projektion kommen. Die erlittenen Verletzungen, Ängste, Misstrauen etc. werden dann automatisch auf die aktuellen Sachverhalte und Menschen projiziert. Anschließend reagiert die Person auf die eigene Projektion als wäre es die Realität selbst. Das davon weiter abgeleitete Verhalten gestaltet wiederum das subjektive Erleben und wirkt selbst realitätsstiftend.

Die Sehnsucht, das Ungelebte doch zu leben, das Unerreichte doch zu erreichen, das Ungesühnte zu sühnen, das Unerlöste zu erlösen, das im Leben der Ahnen Unterbrochene doch im eigenen Leben zu vollziehen, das dem Leben ungerecht Entzogene, stellvertretend wieder ins Leben zu rufen, selbst wenn man, ähnlich wie die Ahnen, daran scheitern sollte.

Das Ungelebte, im Leben der Ahnen Unerreichte, durch Untaten dem Leben Entzogene, durch Schicksalsschläge Unterbrochene. Es handelt sich gewissermaßen um das, was durch die direkten Folgen einer existenziellen Grenzerfahrung im Leben verhindert wurde. Sei es direkt durch Tod oder im Falle des Überlebens die Spaltung in Trauma- und Überlebensstrukturen, die den immer enger werdenden „Flaschenhals" für das Lebenspotenzial bilden. **Diese Kategorie ist in ihrer Folge schicksalsgestaltend und wirkt transgenerational.**

Überlebensstrukturen als geistige Qualitäten, die zum Zwecke des seelischen Überlebens das einst Traumatische verdrängt halten.

Trauma-Strukturen als die im Schock erstarrte vitale Kraft.

Existenzielle Grenzerfahrungen, die sich mitsamt ihrem historischen Kontext im seelischen Innenraum einprägen und somit auch das Erleben des Außenraums der Welt mitbestimmen.

◘ Abb. 3.6 Systemik der Inneren Gestalten – Begriffe

3.8 · Die paradoxe Spaltungsdynamik innerhalb der Inneren Gestalt

Tab. 3.1 Paradoxe Auswirkungen der Spaltungs-Dynamik im Überblick

	Trauma-Strukturen	Überlebens-Strukturen
Vitales Zentrum	Verharren in Schockstarre, wodurch vitale Energie eingefroren wird, es handelt sich um eine „explosive Nicht-Bewegung", die sich dauerhaft nicht entladen kann: „[…] man ist »scheinbar ruhig«; in Wirklichkeit kann man sich nicht rühren, ist sowohl zur lokalen Flucht wie zur vegetativen Flucht in sich selbst unfähig" (Reich 2010, S. 456).	Um von der Schockladung und der Angst nicht überflutet zu werden, wird die Muskelpanzerung aufrechterhalten, was jedoch bereits im „Ruhemodus" ständig vitale Kraft aufzehrt. In Summe handelt es sich um ein konstantes Angetriebensein oder das Gefühl, sich gegen die innere Starre und Lethargie selbst ständig antreiben zu müssen.
Emotionales Zentrum	Durch die Spiegelung in Situationen und Personen in der Umwelt kommt es dauerhaft zum Triggern der traumatischen Angstreaktion, die jedoch von den Überlebensstrukturen unterdrückt wird. Dies löst eine Grundstimmung von Unzufriedenheit, Ungenügen, Getriebensein, innerer Unruhe oder eines ständigen Überflutetseins aus.	Das Nicht-Fühlen steht als Beziehungslosigkeit, die gegen die Schläge des Lebens taub macht oder auch das Gegenteil als übermäßiges Fühlen, das wie ein hochsensibler Detektor sich anbahnende Gefahren erkennt; meist tritt die Kombination beider Modi in selektiver Form auf. Mangelnde Empathie, als das Unvermögen sich einzufühlen, ist in diesem Sinne ebenfalls eine Spaltungsfolge.
Rationales Zentrum	Konzentrationsstörungen und Denkblockaden entstehen als Folge der inneren Überflutung, und durch die Fragmentierung der traumatischen Inhalte kann es auch Erinnerungslücken geben. So entsteht eine verzerrte Wahrnehmung der Welt, die zu unrealistischen Erwartungen an sich selbst und andere führt.	Teilweise gibt es aber auch unglaubliche kognitive Fähigkeiten, die das traumabedingte emotionale Defizit ausgleichen. Der Kompensationsdrang zeigt sich auch in der Welt des Geistigen, die als beherrschbare Zone Sicherheit gibt, grundsätzlich nur belohnt und keine Beziehungsansprüche stellt. Die geistigen Qualitäten können sogar eine Art „rationale Empathie" entwickeln. Soziales Verhalten wird dabei kognitiv antizipiert und modelliert, sodass der Eindruck einer sozial kompetenten Person entsteht, eventuell aber auch eine große manipulierende Kraft, die sich mit einer elektrisierenden „Erotik des Geistes" als perfekter Charmeur gibt, um ihre Ziele zu erreichen. Möglich ist aber auch die Variante des kühlen Denkers, der durch Überbetonung der Rationalität und empfindungsarme analytische Schärfe und Härte überzeugt.

(Fortsetzung)

Tab. 3.1 (Fortsetzung)

	Trauma-Strukturen	Überlebens-Strukturen
In der Seele selbst, in der alle drei Zentren aufgehoben sind	Das *„Hin-zu"*- Trauma als Verstrickungs-Drang, um das Trauma in der Hoffnung auf Heilung wieder sichtbar zu machen, ist der eigentliche Heilungs-Impuls der Seele. Durch das Trauma werden das sinnstiftende Wirken und Erleben der Seele gestört, es reißt in Teilen ab und schafft damit einen zeitlosen Raum des Sinnlosen und der Orientierungslosigkeit, was in seiner weiteren Folge die Seele beständig in Verwirrung hält. Die seelische Spaltung verengt und blockiert das Flussbett der vitalen Kraft eines Menschen, sodass auf allen Ebenen der Spaltung Kraft nur noch verringert ankommt und nicht frei fließen kann. Das Leben wird in der seelischen Spaltung auf „Sparflamme" gehalten.	Das *„Weg-von"*- Trauma gilt als präventive Schutzstrategie, ausgeführt mit geistigen Qualitäten, die per se ohne Bezug und unverletzlich sind. Sie zeigen sich als Kompensationsdrang, um die Leere, Ohnmacht, mangelnde Liebe und Anerkennung mit Ersatzbefriedigungen aller Art zu stillen, schließlich aber auch als zum Teil raffiniert getarnter und manipulativer Widerstand gegen jedes Sichtbarwerden des traumatischen Schmerzes. In Summe entstehen zwar quasi übermenschliche Kräfte und eine enorme Leistungsfähigkeit, die aber häufig auch von einer glatten Oberflächlichkeit begleitet sind, die als unpersönlicher Schutzschild vor der Tiefe fungiert.

3.9 Transgenerationale Innere Gestalt (TIG)

Alle Dynamiken zwischen Trauma- und Überlebensstrukturen vollziehen sich auch transgenerational, also über die Generationen hinweg. Denn solange die seelische Spaltung nicht aufgehoben wird, bleibt sie als Komplex von Trauma- und Überlebensstrukturen im familiären Unbewussten (Szondi) erhalten. Das, was mittlerweile in der Epigenetik gesicherte Erkenntnis ist, hat Leopold Szondi bereits vor Jahrzehnten durch die sogenannte schicksalsanalytische Methode auf Grundlage von Tausenden Fallbeispielen empirisch gesichert:

> „Die im Erbgut mitgebrachten Ahnen streben alle zur Manifestation. Psychologisch drückt man diesen Manifestationsdrang als «Ahnenanspruch» aus. Da diese Ahnenansprüche zwar dynamisch, doch völlig unbewußt sind, spricht man – tiefenpsychologisch – von einem «familiären Unbewußten». Dies ist der Sitz und Wartesaal jener Ahnenfiguren, die in unserem eigenen Schicksal nach Wiederkehr streben" (Szondi 1977, S. 20).

Menschen werden durch die Geburt in ein Familiensystem geworfen und sind damit dessen Einfluss in ganzer Tragweite und schicksalhafter Wucht ausgesetzt. Die Grundthemen in Familiensystemen, die stets auch eine Folge existenzieller Grenzerfahrungen der Vorfahren sind, zeigen sich daher transgenerational in vielen Varianten: verschiedenste Krankheitsbilder, psychische Störungen, Süchte, Suizide, Unfälle und ähnliche

3.9 · Transgenerationale Innere Gestalt (TIG)

Schicksalsschläge. Dabei entspricht der „Ahnenanspruch" dem Heilungsimpuls der Seele, der alle Mitglieder des Familiensystems erfasst und die ungelösten wie ungelebten Themen jener Ahnen im Leben des Einzelnen als auch bei seinen Nachfahren immer wieder an die Oberfläche bringt. Durch diese ständige Wiederkehr entstehen individuell gefärbte Varianten des gleichen Grundthemas, das sich wie ein Leitmotiv durch die Familien-Seele zieht.

Das im System Verdrängte und Tabuisierte konstituiert sich damit im familiären Unbewussten als Transgenerationale Innere Gestalt, die in mehreren Schichten sowohl die traumatische Schockladung als auch die je individuelle Überlebensstruktur zu den vielfältigen Themen der Ahnen in sich trägt. Damit gleicht sie einem Gestalt gewordenen Feld, einer Verkettung der im Familiensystem flächendeckend vorkommenden existenziellen Grenzerfahrungen, die die Grundstimmung der Familie prägen. Aufgrund der mehrgenerationalen Verdichtung wirken die Wucht und Kraft ihrer Dynamiken stark überflutend und sind mit den Kräften des individuellen Bewusstseins nicht zu bändigen. Sie steuern als überpersönliche und dadurch gleichzeitig unpersönliche Machtstruktur aus dem Hintergrund unbewusst das gesamte Familiensystem, das meist komplett mit ihr identifiziert ist. Sich gegen die Familie aufzulehnen, bedeutet sich der TIG zu widersetzen, was ohne Herauslösung aus ihrer Verstrickung nur in konstantem Konflikt oder Kontaktabbruch enden kann. Insbesondere in Familienunternehmen prägt die TIG als verdichtetes Familienschicksal und maßgebende Instanz im Unbewussten die Unternehmenskultur. Ihre existenziellen Haltungen werden zu den ungeschriebenen Gesetzen sowie nicht verhandelbaren Werten der Firma, ziehen ähnliche Seelen an und wirken als Gründergeist weit über die spezifische Gründerpersönlichkeit hinaus.

In diesem Sinne wirkt die Familie als das die Persönlichkeit und das Schicksal formende Feld. Seine enorme Feldstärke bezieht es zum einen aus der genetischen und epigenetischen Verbindung und zum anderen aus den Beziehungsmustern, die das Familiensystem aufrechterhalten, aber auch zugrunde richten können. Denn auch die Eltern sind von den Verstrickungen des Ahnenfelds und den TIG erfasst und mit ihnen identifiziert. Von ihnen nimmt das bedürftige Kind vorerst unterschiedslos alle Bezugsangebote an – mögen sie förderlich oder hinderlich für seine Entwicklung sein. Diese Angebote werden zur Grundlage seiner Identitätsbildung, denn es gibt einfach keine anderen, auf die es sich als Kleinkind beziehen könnte. Selbst wenn sie noch so destruktiv sein sollten, steht die totale Leere (horror vacui) als Option nicht zur Verfügung, da sie dem seelischen Tod gleichkäme. Das existenzielle Angewiesensein auf die Liebe der Eltern reicht daher so weit, dass das Kind sowohl ihre Traumata als auch ihre Verstrickungen in Untaten und Tabuthemen für sie mittragen muss. Die Verstrickung manifestiert sich in der Symbiose mit den Eltern (Ruppert 2010, S. 78), durch die die Seele des Kindes besetzt und so zur Grundlage einer weiteren transgenerationalen Ebene der Verstrickung mit den Ahnen wird.

Die Reaktionen auf diese Verstrickung gestalten sich ebenso paradox wie die Dynamiken der biografischen seelischen Spaltung selbst, allerdings mit dem Unterschied, dass die transgenerationale Wucht sie noch erheblich zwingender ausfallen lässt. Zweifellos wird das Kind alles tun, um die Liebe der Eltern für sich zu gewinnen, auch wenn es bedeutet, dass es sich an die gegebenen Umstände anpassen muss. Ist das Familienfeld von Leere und Vernachlässigung besetzt, bleibt dem Kinde nur die Spaltung, die es der Beziehungslosigkeit gegenüber unempfindlich macht. Die Unempfindlichkeit entspringt den geistigen Überlebensstrukturen, die mit der Zeit und wegen des Schutzes, den sie bieten, sogar immer stärker werden. So bekommt auch das Nicht-Fühlen seinen Platz, und es entsteht erneut ein Boden für eine emotionale Kühle, die zur Beziehungs-Grundlage der nächsten Generation wird. Ist das Feld mit Gewalt und Missbrauch durchsetzt, wird der gesamte Komplex der Täter- und Opferdynamik sehr wahrscheinlich auch im Unbewussten des Kindes wirksam werden. Die eingefrorene Wut sowie die abgespaltene Aggression können sich dann als Faszination der Gewalt gegenüber, als ihre vehemente Ablehnung oder in einer latent aggressiven Grundstimmung zeigen. Allerdings kann es auch zu einer Identifikation mit den Opfern führen, was möglicherweise bedeutet, dass man später selbst zum Opfer wird, oder dass man ein großes Hilfsbedürfnis allen Entrechteten und Verletzten gegenüber entwickelt, was einer unbewussten Sühne entspricht. Ist das Grundthema der Ahnen Armut oder Verlust, dann mag sich im Kinde selbst Generationen später eine geistige Überlebensstruktur ausbilden, die präventiv alles unternimmt, um Status und Geld anzuhäufen. Aber selbst wenn dann genügend Mittel vorhanden sind, reicht es dem Menschen nicht, da er aus der Tiefe ständig unbewusst mit dem traumatischen Schmerz des Verlusts getriggert wird. Die Identifikation mit dem Trauma kann allerdings auch dazu führen, dass man trotz aller Talente und Fähigkeiten hinter seinen Möglichkeiten zurückbleibt und im Leben nur geradeso „zurechtkommt".

Diese exemplarischen Szenarien mögen die Reichweite des familiären Unbewussten und der darin verwobenen TIG verdeutlichen. Selbst wenn unsere Eltern es bei unserer Erziehung gut gemeint und gemacht haben, wenn kein Krieg und keine Katastrophe die Entwicklung des Kindes gestört haben, bleibt durch die Verstrickung die Zug- und Sogkraft des Ahnenfeldes doch erhalten. Durch das Geworfensein ins Dasein (Heidegger) wirkt diese Kraft von der ersten Minute an und wird zum ersten, quasi apriorischen Inhalt des persönlichen Unbewussten. Der Beginn der Individualität erschöpft sich daher zuerst in der individuellen Anpassung an das je gegebene Familiensystem und ist damit zwangsläufig eine gelebte Reaktion auf das vorherrschende Ahnenfeld. Ein eigenes und selbstbestimmtes Leben existiert erst jenseits der Verstrickung in die TIG, die – ohne Herauslösung – Zeit seines Lebens im Menschen unbewusst weiterwirkt. Ohne die Sichtbarmachung der ungelösten Schicksale unserer Ahnen wirkt der Ahnenanspruch als Reinszenierungsdrang weiter. Er wird in uns zum Erb- und Zwangsschicksal und zeigt sich in ähnlicher Wahl in der Liebe, der Freundschaft, im Beruf, in der Krankheits- und selbst auch der Todesart (vgl. Szondi 1977, S. 25).

3.10 Die TIG als Feld der verwirklichten Qualitäten der Ahnen

Die TIG eröffnet neben allem Zwang allerdings auch den Zugang zu einer großen Ressource im Menschen, die jedoch mit einem weiteren seelischen Paradox verwoben ist. Denn als geschichteter Bezugskomplex von Trauma- und Überlebensstrukturen ist die TIG ein Reservoir von mannigfachen Qualitäten und Sollbruchstellen zugleich. Die Familienmitglieder haben über Generationen in je individueller Art und Weise auf die vorherrschende Konfiguration des familiären Unbewussten mit Überlebensstrukturen geantwortet. Diese von den Ahnen verwirklichten Qualitäten des Geistes sind die Quelle der vererbten Talente, mit denen auch unter widrigsten Umständen ein Leben gelang oder sogar über Generationen das „Weg-von-Trauma" erfolgreich gestaltet worden ist. So kann z. B. die Leere und Trostlosigkeit mit großer Fantasie im künstlerischen Bereich in einem erträglichen Rahmen gehalten werden und ebenso der ständig drohenden Gefahr von Übergriffen mit einem feinen Spürsinn und guten Verhandlungsfähigkeiten begegnet werden.

Für den Menschen, der in späteren Generationen Zugriff auf diese tatsächlichen Qualitäten und Fähigkeiten hat, sind sie allerdings Fluch und Segen zugleich. Denn die tatsächlichen geistigen Fähigkeiten sind an die existenziellen Grenzerfahrungen und damit an die seelische Spaltung gebunden, die durch die TIG verläuft. Dies führt zu einem Dilemma, denn sowohl ihr Einsatz als auch ihre Verfeinerung verbinden den Menschen im Unbewussten nur noch mehr mit den ihnen zugrunde liegenden Trauma-Strukturen. Genau aus diesem Grund kann man auch beobachten, dass Menschen gewisse ihnen offensichtlich gegebenen Talente nicht nutzen, weil in so einem Fall bereits das bedrohliche Feld hinter den Talenten derart wirkt, dass eine biografische Überlebensstruktur das traumatisch durchsetzte Feld der Qualitäten abschirmt. Dieser Zusammenhang ist gerade im Coaching und Training fundamental wichtig, da die gängigen Formate allein mit dem Bewusstsein arbeiten, das allerdings häufig restlos mit den Überlebensstrukturen identifiziert ist. So wird in diesen Formaten häufig unbewusst die Überlebensstruktur gestärkt und damit zugleich die seelische Spaltung mitsamt ihren Dynamiken sogar noch vertieft. Möglich ist auch, dass das Coaching konsequent an dem Abschirmungsschutz der TIG scheitert, die sich mit Widerstand aller Art bemerkbar macht, was dann aus dem bewusstseinszentriert gedachten Einheitsmodell fälschlicherweise als Mangel an Motivation oder Fähigkeit gedeutet wird. Insgesamt können wir daher sagen, dass Trauma- und Überlebensstrukturen grundsätzlich „coachingresistent" sind.

> **Lese-Tipp**
>
> Fallbeispiel 4: „Die strenge Gouvernante". Eine Abteilungsleiterin kennt bei der zu erledigenden Arbeit selbst „keine Grenzen" und überfordert auch ihre Mitarbeiter.

Aus der Warte der Systemik der Inneren Gestalten, die den Aufbau der Seele erst konkret erfassbar macht, ergibt die Spaltung jedoch eine große Chance: Unsere individuellen Qualitäten sind aus diesem Blickwinkel das Produkt aus dem Zusammenspiel der je spezifischen Anpassungen an das formende Feld der Familie sowie der Identifikationen mit den Überlebensstrukturen unserer Vorfahren. Wenn es uns gelingt, die Spaltung im Unbewussten zu integrieren, können wir frei und ohne Reinszenierungs-Zwang auf die Qualitäten zugreifen, während gleichzeitig unser Vermögen gestärkt wird, fremde seelische Inhalte von unseren eigenen zu unterscheiden. Mit diesem Unterscheidungsvermögen ausgestattet, können wir die Vorgänge und Sachverhalte in der Außenwelt lösen, ohne uns zu verstricken oder unsere vitale Kraft aufzuzehren. Insofern ist Trauma-Arbeit wesentliche Ressourcen-Arbeit, die der Entwicklung eines autonomen Lebens dient.

3.11 Weitere Schichten der Inneren Gestalten

Das Familienfeld wird nun aber noch von weiteren und tieferen Ebenen des Unbewussten durchdrungen oder besetzt gehalten. ◘ Abb. 3.5 „Systemik der Inneren Gestalten" zeigt die weiteren vielfältigen Ebenen der Seelenlandschaft, die in dieser kleinen Systemik des Unbewussten komprimiert und tabellarisch vorgestellt werden (vgl. ◘ Tab. 3.2). Grundsätzlich ist die seelische Spaltung immer in einen spezifischen historischen Kontext eingebettet, oder anders ausgedrückt: Jede existenzielle Grenzerfahrung prägt sich mit ihrem bestimmten Ort, ihren bestimmten Umständen und ihrer bestimmten Zeit ins Unbewusste ein. Insofern können wir folgende Schichten unterscheiden:

◻ Tab. 3.2 Schichten der Inneren Gestalten

Unbewusste Schicht	Ihre Dynamik im Unbewussten
Das persönliche Unbewusste	Ist der Ort der biografischen existenziellen Grenzerfahrungen (BEG), die häufig die weitere Folge von transgenerationalen existenziellen Grenzerfahrungen (TEG) sind. Die Spaltungsdynamik entfaltet sich als das Hin- und Hergerissensein zwischen den nach Sichtbarwerdung drängenden Trauma-Strukturen und den „weg von" Trauma strebenden Überlebensstrukturen.
Die perinatale Ebene des persönlichen Unbewussten	In dieser Ebene bilden sich auch die Geburtstraumata als basic perinatal matrices – BMP ab (Stanislav Grof). Es handelt sich um die vorverbal geprägten Abdrücke der Empfängnis, der Schwangerschaft, der Geburtsphasen sowie der postnatalen Entwicklung. Mangels Bildern und Erinnerungen zeigen sich Trauma- und Überlebensstrukturen primär als körperliche Symptome der Überflutung im Nervensystem und Schockstarre im Weichgewebe. Der schwere Start ins Leben hinterlässt einen Imprint (Arthur Janov) im vitalen Zentrum und zeigt sich später als Grundstimmung dem Leben gegenüber („Ich komme nicht an.", „Ich komme nicht weiter.", „Ich schaffe das nicht.", „Es hat keinen Sinn.", „Das ist mir alles zu eng." usw.).
Das familiäre Unbewusste	Ist der „Sitz und Wartesaal jener Ahnenfiguren, die in unserem eigenen Schicksal nach Wiederkehr streben" (Szondi 1977, S. 20). Das primäre Motiv des familiären Unbewussten ist die Reinszenierung des Verdrängten als „Ahnenanspruch" in uns. Seine transgenerationale Wucht hält den Einzelnen in Bann, sei es, dass er sich mit dem Familiensystem restlos identifiziert und sich ihm unterordnet, sei es, dass er in ständiger Opposition zu ihm lebt. So oder so, er bleibt ohne Herauslösung in die Themen der Familie verstrickt, was einem Erb- und Zwangsschicksal entspricht.
Die perimortalen Bewusstseinszustände der Ahnen	Als die existenziellen Grenzerfahrungen der Ahnen, die sich aus den inneren und äußeren Umständen „um den Tod herum" (gr. peri) eingeprägt haben. Die Spaltung führt in diesem Kontext zu einer nicht abgeschlossenen Bewegung der Seele beim Sterben. Es sind daher die Bewusstseinszustände der Ermordeten, Abgetriebenen, Erhängten, im Krieg Erschossenen, von Granaten Zerrissenen und der mit großen Schmerzen oder gar in Wahn Verstorbenen, die im Unbewussten erhalten bleiben und daher im generationsübergreifenden Familienfeld von einer Generation auf die andere weiterwirken. In den perimortalen seelischen Zuständen ist die Grenze zwischen Diesseits und Jenseits derart verschwommen, dass sie de facto aufgehoben ist. Wenn Familienmitglieder nächster Generationen in diese Zustände per Geburt unbewusst verstrickt werden, entsteht oft eine restlose Identifikation mit ihnen. Das Diesseits entspricht dann bloß einer Projektionsfläche, sodass die Reaktionen auf die Umwelt vielmehr dem Jenseits entsprechen. Der von den perimortalen Bewusstseinszuständen ausgehende Reinszenierungsdrang äußert sich dann als Zug aus dem Leben hinaus, hin zu den mortalen Schicksalen der Ahnen. Generationen später zeigt er sich als Waghalsigkeit, suizidaler Hang, lebensbedrohende Krankheiten, Unfälle oder auch in einer ständigen geistigen Abwesenheit. Auch die vitale Kraft ist von diesem Zug erfasst und folgt ihm aus dem Diesseits ins Jenseits.

(Fortsetzung)

3.11 · Weitere Schichten der Inneren Gestalten

Tab. 3.2 (Fortsetzung)

Unbewusste Schicht	Ihre Dynamik im Unbewussten
Das kulturelle Unbewusste	Als die tiefere Schicht des familiären Unbewussten, das immer auch in einem kulturell-historischen Kontext aufgehoben ist. Das kulturelle Unbewusste entstand vor allem im Prozess der Abgrenzung und Auseinandersetzung mit anderen Kulturen und ist, wie die kriegerischen Auseinandersetzungen der Geschichte zeigen, an mannigfache existenzielle Grenzerfahrungen gebunden. Auf ihrer Grundlage haben sich über die Jahrhunderte die Identität und die Werte von Schicksalsgemeinschaften gebildet. Insofern ist das kulturelle Unbewusste der Ort mächtiger transgenerationaler Überlebensstrukturen, durch die die Moral, das ästhetische Empfinden und grundlegende Überzeugungen beeinflusst werden. Die sich in Kulturmustern abbildenden Inneren Gestalten tragen jedoch auch den verdrängten Schmerz und die Tabus in sich, die sich unreflektiert jederzeit entladen können.
Das kollektive Unbewusste	Als die von C. G. Jung beschriebenen Archetypen im Unbewussten. Es sind die ewig menschlichen und schicksalsträchtigen Themen von Schuld und Sühne, Aufstieg und Untergang, Täter und Opfer, Weisheit und Torheit, Unschuld und Verführung, Rache und Vergebung, aber auch die archetypischen Gestalten des Weisen, des Fremden, der Hexe, des Magiers, des verlorenen Sohnes, des Gottes und des Teufels. Sie gehen als Urbilder der Seele mit den konkreten Inneren Gestalten in Resonanz, vermengen sich mit ihnen in Träumen und Projektionen und sind damit häufig eine bildliche und allgemeine Oberfläche einer spezifischen existenziellen Grenzerfahrung.
Die Täter-Opfer-Verstrickung	Kann sich als Täter- und Opferdynamik in allen Schichten des Unbewussten zeigen. Ihre Wirkung ist besonders stark, da sich sowohl Täter als auch Opfer spalten müssen, jedoch in der Spaltung zeitlos aneinander gebunden bleiben. Der gesamte Komplex aus deformiertem und gefühlskaltem Täteranteil, aber auch der Erstarrung und unterdrückten Wut des Opfers befindet sich im Reinszenierungsdrang. Für das Bewusstsein zeigt es sich als Verstrickung in ähnliche Täter-Opfer-Konstellationen, wobei beide Rollen einander abwechseln können. Diese destruktive Dynamik kann wahrhaft dämonische Züge annehmen, zumal sie nicht selten von einer wahnhaften und „verbotenen" Anziehung begleitet ist. Auch das menschliche Gewissen ist davon betroffen. So zeigt sich als moralische Empfinden sehr wohl in einem Menschen, der mit seiner Seele in Verbindung steht. Umgekehrt jedoch führt die Traumatisierung durch Gewalt, insbesondere im frühkindlichen Alter, dazu, dass man später durch die tiefe Spaltung in der Seele auch von Gewissen und moralischer Empfindung entfernt bleibt. Allerdings geht genau diese „moralische Entfremdung" in der Regel einer Täterschaft voraus.
Tabu	Kann ebenfalls in allen Schichten als besonders stark wirkende existenzielle Grenzerfahrung vorkommen. Das Besondere am Tabu ist seine absolute Menschenfeindlichkeit und seine völlig entwürdigende Grausamkeit: Genozide, Massenvergewaltigungen, Folter, Experimente mit Menschen etc. Sie fallen damit in die Kategorie „Verbrechen gegen die Menschlichkeit" und können so auch nur mit absoluter Härte oder unter Wahn verdrängt gehalten werden. In der transgenerationalen Folge entzieht sich das Thema durch eine Innere Gestalt, die sich in der Maskerade der Harmlosigkeit, unter dem Mantel des Schweigens oder durch eine wahnwitzige Flucht nach vorn zeigt. All das geschieht mit dem Ziel, die Umgebung von dem Geheimnis abzulenken.
Instanz des transgenerationalen Verdrängens (ITV)	Als eine im familiären Unbewussten konstituierte mehrschichtige Überlebensstruktur, die insbesondere gegen die Wucht von Tabu und Täter-Opfer-Dynamik wirkt. Sie zeigt sich als Innere Gestalt, die mit den erworbenen geistigen Qualitäten der Ahnen eine Art Damm gegen die Überflutung aus dem Familiensystem aufbaut und aufrecht erhält, was mit großem Widerstand und Zwang erfolgt. Beide Phänomene schirmen die Person zwar ab, schränken allerdings auch die freie Entfaltung ein.

3.12 Innere Gestalten als Träger und Beweger des Unbewussten

Zusammenfassend können wir sagen, dass die Inneren Gestalten gleich aus zwei Quellen in den Vordergrund treten und neben dem Bewusstsein, das eher als Schicksalsbegleiter auftritt, zu schicksalsprägenden Determinanten eines Menschen werden. Sie speisen ihre wirkende Kraft zum einen aus dem Drang zur Reinszenierung, zum anderen aus dem Zwang zum präventiven Eingreifen, um die Verstrickung und ihre Folgen zu stoppen. Damit ist der Bezugskomplex von Trauma- und Überlebensstrukturen die maßgebliche Quelle von Anziehung und Abstoßung zugleich. In der Folge ergeben sich funktional zwei unbewusste Vektoren, deren Kräfte diametral entgegengesetzt wirken, das Bewusstsein beständig unter Spannung halten oder es gar zum Zerreißen bringen (vgl. ◘ Abb. 3.7 Vektorenmodell). Da es jedoch nicht nur eine Innere Gestalt gibt, sondern mehrere, entstehen so multiple Polaritäten in der Seele, die sich sowohl auf der Mikroebene in inneren Spannungen als auch auf der Makroebene in zwischenmenschlichen Konflikten entladen.

Ihre existenziell geprägten Haltungen befeuern unser Denken, beeinflussen unsere Wahrnehmung und formen den Stoff, aus dem unsere Träume sind. Sie sind die Protagonisten unserer inneren Monologe und beeinflussen damit auch unsere zwischenmenschlichen Dialoge. Ihre Sprache ist nicht trivial und auch nicht alltagstauglich, sondern absolut, gebieterisch und mahnend. Sie kennen keine politische Korrektheit, sondern schmettern uns unzensiert das entgegen, was sich in den mannigfachen existenziellen Grenzerfahrungen in der eigenen Seele und der der Ahnen eingebrannt hat. Manchmal sprechen sie direkt durch uns, im Stress, während der Erschöpfung, im Halbschlaf oder unter Einfluss von Alkohol, also vorrangig dann, wenn das Bewusstsein sie nicht mehr zurückhalten kann. Sie sind ein klarer Hinweis dafür, dass der Freud'sche Versprecher kein amüsanter Fauxpas ist, sondern eine ernst zu nehmende Innere Gestalt, die gerade wie die Spitze des Eisbergs den Bewusstseinsraum durchbrochen hat (vgl. ◘ Abb. 3.8 Herausragen der Inneren Gestalten aus dem Verborgenen).

So entsprechen die Inneren Gestalten dem Wesen der Seele selbst. Sie bewegen uns, und zwar im wahrsten Sinne des Wortes. Ihr Abgespaltensein gibt ihnen eigenen Raum, Antrieb und Autonomie, der Heilungsimpuls der Seele einen Auftrieb, der wie ein Sog in die Tiefe zieht.

3.13 Fazit zur Systemik der Inneren Gestalten

Bei genauer Betrachtung können wir alle wesentlichen Erscheinungen des Unbewussten, wie schon weiter oben skizziert, auf das Wirken der Inneren Gestalten zurückführen. Die Stimmen, Regungen und Bewegungen dieser Teilpsychen sind nichts Pathologisches, auch wenn das Bewusstsein sie gerne in diesen Bereich verbannen und so von sich fernhalten möchte. Sie sind vielmehr die entscheidenden Strukturelemente des unbewussten Seelenlebens. Jung schreibt in diesem Sinne weiter: *„Ich bin deshalb eher zur Annahme geneigt, dass autonome Komplexe zu den normalen Lebenserscheinungen gehören und die Struktur der unbewussten Psyche ausmachen"* (Jung 2000, S. 197).

Ohne Übertreibung wirkt die Erklärung selbst der alltäglichen menschlichen Verhaltensweisen und sozialen Beziehungen, durch die Brille der Inneren Gestalten gesehen, vollkommen andersartig und ungewohnt. Der Grund ist ihr Abweichen vom bewusstseinszentrierten Einheitsmodell, das eben bis heute die Denkart und damit auch die

3.13 · Fazit zur Systemik der Inneren Gestalten

Vektorenmodell

Modell zur Unterscheidung seelisch-geistiger Dynamiken innerhalb des Vielheitsmodells der Seele. Die Vektoren sollen anhand ihrer realen Wirkung im Leben erfasst werden.

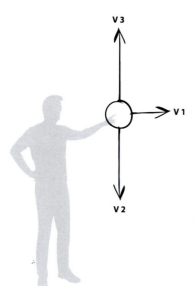

Die Enge und das Kreisen im puren Überlebensmodus, während der Geist im „Dämmerschlaf" wandelt. Es ist auch die dauerhafte Weg-von-Bewegung als lebenslange Verdrängung, ständige Relativierung, Rationalisierung sowie ein andauernder Zwang, überzeugen zu müssen - sich selbst und andere. Es handelt sich um eine „Flucht nach vorne" – weg von dem Verdrängten, also vom Trauma. Die Weg-von-Bewegung bedeutet allerdings eine lebenslange Stagnation. V3 führt direkt zu V2 und ist daher ein wichtiger Hinweis bei der Traumaarbeit. Gerade dann, wenn keine Traumainhalte an der Oberfläche zu finden sind, sondern sich nur eine undurchdringliche energetische Wand der geistigen Erstarrung zeigt – also V3 in der Sprache des Vektorenmodells – eröffnet dies einen Weg zu den verborgenen Traumainhalten in der Tiefe.

Die Ausrichtung im Leben als der Wille des erwachsenen Bewusstseins. Anstatt zielgerichtet zu agieren, bewegt sich V1 oft wie ein Fähnchen im Wind, da er zwischen den Vektoren V3 und V2 hin und hergerissen wird.

Der Zug des unbewussten Willens aus der vertikalen Achse des Unbewussten in die Verstrickungen mit den Schicksalen der Ahnen. Er zeigt sich auf der horizontalen Ebene des gelebten Lebens als Verstrickung in Sachverhalte, Beziehungen oder unheilvolle Allianzen, die einen dorthin ziehen, wo man nie sein wollte – in Trauer, Ohnmacht, Verlustängste etc. Die Anfänge solcher Verstrickungen sehen zwar immer vielversprechend aus, enden jedoch in Sackgassen, Blockaden oder Erstarrung.

Ursächlich dafür ist die Bewegung eines abgespaltenen Seelenanteils, der als Vektor und als Zug im Leben erfasst wird. Durch die Trauma-Arbeit kann er so verwandelt werden, dass er wieder ins Leben zurückfindet und in das erwachsene Bewusstsein integriert werden kann. Die diesem Seelenanteil folgende vitale Kraft wird nicht länger dem Leben entzogen, sondern nun dem Leben zugeführt. Das erwachsene Bewusstsein gewinnt dadurch an Reflexionsvermögen, Unterscheidungskraft und Vitalität.

◘ Abb. 3.7 Vektorenmodell

Herausragen der Inneren Gestalten aus dem Verborgenen

Innere Gestalten ragen aus dem Verborgenen heraus und halten das Bewusstsein kraft ihrer generationsübergreifenden Wucht und Macht in ihrem Bann. Der Einzelne kennt in der Regel nur seine Reaktionen auf diese Gestalt gewordenen Felder, doch nicht sie selbst, da sie sich seinem Bewusstsein entziehen.

Gestalt gewordene Felder ziehen ähnlich geartete Felder an, die sich in Umständen, Sachverhalten, Personen und sich wiederholenden Geschehnissen manifestieren. Auf diese Art und Weise, durch Verstrickung und Reinszenierung, walten sie über das Schicksal des Einzelnen. Der Weg aus dieser Fremdbestimmung besteht im Bewusstwerden der im Unbewussten autonom agierenden Inneren Gestalten.

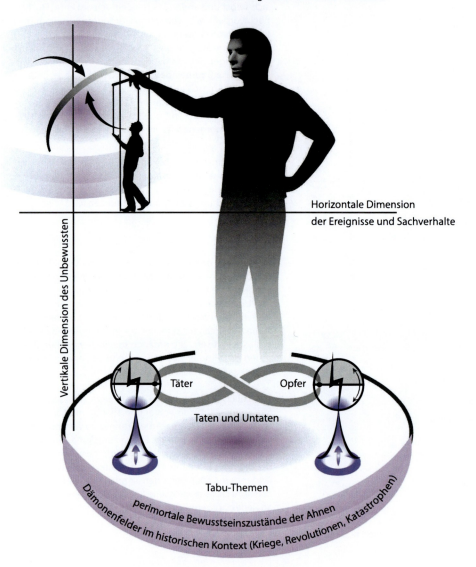

Abb. 3.8 Herausragen der Inneren Gestalt aus dem Verborgenen

Wahrnehmung steuert. Durch die Neu-Einordnung in das Vielheitsmodell der Seele entsteht daher in der Tat eine neue „Psycho-Logik", als fundamental neues Verständnis seelischer Phänomene. Auch die Fachabgrenzung zwischen Coaching, Beratung, Therapie und Psychiatrie muss daher neu überdacht werden. Denn die Inneren Gestalten sprengen kraft ihrer Macht im Unbewussten diese künstlichen Grenzen – ganz einfach, weil sie daran nicht gebunden sind.

In der Konsequenz ändert sich dadurch auch die Denkart in Bezug auf den Menschen und sein Verhalten. Die neue Denkart und die aus ihr „geborene" Wahrnehmung werden zum lebendigen Erfahrungswissen. Dadurch kann eine neue Sicht der Dinge entstehen, die dann durch ihre feine Differenzierung auch viele Sinnzusammenhänge erschließen kann. In Kombination mit der transgenerationalen Perspektive entstehen so Bezüge, die weit über das biografische Bewusstsein hinausgehen.

Literatur

Heidegger, M. (1984). *Zur Frage nach der Bestimmung der Sache des Denkens*. St. Gallen: Erker.
Hillman, J. (1997). *Suche nach Innen*. Einsiedeln: Daimon.
Jung, C. G. (1957). *Bewußtes und Unbewußtes*. Frankfurt a. M.: Fischer Bücherei.
Jung, C. G. (1996). *Traum und Traumdeutung*. München: dtv.
Jung, C. G. (2000). *Grundfragen zur Praxis*. Augsburg: Bechtermünz.
Kirchner, F., & Regenbogen, A. (2013). *Wörterbuch der philosophischen Begriffe*. Hamburg: Meiner.
Reich, W. (2010). *Charakteranalyse*. Köln: Anaconda.
Ress, R., & Riechers, A. (2017). *Dialog mit dem Unbewussten*. Wiesbaden: Springer.
Reumschüssel, A. (2018). Das Erbe in unseren Genen. *National Geographic, 5,* 42–61.
Riechers, A., & Ress, R. (2015). *Trauma und Blockaden im Coaching*. Wiesbaden: Springer.
Ruppert, F. (2010). *Seelische Spaltung und innere Heilung*. Stuttgart: Klett-Cotta.
Szondi, L. (1977). *Freiheit und Zwang im Schicksal des Einzelnen*. Zürich: Ex Libris.

Führung im Lichte der Inneren Gestalten

4.1 Das Vielheitsmodell der Seele als neue Grundlage von Führung – 64

4.2 Cui bono? – Innere Gestalten als Machtzentren im Unternehmen – 65

4.3 Sachverhalte als Spiegel der Inneren Gestalten – 66

4.4 Innere Gestalten als Arrangeure der Sachverhalte – 68

4.5 Innere Gestalten als hemmende oder fördernde Kraft im Unternehmen – 70

4.6 Praktische Konsequenzen des Vielheitsmodells der Seele für Führung – 71

4.7 Fazit zum Vielheitsmodell der Seele in der Führungs-Praxis – 75

Literatur – 76

© Springer Fachmedien Wiesbaden GmbH, ein Teil von Springer Nature 2019
A. N. Riechers, R. Ress, *Die beseelte Organisation und ihr Geist*,
https://doi.org/10.1007/978-3-658-23922-0_4

4.1 Das Vielheitsmodell der Seele als neue Grundlage von Führung

Die Systemik des Unbewussten verdeutlicht in ihrer Tragweite, dass ohne die Arbeit mit den Inneren Gestalten weder eine substanzielle noch eine nachhaltige Veränderung im Unternehmen herbeigeführt werden kann. Innere Gestalten sind reale Machtzentren im Unbewussten der Entscheidungsträger und zeigen sich als unbewusster Drang und Zwang, als Blendung, Beharren auf realitätsfremden Überzeugungen sowie Intrigen, List und Manipulationen. Ihre Kraft besteht in den kompensatorischen Handlungen, und zwar für erlittenes Unrecht, tiefe Ohnmacht und seelische Verletzungen jeder Art. Aber auch das rauschartige Streben vieler Emporkömmlinge sowie die damit einhergehende zwanghafte Geltungssucht gehen von ihnen aus. Der Entstehungskontext der Inneren Gestalten ist mannigfaltig und jeweils spezifisch, allerdings ist in all ihren Tendenzen eine traumabedingte Sollbruchstelle „eingebaut", die erkennbar einem paradoxen Muster folgt: Das, was man zwanghaft zu vermeiden sucht, zieht man gleichzeitig unbewusst an, um daran erneut zu scheitern. Dies entspricht im Wesentlichen auch der Beschreibung einer Verstrickung, die ihre Kraft direkt aus der zwingenden Logik der seelischen Spaltung bezieht. Sie trotzt in ihren Folgen allen guten und vernünftigen Absichten und bleibt ihnen gegenüber resistent. Das menschliche Bewusstsein setzt dadurch auf einem wackeligen und zerklüfteten Boden auf – geformt durch vielfache biografische wie transgenerationale existenzielle Grenzerfahrungen, die das unbewusste Fundament jeder menschlichen Existenz ausmachen.

Die Inneren Gestalten wirken auf dieser Grundlage im Unbewussten als eine Vielheit und können nicht anders, als ihre Macht mit existenzieller Wucht auszuleben, und zwar auf allen Ebenen, dem vitalen, dem emotionalen und dem rationalen Zentrum. Dies geschieht zum einen, weil die vitale Kraft in Folge existenzieller Grenzerfahrungen in Schock und Angststarre zurückgehalten wird und damit wiederum das Denken und Fühlen blockiert wird, und zum anderen, weil der Rest der vitalen Kraft mit Zwang und Drang in den Dienst des Überlebens gestellt wird. Dieser Drang kann sich im Unternehmen auf der horizontalen Ebene der Sachverhalte zwar zunächst als willkommene Aktivität, Geschäftigkeit, Strebsamkeit oder Fleiß zeigen, ist aber in der Tiefe entweder an ein manipulatives System von „Zuckerbrot und Peitsche", an die völlige Verausgabung der eigenen Kräfte oder auch die ständige emotionale Überflutung des kollegialen Umfelds gekoppelt. Auch hier erkennt man, dass die Münze zwei Seiten hat, oder in der Sprache der Systemik des Unbewussten präziser formuliert: Jeder Sachverhalt und jede Personalentscheidung ist das Ergebnis der drei Vektoren (V1 bewusster Wille, V2 Reinszenierungsdrang der Traumastruktur und V3 Überlebensstruktur; vgl. Abb. 3.7 Vektorenmodell), die je nach Art und Konfiguration ihrer Träger die Organisation fördern, hemmen oder gar lähmen können. Die Traumastrukturen stellen dabei eine Sollbruchstelle im Unbewussten dar und warten nur auf günstige Umstände, um sich erneut zu reinszenieren. Das Postulat eines souverän-autonomen Bewusstseins, das darüber hinaus auch noch in einem einheitlichen Ich erscheint, wirkt aus dieser Perspektive als eine äußerst reduzierte Sicht auf das reale menschliche Dasein, fast wie ein Trugbild.

Diese Erkenntnisse, die sich in der Abkehr von einem bewusstheitszentrierten Einheitsmodell der Psyche hin zu einem Vielheitsmodell der Seele vollziehen, ändern nichts weniger als das Menschenbild, das Führung zugrunde gelegt wird. Der rationale Nutzenmaximierer, der im Einheitsmodell immer noch als vernünftiger „homo oeconomicus" im Wirtschaftsleben auftritt, ist bereits millionenfach durch die menschliche und die Wirtschafts-Geschichte widerlegt, in der es alles andere als vernünftig und rational zugeht. Aus diesem Grunde sind die *unbewussten* Kräfte im Menschen als die wahren Beweger und Vollzieher der Geschichte anzusehen. Denn das bewusste und reale Streben nach Fortschritt, Wohlstand etc. wird erfahrungsgemäß regelmäßig von ebenso realen Tendenzen zu deren Zerstörung durchkreuzt. Diese Zerstörungskraft entspringt jedoch nicht dem gleichen bewussten Streben, sondern aus einer anderen Quelle, die verhindernd und zerstörerisch wirkt. Diesen Unterschied gilt es festzuhalten und als gegeben anzuerkennen. Besonders in Wirtschaft und Politik ist es deshalb vonnöten, von dem neuen, differenzierteren und vor allem realitätsnäheren Vielheitsmodell der Seele als Standard auszugehen – gerade damit diese Unterscheidung zwischen unbewusst und bewusst ermöglicht wird. Erst das Vielheitsmodell zeigt und spiegelt den Menschen genau als das, was er in seiner Gesamtheit ist: ein zwar vernunftbegabter, daneben aber auch von vielen Kräften Getriebener, im Grunde also auch ein „homo irrationalis".

Durch das Vielheitsmodell wird begreifbar, wie die Inneren Gestalten als aus dem Hintergrund wirkende Machtfiguren beschaffen sind und auf welche Weise sie als die entscheidenden Gelenkstücke wirken, mit denen die Sachverhalte der horizontalen Ebene des Bewusstseins mit den seelischen Leitmotiven der vertikalen Ebene des Unbewussten verbunden werden.

4.2 Cui bono? – Innere Gestalten als Machtzentren im Unternehmen

Der Geist oder die Geister, im übertragenen Sinne betrachtet, die in einer Organisation wirken, sind immer das Produkt aus unbewussten Trauma- und Überlebensstrukturen, die sich zu Machtzentren im Unbewussten formieren. Sie zeigen sich durchaus in ihrer Brillanz, allerdings aber auch mit ihren schwierigen, dunklen Seiten, u. a. in Form von Widerständen, illusionärer Blindheit, gnadenloser Härte gegen andere wie auch gegen sich selbst sowie unfairen Manövern. Sowohl die generationsübergreifenden Trauma-Verkettungen als auch ihre korrespondierenden Überlebensstrukturen, die wie Bollwerke der Abschirmung wirken, verdichten sich zu Gestalt gewordenen Feldern. Von ihnen abgeleitet, zeigen sich rigide Haltungen, die enorme Feldstärke besitzen und ihrerseits die geistigen Qualitäten von Mitarbeitern und Führungskräften durchdringen und formen. Der Geist und seine Fähigkeit zur Rationalität entscheiden und regieren deshalb niemals allein, sondern immer in Wechselwirkung mit einer grundsätzlich gespaltenen Seele und ihren unbewussten Dynamiken – ein Tatbestand, der sich für jeden Menschen konkret in seinen Inneren Gestalten zeigt und in deren Wirkungen widerspiegelt.

Der menschliche Geist ist zwar zweifellos ein wichtiger Faktor im Unternehmen, ein Macher und Gestalter im wahrsten Sinne des Wortes (lat. facere – machen), aber die Qualitäten des Geistes steuern das Geschehen keineswegs von selbst und nach allgemein rationalen Ansätzen, sondern sie werden auch von den unbewussten Machtzentren zu deren Zwecken beansprucht und gesteuert. Nicht von ungefähr haben schon die alten Römer den berühmten Spruch geprägt: „Corruptio optimi pessima" – Das Schlechteste besteht in der Korruption oder im Versagen gerade der Besten. Wer in die Geschichte blickt, erkennt rasch, wie genau dieser Spruch die menschliche Realität in Wirtschaft und Politik spiegelt. Es kommt folglich nicht nur auf die real vorhandenen Qualitäten an, sondern auch darauf, welche inneren Machtzentren diese oder jene geistigen Qualitäten im Menschen – und zu welchen Zwecken – beeinflussen. Die Frage, die zu beantworten ist, sie kommt ebenfalls von den alten Römern, die offensichtlich bereits bestens um die verborgenen Motive menschlicher Handlungen wussten, lautet: „Cui bono?" – Wem nützt es oder zu wessen Vorteil geschieht es?

Im Unternehmen formuliert der Geist die Vision, setzt Ziele und legt Strategien fest. Seine Kraft produziert Innovationen und steigert die Effizienz aller Aktivitäten, zum Teil und gerade trotz widrigster Umstände. Er ist zweifellos in der Lage, einer rationalen Methode zu folgen und in ihrem Sinne auch äußerst effizient und effektiv zu arbeiten. Allerdings ist dadurch noch keineswegs festgelegt, in wessen Dienst er dies tut, zumal sich die Kräfte der Zerstörung bekanntlich der gleichen rationalen Methoden bedienen wie die Kräfte der Schöpfung. Umso wichtiger ist deshalb die Unterscheidung der Machtzentren und ihrer Beweggründe im Unternehmen. Letzten Endes stellt sich für alle sozialen Interaktionen sowie formalen wie informellen Handlungen die Frage, welche Inneren Gestalten sich der geistigen Fähigkeiten bemächtigen, sie für ihre Zwecke nutzen oder deren Wirken sogar aktiv verhindern.

Durch die Systemik des Unbewussten wird also weder der Geist noch seine Rationalität infrage gestellt, sondern vielmehr sein Bewusstsein darüber, wem er dient bzw. von wem er besetzt gehalten und benutzt wird. Das Wirkungsfeld der Rationalität ist nämlich auf das Maß begrenzt, das die Inneren Gestalten vorgeben, und es endet genau dort, wo die Zweckrationalität der Überlebensstrukturen beginnt – an der Schwelle zu den unbewussten seelischen Spaltungen.

4.3 Sachverhalte als Spiegel der Inneren Gestalten

Die Schwelle zur seelischen Spaltung, die sich in Widerständen und Blockaden vielfältiger Art bemerkbar macht, begegnet uns im (Berufs-)Leben nicht unbedingt als ein herausragendes Ereignis, das aufgrund seiner Wucht und Größe leicht erkennbar wäre. Vielmehr driften wir häufig langsam und unbewusst auf diese Schwelle zu, die sich im Unternehmen oft auch nur als harmloser Sachverhalt zeigt. Doch wird er mit der Zeit zum Wendepunkt für das Bewusstsein, und zwar dann, wenn seine konkreten Inhalte sowie die ihn tragenden Menschen mit ihren je spezifischen Charakteren zur Projektionsfläche für die abgespaltenen Traumastrukturen werden. Dann wird ein biografisches oder transgenerationales Erleben ausgelöst, das die seelischen Wunden derart zum Schwingen bringt, dass Vernunft, Logik und guter Wille durch das unbewusste und kraftvolle Überlebensmotiv der Inneren Gestalten abgelöst werden.

Was sich also auf der Ebene eines Sachverhaltes häufig als leicht lösbar, verständlich oder ökonomisch sinnvoll zeigt, wird im Falle des Trauma-Triggers hingegen, aus der engen Brille des Überlebens betrachtet, erlebt und dementsprechend gelöst. Die „Logik" der Überlebensstrukturen ist dabei häufig eine „Weg-von-Bewegung" als Flucht, Nicht-Handeln oder auch das scheinbare Gegenteil: der Angriffsmodus in vielen Varianten. Von diesem Moment an geht es nicht mehr um die Sache, sondern – im Prinzip – um das Sichern der Existenz. So entsteht eine Diskrepanz, die sich nicht selten in Form von Kurzschlusshandlungen und Eskalationen diverser Art bemerkbar macht. Das Unbewusste – genauer gesagt der unbewusste Wille – übernimmt zeitweise und oft sogar vollständig das Spielfeld des Bewusstseins. Dadurch wird das Denken starr und vornehmlich von den rigiden Haltungen der Inneren Gestalten getragen. Der Körper verpanzert sich und geht in den Modus des Nicht-Fühlens über, Emotionen brausen auf oder frieren völlig ein. Durch die gesamte Abfolge dieser Reaktionen soll der getriggerte

4.3 · Sachverhalte als Spiegel der Inneren Gestalten

seelische Schmerz verhindert oder weitestgehend gelindert werden. Der Preis dafür ist die Aufgabe der stimmigen und vernunftorientierten Lösung, der sonst geübten Professionalität und sogar auch der Menschlichkeit. Deshalb wird es kein ausgewogenes Ergebnis mehr geben, da Überleben und Ausgewogenheit in sich widersprüchlich sind. Überleben entspricht der ultima ratio, Ausgewogenheit dagegen einer geistig-emotionalen Beweglichkeit, die umsichtige und weise Entscheidungen ermöglicht.

Selbst ein „harmloses" oder „völlig berechtigtes" Feedback kann sich daher für den Einzelnen, je nach seelischer Konfiguration, als absolute Niederlage, Beleidigung oder Scham und Schande anfühlen. Die Inneren Gestalten nehmen hier keine konstruktive Kritik wahr, sondern fühlen sich im Kern getroffen, was mit Reaktionen verbunden sein kann, die aus der Warte des Bewusstseins nur als völlig überzogen und unangemessen bewertet werden können. Selbst erfahrene Führungskräfte verarbeiten das Gesagte dann nicht mehr differenziert, sondern reagieren beleidigt oder gekränkt und „rächen" sich mit Gegenfeedback oder Beziehungsentzug gegenüber Mitarbeitern oder Kollegen. Dann kann es passieren, dass eine kontroverse Sachfrage oder eine schwierige Verhandlung eine derart spiegelnde Wirkung hat, dass sie aus seelischer Sicht zum kräftezehrenden Schlachtfeld, zum quälenden Gefängnis oder zu einem subtilen Gefühl des Steckenbleibens wird. Die realistische Wahrnehmung der Fakten wird dann durch die Aktivität der Inneren Gestalten derart verzerrt, dass Mitarbeiter oder Führungskräfte übermäßig viel Kraft verlieren, sich „verrennen", „festbeißen" oder auch keine Gegenwehr mehr zeigen – alles Reaktionsmuster, die nicht primär vernünftig oder professionell sind, sondern den erlebten und abgespaltenen Reaktionsmustern der Trauma- und Überlebensstrukturen entsprechen und ihnen folgen.

In diesem Sinne haben auch Personalbesetzungen oder Beförderungen von Natur aus das Potenzial, zu einer harten Spiegelfläche für Themen wie Anerkennung, Selbstwert und Gerechtigkeit aber auch für Loyalität und Opportunismus zu werden. Aus der Perspektive der Inneren Gestalten geht es nämlich nicht nur um einen Titel oder eine Gehaltsanpassung – es geht um alles: bestehen oder nicht bestehen, dazugehören oder ausgeschlossen sein, Wertschätzung oder Ungenügen empfinden. Diese an sich allgemein menschlichen Urthemen sind für jeden Einzelnen mit je spezifischen und vielfältigen biografischen oder transgenerationalen existenziellen Grenzerfahrungen aufgeladen. Insbesondere das familiäre Unbewusste bietet ein reichhaltiges Reservoir an seelischen Spaltungen, die das persönliche Unbewusste und damit auch das innere Erleben entscheidend färben.

Was sich auf der horizontalen Ebene der Sachverhalte abspielt, ist in seiner Bandbreite vielfältig geeignet, wunde Punkte (gr. Trauma = Wunde) zu treffen und den Vorgang der Verwundung zu reinszenieren, sei es auf identische, ähnliche oder symbolische Art und Weise. Aus seelischer Sicht macht dies keinen Unterschied, da es allein auf die spiegelnde Wirkung ankommt. Das Unbewusste lässt keine Spiegelfläche ungenutzt und trifft die Wunden wie ein „Scharfschütze". Ein Phänomen, das wegen des formalen Über- und Unterordnungsverhältnisses, insbesondere zwischen Vorgesetzten und Mitarbeitern zum Tragen kommt. In solchen Fällen kann so gut wie jede Sachfrage zu einer Machtfrage zwischen Inneren Gestalten werden, in denen Themen wie Ohnmacht, Willkür, Existenzangst aber auch mächtige Vater- und Mutterprojektionen mitschwingen können. Die vertikale und horizontale Achse stehen hier ständig in Resonanz zueinander, wobei Sachverhalte Saiten zum Schwingen bringen, mit denen Innere Gestalten in der seelischen Spaltung verankert sind.

4.4 Innere Gestalten als Arrangeure der Sachverhalte

Die schon von C. G. Jung und Leopold Szondi entwickelten Vorstellungen zur spiegelnden Wirkung des Unbewussten erfahren nun durch die Erkenntnisse der Systemik der Inneren Gestalten eine zusätzliche und sogar sehr wesentliche Verschärfung. Die neue Erkenntnis lässt sich so zusammenfassen:

> **Merksatz**
>
> Aus dem Blickwinkel des Unbewussten sind die Inneren Gestalten die entscheidenden Arrangeure der Sachverhalte, während das Bewusstsein die Stellung des operativen Abwicklers einnimmt.

Diese für das Selbstverständnis des modernen Menschen beinahe unerhörte Aussage ist die Konsequenz aus der Dynamik der seelischen Spaltung, deren Wucht als Erb- und Zwangsschicksal (Szondi) transgenerational und damit überpersönlich wirkt. Durch sie wird die Kraft der unbewussten seelischen Leitmotive und Verstrickungen zum wesentlichen Lenker der Ausrichtung und der Bewegungen des Lebens. Insofern gibt es aus der Perspektive der Inneren Gestalten auch keinen Zufall in Begegnungen und Begebenheiten: Kein Mitarbeiter im Unternehmen ist zufällig da, wo er ist, kein Team harmoniert oder disharmoniert zufällig, und ebenso wird kein Chef zufällig befördert, noch scheitert er oder sie zufällig an einer Herausforderung. Führungskräfte ziehen – unbewusst – Mitarbeiter mit ähnlichen Persönlichkeitsstrukturen an und bilden dadurch ein Team-Gefüge, das in Summe an den gleichen Sollbruchstellen scheitert wie ihr systemischer Kopf. Und selbst dann, wenn Führungskräfte um ihre Schwächen und Defizite wissen, scheitert auch der zu ihren Ausgleich eingestellte Mitarbeiter, und zwar entweder infolge einer Projektion, die seine Fähigkeiten überschätzt hat, oder aber, weil seine tatsächlich vorhandenen Fähigkeiten „im Ernstfall" an den rigiden unbewussten Haltungen der Führungskraft abprallen.

Das Unbewusste und seine spiegelnde Kraft sind ständig vollumfänglich anwesend, und zwar mit den unsichtbaren Händen einer Vielheit von Inneren Gestalten in Meetingräumen, Verhandlungen, Einstellungsgesprächen, auf der Verkaufs- oder Produktionsfläche, und selbst in und zwischen den Zeilen in E-Mails sowie allen weiteren Business-Kontexten. Das Unbewusste ist eine hochwirksame Kraft, die uns ständig angeht, da sie das Wesentliche in Bewegung bringt oder in Erstarrung hält. Im unverkennbaren Stil eines Martin Heidegger ausgedrückt: *„Was sich entzieht, kann sogar den Menschen wesentlicher angehen und in den Anspruch nehmen als alles Anwesende, das ihn trifft und betrifft"* (Heidegger 1992, S. 9).

Als unbewusst wirkender Bezugskomplex von Trauma- und Überlebensstrukturen können die Inneren Gestalten ausnahmslos jeden Sachverhalt, mag er auch noch so banal sein, zu einer potenziellen Kampf- und Fluchtzone machen, und zwar sowohl zwischenmenschlich als auch innerhalb jeder handelnden Person selbst. Dies ist auch der Grund dafür, dass sich selbst an den einfachsten und offensichtlich klarsten Themen Streit und innere Konflikte entzünden können. Jeder Sachverhalt ist geeignet, der Ausgangspunkt einer profunden Blockade oder Eskalation zu werden. Er wird dann zum Gesicht der Inneren Gestalt, die sich mit dem Sachverhalt sozusagen öffentlich präsentiert. Die Gestalt selbst bleibt zwar verdeckt im Hintergrund, ihre Hand streut aber „Sand ins Getriebe" und will so ihren Machtanspruch demonstrieren (vgl. ◘ Abb. 4.1 Sachverhalte und unbewusste Haltungen im Unternehmen).

4.4 · Innere Gestalten als Arrangeure der Sachverhalte

Sachverhalte und unbewusste Haltungen im Unternehmen

I. Sachverhalte, die von den Akteuren getragen und bewegt werden - **Was?**

II. Die Art und Weise der Umsetzung - **Wie?**

III. Die persönliche Besetzung - **Durch wen?**

IV. Cui bono?
- **Wem zum Vorteil?**

Welche (Macht-)Interessen werden mit der spezifischen Zusammensetzung von I, II und III verfolgt?

Widerstand als „Sand im Getriebe"

Die Motive der Inneren Gestalten als Bewegung oder Gegenbewegung

Innere Gestalt als Träger des unbewussten Willens und der energetischen Ladung im Entscheider

Aus den unbewussten Haltungen heraus werden Entscheidungen sowie Fehl- und Nicht-Entscheidungen getroffen. Diese bewegen den Sachverhalt in eine Richtung, die sich entweder als richtig, als Sackgasse oder gar als Falle erweisen kann.

Erst das aktive Unterscheidungsvermögen versetzt einen in die Lage, die bewussten und unbewussten Elemente eines Sachverhaltes auseinanderzuhalten. So werden rigide Motive und Machtstrukturen sichtbar, die häufig mit den Sachverhalten vermengt oder gar als „zwingend logischer" Bestandteil präsentiert werden. Das Auseinanderhalten der Elemente eines Sachverhaltes ist die Vorbereitung für gute Entscheidungen, zu denen auch der bewusste Rückzug gehören kann.

Abb. 4.1 Sachverhalte und unbewusste Haltungen im Unternehmen

4.5 Innere Gestalten als hemmende oder fördernde Kraft im Unternehmen

Die Systemik der Inneren Gestalten zeigt uns auch, dass neben dem zu lösenden Sachverhalt auch immer ein zu lösendes Machtverhältnis steht, unter Umständen sogar vollkommen unabhängig von den formalen Strukturen des Unternehmens. Jeder Sachverhalt ist in Bezüge oder Beziehungen eingebettet, und jede Beziehung ist ein gegenseitiges Macht-, Anerkennungs- oder Ablehnungsverhältnis von unbewusst wirkenden Inneren Gestalten, die den Sachverhalt tragen. Solange sie unbewusst bleiben und folglich nicht in das Bewusstsein vollkommen integriert sind, agieren sie als autonomer Machtkomplex aus dem Unbewussten, der sich in seiner Wirksamkeit entweder als hemmende oder fördernde Kraft zeigen kann.

Je nach Kontext und Motivlage kann die Entwicklung eines Sachverhalts im Sinne der Inneren Gestalt liegen oder sie sehen darin ein im weiteren Verlauf zu vermeidendes Risiko. Die hemmenden und behindernden Kräfte sind, genauso wie die fördernden und gestaltenden, der jeweilige Ausdruck des unbewussten Wollens der Inneren Gestalten und können den im Bewusstsein gebildeten Willen entscheidend beeinflussen, ohne dass selbiges davon unmittelbar Kenntnis erlangt. An dieser Stelle ist erneut darauf hinzuweisen, dass das Unbewusste vom Bewusstsein nicht direkt erschlossen werden kann, sondern sein Wirken erst über die Reaktionen in der Außenwelt erkennbar wird. Wenn also der Sachverhalt oder die Personalangelegenheit den Absichten der Überlebensstrukturen dient, wird die vitale Kraft im Sinne einer Ermöglichungsmacht eingesetzt. Die „Dinge", also die Verhältnisse und Menschen, werden so bewegt und beeinflusst, dass das Ziel erreicht wird. Die entscheidende Person selbst hat den Eindruck, das absolut Richtige getan zu haben, sie ist in der Folge hoch motiviert, strebsam und ideenreich. Die vitale Kraft „darf" nun fließen, allerdings nicht frei, sondern innerhalb der engen Grenzen der Überlebensstruktur.

Ist die Entwicklung einer Sache jedoch mit den Leitmotiven der Überlebensstrukturen nicht vereinbar oder sehen diese darin eine Bedrohung, dann wird die vitale Kraft als hemmende Kraft eingesetzt. Nun bremst die Innere Gestalt, sie manipuliert und blockiert die Energie, sodass die Zielsetzung am Ende nicht erreicht wird oder sich in eine ihr genehme Richtung verändert. Je nach dem Grad der Identifikation des Bewusstseins mit der Inneren Gestalt variiert das Erscheinungsbild der Verhinderung, und falls das Bewusstsein vollkommen von den Überlebensstrukturen besetzt ist, kann die Person durchaus in der Lage sein, eine bewusste Intrige mit wahrhaft dämonischem Charakter zu inszenieren. Die zahlreichen Fälle der Wirtschaftskriminalität mit ihren narzisstischen Protagonisten dürften dafür geeignete Hinweise sein.

Viel häufiger, und damit aus der Perspektive des Bewusstseins auch schwerwiegender als die Aufsehen erregenden Fälle, sind die unbewussten Sabotage-Aktionen einer sich selbst als integer fühlenden Person. Zwar handelt dann eine grundsätzlich „anständige" und keineswegs böswillige Person, sie blendet aber im konkreten Sachverhalt Dinge aus, nimmt manches billigend in Kauf und ist vor sich selbst bereit, „beide Augen zuzudrücken". Ein Schuld- oder Unrechtsbewusstsein ist in diesem Falle, einer immerhin „aktiven Verhinderung", wenig bis gar nicht spürbar. Das Wirken der Inneren Gestalten kann sich aber auch als „passive Verhinderung" zeigen, nämlich in der Form, dass die betreffende Person zwar den Sachverhalt unterstützt, dafür einsteht und auch ernsthaft die vorgegebenen Ziele erreichen möchte, jedoch an den sich beinahe mysteriös in den Weg stellenden widrigen Umständen, ungünstigen Zufällen oder unzuverlässigen

Partnern und Kollegen scheitert. Alles erscheint dann wie „verhext", führt zu Frustration, dem raschen Ende jeder Kreativität und schließlich zur Aufgabe des Unterfangens.

Allen Formen von Behinderungen, Verhinderungen und Hemmnissen ist gemein, dass sie das offizielle Ziel und die vereinbarte Strategie gegen eine „hidden agenda" eintauschen, die beiden entgegensteht. Die Unterscheidung, ob es sich um hemmende oder fördernde Kräfte handelt, lässt sich allein aufgrund des äußeren Handelns meist nur schwer treffen, zumal das Bewusstsein in beiden Fällen mit mehr oder weniger rationalen Argumenten vorgeben wird, sich voll und ganz im Sinne der Sache einzusetzen. Und im Übrigen kann es ja auch absolut vernünftig sein, sowohl für als auch gegen eine Sache zu sein. Maßgebend für die Unterscheidung beider Modi ist es vielmehr zu wissen, in wessen Diensten der Energieeinsatz steht. Die Frage lautet also wieder: Cui bono? Wem dient es zum Vorteil?

Doch genau hier steht das Bewusstsein methodisch am Scheideweg. Denn die Beantwortung der Frage kann nur auf der vertikalen Ebene des Unbewussten erfolgen. Es bedarf also einer Methode, die in der Lage ist, den unbewussten Willen der Inneren Gestalten zu erschließen.

Management-Aufstellungen können genau das leisten. Sie machen die Motive fremder und eigener Innerer Gestalten sichtbar und können für den, der dazu bereit ist, auch der Ausgangspunkt für die eigene Herauslösung aus der seelischen Spaltung sowie dem daran gebundenen Erb- und Zwangsschicksal sein. All dies erfolgt mit dem Ziel, mehr und mehr bewusst entscheiden zu können, sich aus beruflichen wie privaten Irrwegen oder Sackgassen zu befreien und das zu tun, was den freien Fluss vitaler Kraft nachhaltig fördert.

4.6 Praktische Konsequenzen des Vielheitsmodells der Seele für Führung

Durch die Entdeckung der transgenerationalen Trauma-Weitergabe und die dadurch abgespalteten Inneren Gestalten können wir in Bezug auf das Handeln von Menschen in Organisationen feststellen: In jeder ökonomischen Handlung spiegelt sich der Geist, der vom Unbewussten eines Menschen getragen und geformt ist. Oder stärker operativ ausgedrückt:

> **Merksatz**
>
> Das Bewusstsein formuliert den Sachverhalt, der vom unbewussten Willen der Inneren Gestalten getragen wird.

Die Konsequenzen, die sich daraus ergeben, sind sowohl für den Führungsalltag als auch die Organisations- sowie Personalentwicklung von herausragender Bedeutung. Sie bedeuten nämlich, dass sich aufgrund der Existenz der Inneren Gestalten bei Sachverhalten im Unternehmenskontext nicht mehr nur die Frage stellt, ob das Unbewusste involviert ist, sondern vielmehr wie und in welchem Ausmaß. Zusammengefasst könnten wir auch sagen: Das Führen eines Menschen ist das Führen seiner inneren Gesellschaft.

Führung, die auf dem Vielheitsmodell aufsetzt, kann die typischen Dynamiken, Vorkommnisse und Herausforderungen in Unternehmen aus einem anderen und völlig neuen Blickwinkel erfassen und steuern. Sie ist in der Lage, das Unbewusste, genauer gesagt seine Ausformung als Innere Gestalten, als einen veritablen Wirtschaftsfaktor kreativ zu erschließen und sich nutzbar zu machen. Dies gelingt jedoch nur, wenn die klassischen Führungsmethoden durch die systematische Einbindung der Arbeit mit dem Unbewussten ergänzt werden. Die Ansprache des Bewusstseins mit Appellen, Ratschlägen, Empathie oder schlicht mit dem logischen Denken hat auf die unbewussten Inneren Gestalten keine erkennbar nachhaltige Wirkung. Es mag sie zwar in Resonanz bringen, kann jedoch ihre je eigenen Zielsetzungen nicht verändern. Auch die viel beschworene Kraft der Reflexion dürfte nichts an deren Wirksamkeit ändern. Die bewusste Reflexion unbewusst wirkender existenzieller Haltungen kann per se keine probate Methode sein, um seelische Spaltungen aufzuheben. Bei diesem Versuch überschätzt sich das Bewusstsein regelmäßig und bedauerlicherweise erntet es nach jeweils nur kurzfristig wirkender willentlicher Stärkung des Geistes den Rückfall in die bisherigen alten Verhaltensmuster.

Wer sich als Führungskraft also einen Vorteil verschaffen will, wird darauf angewiesen sein, sich Methoden anzueignen, die da ansetzen, wo die Inneren Gestalten ihren Ursprung haben – im Unbewussten. So ausgestattet, ist man in der Lage, ihr Wirken bei sich und den Mitarbeitern zu erkennen, ihre verhindernde Wirkung aufzulösen und sie so als Verbündete in eigener Sache hinter sich zu versammeln.

- **Führung im Lichte der Inneren Gestalten bedeutet also konkret**
  - Mitsein – und zwar mit Geist und Seele. Die Gebrüder Grimm beschreiben das Wort **Führung** als „ein bewirken durch mitsein, dasz [sic!] sich ein lebendes wesen von einem orte zum andern bewegt oder lebende wesen so bewegen" (Grimm und Grimm 1878, S. 474). Führung ist daher nicht primär Tun, sondern begleitendes Dabeisein, das seine Wirkung im Grad der Bewegung der Geführten anzeigt. Bewegung wiederum ist das Ergebnis eines Energieeinsatzes, der im menschlichen Kontext das Ausleben vitaler Kraft repräsentiert. Über das Ausmaß ihres freien Flusses und ihrer Bewegung entscheiden jedoch die Motive (lat. motus = Bewegung) der Inneren Gestalten. Wer an größtmöglichem Fluss vitaler Energie und damit dem vollen Potenzial seiner Mitarbeiter interessiert ist, muss **neben dem Verstand auch die Inneren Gestalten als die wesentlichen Entscheider und Beweger im Menschen ansprechen** und für sich zu gewinnen suchen.
  - Konkret heißt dies für Führung: Maximale Wirksamkeit bei hoher Effizienz! Effizienz bedeutet im Lichte der Inneren Gestalten die Abwesenheit von Widerstand und dadurch einen möglichst freien Fluss vitaler Kraft. Die widersprüchlichen sowie einander bekämpfenden Machtpositionen werden zugunsten der gemeinsamen Interessen revidiert, korrigiert und verwandelt. Um dies im Unternehmen zu gewährleisten, **müssen die Inneren Gestalten in die Entscheidungsfindung mit einbezogen werden,** und zwar häufig nicht auf der Ebene des „Was", sondern auf der Ebene des „Wie". Die Kunst besteht darin, für jeden spezifischen Sachverhalt zu antizipieren, bei welchen Manövern und Strategien die Inneren Gestalten mitgehen würden und bei welchen nicht, d. h., wo sie ihre Macht zum Gestalten einsetzen könnten und wo zum Verhindern.
  - Management-Aufstellungen verschaffen durch die Spiegelung der unbewussten Motive und Bezüge eines Sachverhaltes einen **Wissensvorsprung.**
    Die Untersuchung der aus dem Hintergrund wirkenden Motive der Inneren Gestalten gibt zudem eine Einschätzung, in welche Spannweite der eigentliche Sachverhalt eingebettet ist. Und nur allzu häufig liegt in der isolierten und selektiv

4.6 · Praktische Konsequenzen des Vielheitsmodells der Seele für Führung

reduzierenden Darstellung einer Thematik bereits die maßgebende Taktik, die eigentlichen Absichten zu verbergen. Das Erfassen der Inneren Gestalten dient damit auch der **Vermeidung einer Kontextreduktion** und liefert Hinweise, wem die erfolgreiche Bewältigung des Sachverhalts dienen oder schaden soll. Sachverhalte sind keinesfalls „neutrale Größen", sondern das eigentliche Feld, in dem Machtkämpfe ausgetragen werden. Ohne Hintergrundwissen kann sich die Bewältigung einer Aufgabe daher auch schnell gegen einen selbst richten, entweder indem man zum Werkzeug einer Intrige oder zum Bauernopfer wird. Die Verstrickungen der übergeordneten Führungskräfte werden dann zur Falle für Innere Gestalten, die aus Loyalität und Pflichtgefühl das Richtige zu tun glauben. Intrigen und Machtkämpfe sind im Mittel- und Top-Management an der Tagesordnung, was kaum jemand bestreiten wird. Deshalb sollte aber auch ihre Entlarvung und möglichst frühzeitige Entschärfung ganz selbstverständlich auch zum Arbeitsalltag und auf die Tagesordnung gehören. Die Aufstellungs-Methode liefert dafür den geeigneten und unserer Erkenntnis nach auch einzigen wirklich erfolgversprechenden Rahmen.

— Wirksame Führung trifft Entscheidungen, die an den unternehmerischen Zielen orientiert sind und gleichzeitig sowohl bei der Belegschaft als auch im Marktumfeld möglichst wenig Widerstand auslösen. Unter Einbeziehung der Inneren Gestalten aller Akteure kann dies in der Praxis bedeuten, dass weder der logisch beste noch der offensichtlich schnellste und auch nicht der pragmatisch einfachste Weg der wirklich zielführende ist. Aus dem Blickwinkel der Inneren Gestalten geht es darum, den *psycho-logisch* vernünftigsten und damit letztlich die meiste Energie sparenden Weg zu finden. Dann nämlich erschöpft sich die vitale Kraft nicht und die **Motivation der Handelnden bleibt erhalten.**

— Um die vitale Kraft von Menschen freizusetzen und nachhaltig zu kultivieren, bedarf es konsequenter und regelmäßiger Personalentwicklung. Im Fokus dieser Arbeit steht jedoch nicht das einseitige Steigern der Professionalität, sondern der **nachhaltige Abbau von unbewussten Blockaden und Verstrickungen,** die den freien Fluss der vitalen Kraft in Form von Erstarrung oder Zwang zurückhalten. Abgespaltene Anteile bleiben zudem ein Leben lang auf der Entwicklungsstufe ihrer Entstehung, d. h. sie bleiben also unreif und im dauerhaften Alarmmodus eingefroren. In diesem Sinne sind sie isoliert, können nicht nachreifen und insofern auch nicht hinzulernen. Professionalität und Fachwissen, die auf unreifen Anteilen aufsetzen, laufen daher Gefahr, von ebenjenen Anteilen regelmäßig mit Fehl- oder Nichtentscheidungen beeinflusst oder verdreht zu werden. Deshalb müssen **Fach- und Persönlichkeitsentwicklung Hand in Hand** gehen. Der Maßstab für Letztere geht aber weit über die bisher übliche Reflexion oder sogenannte Verhaltenstrainings hinaus, sondern richtet sich nach der unbewussten Natur der Inneren Gestalten. Insbesondere für die Führungskräfteentwicklung bedeutet dies, die Aufhebung der seelischen Spaltungen in das Zentrum der Arbeit zu rücken. Konkret kann dies mit modernen Coaching-Methoden wie Voice Dialogue und traumalösenden Augenbewegungen gelingen.

— Denn erst in dem Zustand, in dem der bewusste und der unbewusste Wille integriert sind, kann sich der kreative und planende Geist, nunmehr frei von Limitationen oder einseitigen Zwängen, der Erreichung seiner gesetzten Ziele widmen. Erst in diesem Zustand sind wirklich neue Wege möglich, und die **Innovationskraft gewinnt an Stärke.** Ohne die integrative Arbeit ist diese Möglichkeit nicht gegeben, da sich die Inneren Gestalten in den immer gleichen Reinszenierungen und Schicksalsmustern bewegen und höchstens kosmetisch auf der Oberfläche eine andere Gangart erlauben. Die vielen Innovationsseminare und Techniken scheitern deshalb nicht an ihrer Methodik, sondern an den engen Grenzen der Überlebensstrukturen, die sich, wenn es darauf ankommt, auf altbewährte Mechanismen verlassen. Das Lösen der Verstrickungen wie das Verwandeln der Inneren Gestalten erweitert diese Grenzen und generiert dadurch einen Vorsprung, der sich in Form von erweiterter Wahrnehmung und nachhaltiger Kreativität auszahlt – Attribute, die der frei fließenden vitalen Kraft entsprechen und entspringen.

- Auch Team-Building, also die Entwicklung einer Arbeitsgruppe hin zu einem Hochleistungsteam, scheitert häufig nicht am Willen der Beteiligten, sondern an unbekannten Motiven der Inneren Gestalten. Die Menschen wollen ein Team werden, können es aber nicht, da ihre Inneren Gestalten sich weder in die Karten schauen lassen, noch sich den informellen Machtstrukturen unterwerfen wollen. So kann weder Vertrauen noch ein Miteinander entstehen. Gerade in komplexen Gruppendynamiken kann die gegenseitige Kenntnis über die innere Verfasstheit der Mitglieder jedoch zur entscheidenden Verbindung werden. Wenn die Team-Mitglieder wissen und auch respektieren, was den anderen jeweils antreibt und ihn abschreckt, kann ein Mit- und Füreinander gelingen. Dazu bedarf es aber vorerst der lebhaften **Erfahrungen der Einflussnahme der Inneren Gestalten, die insbesondere in Team-Aufstellungen gesammelt werden können.** Ohne diese Erfahrung besteht die Gefahr, dass das Bewusstsein sich bloß auf die guten Absichten konzentriert, die aber in Bezug auf die Inneren Gestalten keine Wirkung haben. Die Anwendung des Vielheitsmodells in Gruppen ist zweifellos herausfordernd, da die Offenheit bestehen muss, die eigene innere Machthierarchie zu akzeptieren und sie zu offenbaren. Dies gelingt allerdings nur, wenn die Führungskraft einen sicheren Rahmen herstellen kann, den sie durch die eigene Arbeit mit ihren Inneren Gestalten gewonnen hat und nun auch teilen kann.
- Das gewonnene Unterscheidungsvermögen der Führungskraft zahlt sich selbstverständlich auch in der Personalauswahl aus. **Bewerbungsgespräche erhalten eine völlig andere Qualität und einen neuen Tiefgang, wenn die Ansprache der Inneren Gestalten integriert werden kann.** Dabei handelt es sich um eine tiefgehende Erfassung der unbewussten Haltungen der Bewerber, die den existenziellen Prägungen ihrer Inneren Gestalten entspringen. Diese würden sich im Geschäftsbetrieb ohnehin flächendeckend nach außen bemerkbar machen und befinden sich daher nicht in einem vom professionellen Rahmen künstlich abgegrenzten Privatbereich. Wer die aus dem Hintergrund wirkenden Motive und Haltungen des Bewerbers kennt, kann guten Gewissens eine Einstellung vornehmen – ganz besonders dann, wenn es sich um Top-Führungspositionen handelt, die Ausstrahlwirkung auf das gesamte Unternehmen haben. Praktisch wird dieser Dialog durch die Führungskraft selbst geführt, die auf Basis einer profunden Ausbildung Innere Gestalten des Bewerbers erkennen und im Bewusstseinsraum indirekt ansprechen sowie in Resonanz bringen kann. In Zweifelsfällen und zur Absicherung sollte diese Resonanz im Nachgang mit einer zusätzlichen Team-Aufstellung überprüft werden. In Anbetracht der immensen Produktivitätseinbußen durch Fehlbesetzungen ist dieser kleine zeitliche Aufwand eine gute Investition.
- **Organisationsentwicklung setzt bei den Inneren Gestalten der Top-Führungskräfte an.** Unternehmen sind keine abstrakten Gebilde, sondern das Abbild der spezifischen seelischen Konfiguration und der davon abgeleiteten geistigen Strukturen ihrer Gründer, Eigentümer und Führungskräfte. Ihre Inneren Gestalten bestimmen die Ausrichtung, und zwar in Form von Bewegungen als auch von Nicht- Bewegungen

des Unternehmens und zeichnen verantwortlich für die Gesamtheit der ungeschriebenen Verhaltensregeln sowie daran geknüpfte Erwartungen, Grenzen und Tabu-Themen. Sie bestimmen damit also auch die Unternehmenskultur, die nicht primär das „Was", sondern viel entscheidender das „Wie" einer Unternehmung definiert. Die Inneren Gestalten der Akteure machen den Unterschied zwischen einer einladenden oder kühlen Betriebsatmosphäre, zwischen einem kundenorientierten Service oder einem sich selbst genügenden Bürokratismus. Sie entscheiden zwischen kurzfristiger Gewinnmaximierung, die die vitale Kraft ausbeutet, und nachhaltigem Wirtschaften, das vitale Kraft kultiviert und erhält.

4.7 Fazit zum Vielheitsmodell der Seele in der Führungs-Praxis

Zusammenfassend können wir sagen, dass sich durch die betriebliche Beachtung und Anwendung des Vielheitsmodells der Seele zwar der Anspruch an wirksame Führung erhöht, sich zum anderen aber auch unvergleichbar viele neue Chancen ergeben. Manager, die mit der Bedeutung und Wirkung des Unbewussten vertraut sind und operativ damit umgehen können, werden umsichtiger und weitblickender agieren und die vitale Kraft ihrer Belegschaft nachhaltig erhalten.

Der Erwerb dieser Fähigkeit beginnt mit der Auseinandersetzung mit den differenzierenden Modellen sowie Begriffen des Vielheitsmodells und mündet in die methodische Auflösung der Verstrickungen aus dem familiären Unbewussten. Durch diese das Gesamtgeschehen im Unternehmen verwandelnde Arbeit gewinnen Führungskräfte Unterscheidungsvermögen in Bezug auf bewusste Entscheidungen und den unbewussten Willen der Inneren Gestalten sowie deren bewusstseinsbrechende Kraft. Manager werden so zu Kennern ihrer eigenen inneren Gesellschaft und können von diesem Wissen ausgehend Bezüge und Konstellationen auch bei anderen erkennen und anwenden. Führung wird im Lichte der Inneren Gestalten zu einem hoch differenzierten, feinen und damit höchst wirksamen Instrument der Entwicklung und Steuerung vitaler Kraft im Unternehmen. Insofern geht dieser Ansatz weit über die „Bauchstimme" oder den „Instinkt" hinaus, den gute Manager zweifelsohne durch Erfahrung entwickelt haben und als Menschenkenntnis beschreiben würden. Es ist jedoch auch zu bedenken, dass selbst diese Menschenkenntnis von eigenen seelischen Spaltungen überlagert ist und daher von Inneren Gestalten gesteuert wird. Insofern dient die Methode nicht nur der Fremdführung, sondern auch der Selbstführung und dem Aufsuchen der eigenen „blinden Flecke".

Die Externalisierung von Inneren Gestalten ist eine wichtige Ergänzung zu den konventionellen Führungsmethoden, sie ersetzt sie allerdings nicht. Daher geht es beim Management im Lichte der Inneren Gestalten weder um ein ständiges Psychologisieren von Handlungen im Unternehmen noch um das ständige Anwenden von spezifischen Methoden der Bewusstmachung von Inneren Gestalten. Aufstellungsformate werden daher auch nur in Situationen herangezogen, in denen sich Blockaden, Widerstände und Verstrickungen nicht mehr ohne eine spiegelnde Methode aufdecken und auflösen lassen. Das Gespür dafür, wann dies nötig wird, ist an eine differenzierte Wahrnehmung geknüpft, die wiederum das Ergebnis seelischen Unterscheidungsvermögens ist. Durch die Verinnerlichung des Modells wird sich die Wahrnehmung mit der Zeit automatisch erweitern und man wird dann auch mehr und mehr befähigt sein, „die Geister zu unterscheiden" – Geister, deren treibende Kraft als konkrete Innere Gestalten mit der beschriebenen Aufstellungs-Methode sichtbar gemacht werden können.

Literatur

Grimm, J., & Grimm, W. (1878). *Deutsches Wörterbuch*. Leipzig: Hirzel.
Heidegger, M. (1992). *Was heißt Denken?* Stuttgart: Reclam.

Erschließen und Ausrichten vitaler Kraft durch Management-Aufstellungen

5.1 Potenzial als Triade von Professionalität, Sinnhaftigkeit und Vitalität – 78

5.2 Das Unbewusste zum Verbündeten machen – 79

5.3 Die zwei Ebenen der Management-Aufstellungen: Mikro- und Makro-Ebene sowie ihr Ineinandergreifen als Momentum – 80

5.4 Die Bewegung ist mehr als die Lösung – 81

5.5 Zweifacher Tiefen-Fokus der Potenzialerschließung – 82

5.6 Methodisches Erschließen und Ausrichten der Inneren Gestalten – Die fünf Phasen einer Management-Aufstellung – 84

5.7 Liste einiger ausgewählter Aufstellungs-Formate – 85

Literatur – 89

© Springer Fachmedien Wiesbaden GmbH, ein Teil von Springer Nature 2019
A. N. Riechers, R. Ress, *Die beseelte Organisation und ihr Geist*,
https://doi.org/10.1007/978-3-658-23922-0_5

Durch die Systemik der Inneren Gestalten entsteht ein völlig neuer Blick auf das Geschehen im Unternehmen: Der angeblich auf das „Funktionieren" ausgerichtete und vernünftige „homo oeconomicus" ist in Wahrheit in seiner Tiefe von irrationalen und zerstörerischen Zwängen beachtlichen Ausmaßes getrieben. Führungskräften, denen es jedoch gelingt, sich mit ihrer Seele und damit auch mit ihrem Gewissen, ihren gesunden Instinkten und dem Fluss vitaler Kraft zu verbinden, können durch ihre vitale Ausstrahlung die gleiche Kraft und den gleichen Fluss auch bei anderen Menschen anziehen und fördern. Diese Flussgröße drückt sich in Faktoren wie Kreativität, Resilienz, Mut, Entscheidungskraft, Informations- und Prozessfluss aus, also Qualitäten, die nicht „an sich" bestehen oder durch die reine Rationalität oder Professionalität hervorgebracht, sondern von den Inneren Gestalten, welche die Seelenlandschaft formen, entweder zurückgehalten oder entfaltend getragen werden.

> **Wichtig**
>
> Das Unbewusste ist ein relevanter Wirtschaftsfaktor, weil das wirtschaftliche Handeln wesentlich davon mitgesteuert wird.

5.1 Potenzial als Triade von Professionalität, Sinnhaftigkeit und Vitalität

Leadership aus der Perspektive der Inneren Gestalten zielt also darauf ab, für die Erfüllung der Unternehmensziele neben dem gesamten bewussten Potenzial nun auch das Potenzial aus dem Unbewussten wirksam werden zu lassen. Denn das menschliche Leistungsvermögen speist sich nicht nur aus Fachkenntnis und Erfahrung, sondern es besteht im Zusammenwirken von bewussten und unbewussten Faktoren, die wir in der Triade von Professionalität, Sinnhaftigkeit und Vitalität beschreiben. Während vom Bewusstsein getragene professionelle Fähigkeiten systematisch trainiert und mit der Zeit auch sicher erworben werden können, ist die Sinnhaftigkeit des Handelns an den Fluss oder aber auch an die Blockade vitaler Kräfte gebunden. Sinn erleben wir dann, wenn wir im Einklang mit unserer Seele sind und unsere vitale Kraft sich im Fluss befindet. Dann können unsere professionellen Kenntnisse und Erfahrungen entsprechend ausgerichtet und auch als sinnvoll erlebt werden. Alle drei Aspekte des Potenzials bedingen also einander, wobei aber gerade Sinnhaftigkeit und Vitalität weder durch Erfahrung noch äußere Anleitung ersetzt werden können, weil sie an das Wirken der ermöglichenden oder auch der hemmenden Kräfte der Inneren Gestalten gebunden sind. Sinnhaftigkeit und Vitalität sind seelische Qualitäten, die keiner ökonomischen Zweckrationalität dienen, sondern einzig und allein dem seelischen Innenleben. Dennoch wird im Business tagtäglich, in Meetings, Ziel- und Feedbackgesprächen sowie Verhandlungssituationen jeder Art, praktisch vorausgesetzt, dass sich diese seelischen Qualitäten dem Unternehmenszweck „professionell" unterordnen. Durch diese einseitige Sicht wird jedoch auf kurz oder lang der Mensch entseelt und verliert damit den Zugang zu seiner vitalen Quelle, die zugleich der Ursprung der Sinnhaftigkeit im Dasein ist.

Was aus der Warte der Inneren Gestalten dem seelischen Innenleben dient, und damit für sie wichtig und richtig ist, kann nie allgemein vorhergesagt werden, sondern richtet sich nach der spezifischen Konfiguration von Trauma- und Überlebensstrukturen eines Menschen, die sich jeweils individuell, biografisch und transgenerational herausgebildet haben. Innere Gestalten sind damit die „Aufsichtsräte" und Vertreter der ureigenen existenziellen Zwänge und Ängste eines jeden Akteurs im Unternehmen. Wenn ihr unbewusster Wille mit den Zielen und Maßnahmen der Führung nicht übereinstimmt, aktivieren sie ihr Veto-Recht und arbeiten dagegen an – egal wie professionell die Person oder das Team sein mag. Am Ende entscheiden die Inneren Gestalten, genauer ihr Machtanspruch oder ihre existenziellen Ängste, darüber, wie viel Bewegung in einen Prozess kommt. Sollten ihre „Prioritäten" z. B. Widerstand und Verdrängung der Realität sein, dann wird man genau dadurch limitiert. Denn etwas kann zwar ökonomisch oder ethisch noch so vernünftig oder auch unvernünftig erscheinen, über seine erlebte Sinnhaftigkeit und dadurch aktivierte oder zurückgehaltene Energie entscheidet jedoch maßgeblich der unbewusste Wille der Inneren Gestalten eines Menschen. Das unerschlossene Potenzial einer professionellen Umgebung „schlummert" daher nicht vorrangig in einem Mehr an Professionalität oder noch feiner ausgetüftelten Werkzeugen und Methoden, sondern in einem Mehr an Klarheit über die eigenen und fremden unbewussten Machtfiguren sowie die sie treibenden Motive. Vitale Kraft im Unternehmen zu erschließen und auszurichten bedeutet, die gesamte Triade von Professionalität, Sinnhaftigkeit und Vitalität bestmöglich für den Unternehmenszweck zu aktivieren. Wer diesen Weg gehen möchte, wird allerdings weit über die traditionellen „Mitarbeiterschulungen" hinausgehen müssen. Vielmehr bedarf es eines ganz neuen Programms für eine motivierte Elite, die bereit ist, sich den inneren Widerständen zu stellen und die Tabuzonen aufzubrechen. Nicht mehr und nicht weniger ist verlangt, wenn vitale Kraft nachhaltig fließen soll.

5.2 Das Unbewusste zum Verbündeten machen

Die Frage, die sich allgemein für das Erschließen und Ausrichten der vitalen Kraft im Unternehmen stellt, könnte also lauten: Unter welchen inhaltlichen, formalen und sozialen Bedingungen gelingt es Menschen, ihre vitale Kraft dem Unternehmenszweck zu widmen, und zwar mit maximaler innerer „Erlaubnis"?

Die Antwort ergibt sich aus der methodischen Arbeit an der optimalen Zusammensetzung innerer wie äußerer Faktoren im Arbeitsprozess. Es geht um alle Maßnahmen und Ziele, die sowohl den Einzelnen als auch Teams in die Lage versetzen, den maximalen Kraftvektor zwischen

- dem bewussten Willen als professionelle Anwendung von Wissen und Können (V1),
- dem seelischen Fundament als Wiederholungsmuster, vererbten Leitmotiven und unbewussten Haltungen (V2)
- sowie den vorhandenen und vorgeprägten geistigen Qualitäten, die nach Entfaltung streben (V3),

herzustellen. Denn erst, wenn die einzelnen Vektoren zusammengelegt werden und in eine gemeinsame Richtung führen, können Mitarbeiter und Führungskräfte größtmögliche Wirkung entfalten (vgl. ◘ Abb. 3.7 Vektorenmodell). V2 und V3 sind dabei ihrem Wesen nach aneinandergebunden und stellen in Summe das Wirken der Inneren Gestalten dar – Machtfiguren im Unbewussten, die wir nicht befehligen können, sondern deren Erlaubnis wir benötigen, da sie unsere Entscheidungen maßgeblich steuern. Sie wirken wie Weichensteller im Unbewussten (vgl. Riechers und Ress 2015, S. 42), die sich im Business als Unterstützer aber auch Verhinderer zeigen können. Um sie also für das zu gewinnen, was unternehmerisch angestrebt wird, müssen sie zuerst in konkreter Tiefe des Einzelnen erschlossen und methodologisch effektiv angesprochen werden.

Management-Aufstellungen setzen genau hier an, und durch sie gelingt die methodische Umsetzung des Vektorenmodells. Sie zielen darauf ab, die Motivation zu professionellem Handeln zu stärken, indem sie die unbewussten und häufig hinderlichen Kräfte im Unternehmen sichtbar machen und in fördernde Kräfte verwandeln. Dieser Führungs-Ansatz arbeitet auf Basis der spiegelnden Aufstellungs-Formate mit einer erweiterten Wahrnehmung, durch die frühzeitig antizipiert werden kann, was die Zielsetzungen der Akteure sind und was den freien Fluss ihrer vitalen Kraft verhindert oder sogar für unternehmenszweckfremde Anliegen instrumentalisiert.

> **Merksatz**
>
> Das Ziel von Management-Aufstellungen lässt sich insofern auf eine kurze Formel bringen: Die an Widerstand und Angst gebundene Energie sichtbar machen und in vitale Kraft verwandeln!

Dazu werden die Haltungen und Einstellungen der Führungskräfte auf der vertikalen Achse ihres Unbewussten konkret methodologisch angesprochen. Gemeinsam mit einem Begleiter wird untersucht, wie die Inneren Gestalten überhaupt zu den Zielen des Unternehmens stehen und ob ihre Zustimmung nur eine soziale Anpassung auf der Oberfläche ist, oder ihrer realen tiefen Überzeugung entspringt. Denn nur bewegliche Innere Gestalten sind imstande, Sachverhalte und Prozesse in der Welt zu bewegen. Sind sie jedoch in Zwang und Erstarrung gefangen, sind nur Scheinbewegungen an der Oberfläche möglich, die kaum etwas bewirken.

Ganz in diesem Sinne verschafft das Spiegeln der Inneren Gestalten und ihrer verborgenen Motive Klarheit darüber, wes Geistes Kinder die wohlgemeint erscheinenden Angebote, Initiativen und Vorstöße sind – sowohl die fremden, als auch die eigenen. Fördern sie die Entwicklung der Sache, oder handelt es sich um „vergiftete Früchte", die nur einer Verstrickung und weiteren Reinszenierung eines durch Traumata bedingten Musters dienen? Folgen sie reinem Machtinteresse oder stehen vielleicht kindliche Verlustängste dahinter? Auch stellt sich die Frage: Handelt es sich wirklich um ein Lamm oder aber um einen Wolf im Schafspelz? Die Methode beleuchtet all diese zu beachtenden Hintergründe und bietet, weil das aus dem Verborgenen Wirkende gesehen werden kann, einen entscheidenden Vorteil. Einen Vorteil, auf den niemand im Business verzichten sollte.

5.3 Die zwei Ebenen der Management-Aufstellungen: Mikro- und Makro-Ebene sowie ihr Ineinandergreifen als Momentum

Um zum einen die Frage nach dem „Cui bono?" zu beantworten und zum anderen die verhindernden Haltungen der Inneren Gestalten in fördernde Einstellungen zu verwandeln, fokussieren sich Management-Aufstellungen auf zwei Arbeitsebenen, in denen sich die vitale Kraft entfalten kann:

- **Die individuelle Mikro-Ebene** (vertikale Achse des Unbewussten) repräsentiert die je spezifischen Machtzentren der Inneren Gestalten im Inneren eines Menschen, die die Sachverhalte der horizontalen Makro-Ebene bewegen. Die Machtdynamik innerhalb einer Person trägt die transgenerationalen Leitmotive des familiären Unbewussten, die wie Weichensteller für die Schicksalslinien der Persönlichkeit wirken. Diese wiederholen sich durch Verstrickungen in immer wieder gleiche Themen und Beziehungsmuster, also durch Reinszenierungen, die zu Sollbruchstellen im Leben werden. Durch das Sichtbarmachen der seelischen Spaltungen sowie durch die Auflösung der traumatischen Schockladung kann sich der Mensch aus seinem Erb- und Zwangsschicksal (Leopold Szondi) und den daran geknüpften Bündeln bedingter Reaktionsmuster *ent*stricken, also herauslösen und neu ausrichten. Im Vordergrund der Arbeit steht die Verwandlung der Haltungen der Inneren Gestalten mit dem Ziel einer nachhaltigen Neukonfiguration der Kräfte in der Seele, und zwar zugunsten von weniger Zwang sowie mehr Autonomie und vitaler Kraft. Damit geht es um das individuelle Erschließen und Erweitern noch ungenutzter Ressourcen des Mitarbeiters bzw. der Führungskraft.
- **Die kollektive Makro-Ebene** (horizontale Achse der Sachverhalte) als Konstellation im Außen, die sich als reale Macht- und Anerkennungsverhältnisse der daran beteiligten Akteure zeigt. Die zwischenmenschliche Dynamik der Inneren Gestalten begründet Sympathien und Antipathien, formt die informellen Hierarchien und definiert dadurch das Teamgefüge. Projektionen führen zu Verstrickungen und erzeugen reale Abhängigkeiten oder Täter-Opfer-Dynamiken, die sich als Konflikte explosiv entladen oder dauerhaft schwelen können. Im Vordergrund der Arbeit steht deshalb das Sichtbarmachen von bewussten und unbewussten Motiven der Team-Mitglieder und Vorgesetzten. Es soll die unter den gegebenen charakterlichen Bedingungen akzeptabelste Vorgehensweise für die Behandlung des Sachverhalts gefunden werden. Gesucht wird dazu diejenige Team-Aufstellung, die am wenigsten Widerstand bei den einzelnen Mitgliedern erzeugt.
- Als Effekt der Überlappung der Mikro- und Makro-Ebene ergibt sich optimalerweise ein **Momentum, also der günstige Zeitpunkt (Kairos),** der sich allerdings nicht nach der linear fließenden Zeit (Chronos) richtet oder sich von ihr erzwingen lässt. Es handelt sich um den Moment, in dem Makro- und Mikroebene kompatibel sind, sich synchron überlappen, wodurch die Dinge in Fluss kommen. Dazu gehören dann auch die Phasen, in denen das System quasi über sich selbst hinauswächst. Der Grad der Kompatibilität entscheidet über das Ausmaß an Bewegung, das zur gegebenen Zeit möglich ist und auch stimmig erscheint. Es ist damit ein wichtiger Indikator sowohl für den Umfang als auch für die Art (aktiv, passiv, kleine oder große Schritte) einer Entscheidung oder Maßnahme.

5.4 Die Bewegung ist mehr als die Lösung

Management-Aufstellungen sind, sowohl auf Mikro- als auch Makro-Ebene, in erster Linie bewegungsorientierte Verfahren. Sie folgen zum einen der Bewegung oder Nicht-Bewegung der Inneren Gestalten und machen ihren unbewussten Willen erfahrbar, mit dem sie auf die Sachverhalte im Unternehmen Einfluss nehmen. Zum anderen weisen sie den Weg in die Konstellation, bei der die Inneren Gestalten mit höchstmöglichem Zuspruch bzw. minimalem Widerstand reagieren. Sowohl im individuellen als auch kollektiven Arbeitsrahmen findet also ein zweistufiges Verfahren statt, und zwar das

Erschließen der Inneren Gestalten als deren Sichtbarmachung sowie ihre Verwandlung durch eine Neu-Ausrichtung in der Seele.

> **Wichtig**
>
> Die durch Management-Aufstellungen erzeugte Transformation löst eine neue Bewegung im blockierten Sachverhalt aus – es entsteht eine Bewegung, die zunächst ergebnisoffen ist. Oder anders gesagt: Die Bewegung ist nicht an bestimmte Ergebnisse gebunden, denn anders als bei den vielfach propagierten lösungsorientierten Ansätzen geht das durch eine Aufstellung Freigesetzte und in Bewegung Gebrachte in der Regel weit über die Lösung der Problemstellung hinaus.

Durch die Bewegung der Inneren Gestalten wird bisher ungenutztes Potenzial freigesetzt, das im Problembereich als ermöglichender Faktor selbst noch nicht vorhanden war. Insofern ist es methodenimmanent, dass das Ergebnis offen ist, nämlich offen im Sinne eines vor der Arbeit noch nicht definierbaren Zugewinns an Lösungsmöglichkeiten. Die verwandelnde Bewegung der Inneren Gestalten führt im wahrsten Sinne des Wortes zu mehr *Spiel*raum des Geistes, der einer kreativen Lösungssuche zur Verfügung steht.

5.5 Zweifacher Tiefen-Fokus der Potenzialerschließung

Um das ambitionierte Ziel des maximalen Momentums der vitalen Kraft zu erreichen, differenziert sich die Aufstellungs-Methode je nach der jeweiligen Arbeits-Ebene in verschiedenen Formaten aus. So wird auf der Mikro-Ebene schwerpunktmäßig am Persönlichkeitskern der Führungskraft gearbeitet. Die Aufstellung verläuft im Rahmen eines individuellen Coachings und rückt die innere Architektur bzw. das gegenseitige Verhältnis der Inneren Gestalten sowie ihre Verwandlung in den Fokus. Die hier vorgestellten Formate dafür sind: Voice Dialogue und körperorientierte Formate der Trauma-Arbeit.

Teambuilding- und Recruiting-Maßnahmen, Umstrukturierungen, Change-Prozesse sowie Verhandlungsvorbereitungen werden schwerpunktmäßig auf der Makro-Ebene bearbeitet. Die Aufstellungen spiegeln die unbewussten Resonanzen der Akteure untereinander. Im Fokus steht das optimale Ineinandergreifen ihrer jeweiligen Mikro-Ebenen, was sich in Qualität und Wirksamkeit des betreffenden Sachverhalts auf der Makro-Ebene widerspiegelt. Die hier vorgestellten Formate dafür sind: Management-Anliegen-Aufstellung (MAA), Fragments of Mind und Kurz-Einsicht.

Sowohl auf der Mikro- als auch auf der Makro-Ebene bleiben die Inneren Gestalten bei allen Formaten der wesentliche methodische Bezugspunkt. Unterschiede bestehen lediglich im Tiefen-Fokus, der entweder auf die innere Verwandlung der Person oder die Voraussetzungen der Arbeitsprozesse und Zusammenarbeit gerichtet ist.

Nachhaltiges Momentum entsteht nur durch inneres Wachstum (Maximierung von inneren Ressourcen) und stetige Abstimmung auf die tatsächlichen Gegebenheiten der Umwelt (Maximierung der Synchronisation). Durch diese kontinuierliche Arbeit auf der Mikro- wie der Makro-Ebene entsteht zudem ein stetig zunehmendes Unterscheidungsvermögen, das den handelnden Geist in der beseelten Organisation in die Lage versetzt, die Frage nach dem „Cui bono?" der Inneren Gestalten für jede Form von Sachverhalten und Personalfragen treffsicher zu beantworten. Seelisches Unterscheidungsvermögen ist damit eine echte Schlüssel-Qualifikation für Führungskräfte und mit Management-Aufstellungen methodisch erlernbar (vgl. ◘ Abb. 5.1 Qualitäten als Potenzial).

Qualitäten als Potenzial

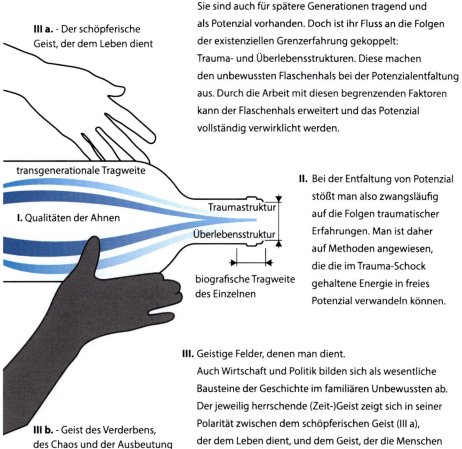

I. Qualitäten, die im Leben der Ahnen verwirklicht wurden. Sie sind auch für spätere Generationen tragend und als Potenzial vorhanden. Doch ist ihr Fluss an die Folgen der existenziellen Grenzerfahrung gekoppelt: Trauma- und Überlebensstrukturen. Diese machen den unbewussten Flaschenhals bei der Potenzialentfaltung aus. Durch die Arbeit mit diesen begrenzenden Faktoren kann der Flaschenhals erweitert und das Potenzial vollständig verwirklicht werden.

II. Bei der Entfaltung von Potenzial stößt man also zwangsläufig auf die Folgen traumatischer Erfahrungen. Man ist daher auf Methoden angewiesen, die die im Trauma-Schock gehaltene Energie in freies Potenzial verwandeln können.

III. Geistige Felder, denen man dient.
Auch Wirtschaft und Politik bilden sich als wesentliche Bausteine der Geschichte im familiären Unbewussten ab. Der jeweilig herrschende (Zeit-)Geist zeigt sich in seiner Polarität zwischen dem schöpferischen Geist (III a), der dem Leben dient, und dem Geist, der die Menschen stets in das Verderben führt (III b). Der Gegenpol zu der vorgedachten Harmonie der Dinge und der organischen Ordnung des Lebens ist daher das vorgedachte Szenario des Verderbens und des Chaos, was man meist erst rückblickend hinter den historischen Ereignissen erkennen kann. Bei der Befreiung des Potenzials gilt es daher, dem Unterscheiden der Geister große Aufmerksamkeit zu widmen. Der Mensch soll mit dem nötigen Unterscheidungsvermögen ausgestattet werden, das ihn vor Manipulation und Verführung schützt.

◘ Abb. 5.1   Qualitäten als Potenzial

5.6 Methodisches Erschließen und Ausrichten der Inneren Gestalten – Die fünf Phasen einer Management-Aufstellung

Unabhängig von dem je unterschiedlichen Fokus der einzelnen Aufstellungsformate ist der schematische Ablauf einer Management-Aufstellung sowohl auf der Mikro- als auch der Makroebene ähnlich und lässt sich in fünf Phasen einteilen:

1. *Erkennen der Blockade und Benennung des Anliegens*
   Jede Veränderung beginnt mit dem Erkennen oder Wieder-Erkennen von entwicklungsrelevanten Ereignissen oder ihrem Ausbleiben – sei es als Widerstand, Blockade oder Leerlauf. Gerade für diesen ersten Schritt wird seelisches Unterscheidungsvermögen benötigt, um das Wirken der Inneren Gestalten in den Sachverhalten zu erkennen und sich auch selbst einzugestehen. Dabei wird die Wahrnehmung von der Denkart und die Denkart von den verwendeten Begriffen und Modellen definiert. Die Systemik der Inneren Gestalten bietet ein differenziertes begriffliches Instrumentarium zum Erkennen der hindernden und fördernden Kräfte im Unbewussten. Gerade weil durch die Aufstellung der Horizont der Einflussfaktoren eines Sachverhaltes erweitert wird, sollte der Fallgeber in der Lage sein, ein präzises Anliegen zu formulieren. Ein Anliegen besteht aus einem verdichteten Bündel an Phänomenen, das die zu lösende Blockade oder ein unerwünschtes Verhalten im Unternehmen repräsentiert. Seine genaue Benennung und Verdichtung sollen ein Ausufern von Komplexität in der Aufstellung vermeiden und einer „komplexitätserhaltenden Komplexitätsreduktion" dienen.

2. *Externalisierte Introspektion*
   Das Anliegen wird im Raum externalisiert, d. h., das, was sich im Inneren des Fallgebers als noch ungeordnetes Thema befindet, wird in komprimierten Einzelteilen im Raum physisch aufgestellt. Dafür werden entweder Stellvertreter (reale Personen) oder Bodenanker (beschriftete Papiere, die auf dem Boden liegen) auf eine Fläche „gestellt" – daher auch der Name der Methode als „Auf-Stellung". Das Gestellte entspricht der spezifischen Konstellation des Anliegens, und zwar sowohl seiner bewussten als auch unbewussten Elemente. In diesem Sinne können sowohl die sichtbare Struktur eines Sachverhaltes als auch die daran beteiligten Inneren Gestalten im Raum externalisiert werden, also in beobachtbaren Dimensionen erscheinen, z. B. als Nähe, Distanz, Blickrichtung und alle dazugehörenden Gedanken, Emotionen und Dynamiken. Die Aufstellung wird so zu einer Art bildgebendem Verfahren des Inneren, einer externalisierten Introspektion (vgl. Riechers und Ress 2015, S. 142).

3. *Stellvertretende Wahrnehmung*
   Auf den Positionen der Aufstellung können der Leiter und die Stellvertreter Gedanken und Emotionen wahrnehmen, die sich im System des Fallgebers anhand des Sachverhaltes zeigen. Aufstellungen machen sich die Fähigkeit zur Spiegelung fremder seelischer Inhalte zunutze, die allen Menschen gegeben ist. Durch diese stellvertretende Wahrnehmung bekommt der Fallgeber eine tiefe Einsicht in die eigenen wie auch fremden unbewussten oder unausgesprochenen Motive sowie die daran geknüpfte Machthierarchie der Inneren Gestalten. Gleichzeitig löst jede stellvertretende Wahrnehmung während der Aufstellung eine Resonanz bei allen anderen beteiligten Positionen aus, die Gegenstand einer weiteren Reflexion werden kann.

4. *Bewegungsorientierte Intervention und Ressourcen-Erschließung*
   Die Resonanzen werden vom Leiter aufgenommen und gegebenenfalls verstärkt. Dabei gilt es, das energetische Flussfeld des Themas zu erfassen, das zu den maßgeblichen Inneren Gestalten führt. Ihre verhindernde Kraft soll in eine ermöglichende Kraft verwandelt werden, wozu aber zuerst eine Bewegung heraus aus ihrem rigiden Muster erfolgen muss. Auf der Mikro-Ebene entspricht diese Bewegung dem Verlassen der „Weg-von-Trauma"-Bewegung für eine „Hin-zu-Trauma"-Bewegung. Durch methodische Interventionen (Umstellen, symbolisches Trennen und Abgrenzen, Verstärken, Körperarbeit etc.) wird die seelische Spaltung aufgehoben und die darin zurückgehaltene Schockenergie freigesetzt. Dies dient der Rückgewinnung vitaler Kraft, die, solange sie sich in Form von Schock in der Verdrängung befindet, als Ressource nicht genutzt werden kann.
   Auf der Makro-Ebene wird die Bewegung durch ein tieferes Verständnis des Sachverhaltes erreicht, wodurch eine unpersönliche und damit auch sachlichere Beurteilung möglich ist. Durch die Perspektive der Inneren Gestalten kommen die eigentlichen „Thementreiber" zum Vorschein, auf deren Motive man nun gezielt reagieren kann. Dieser Wissensvorsprung, sowohl über die eigenen als auch die fremden unausgesprochenen Absichten, ermöglicht Bewegungen im Sachverhalt wie im Team-Gefüge, die vorher nicht sichtbar waren. Dazu gehört auch die Option eines Menschen, sich aus dem Sachverhalt oder Team zurückzuziehen, um das Aufzehren von vitaler Kraft zu vermeiden oder einer Falle zu entgehen, die als „vergiftete Frucht" angeboten wird.
5. *Neuausrichtung und Entscheidungen*
   Nach der Bewegung der Inneren Gestalten sowie ihrem Zuwachs an Bewusstsein und Realitätssinn folgt die Neu-Bewertung der Lage. Der bewusste Wille kann sich nun mit den Dynamiken der unbewussten Haltungen koordinieren, und es können weit- und umsichtige Maßnahmen getroffen werden, also Handlungen oder bewusste Nicht-Handlungen, die sowohl im Innen wie im Außen Zuspruch finden. Oft bewirkt die durch die integrative Arbeit herbeigeführte Haltungsänderung bereits Resonanzen, die das Umfeld positiv beeinflussen und von außen als Authentizität wahrgenommen werden. Durch die Aufhebung der unbewussten Blockaden nimmt die innere Ordnung zu, was das Fällen von klaren Entscheidungen fördert.
   Die Interpretation und Deutung des sich Zeigenden obliegt dem Aufstellungsleiter und seinem Unterscheidungsvermögen, das er dem Klienten vor allem in Form von möglichst genauer Spiegelung zur Verfügung stellt. Da die einzelnen Formate jeweils einer eigenen Abhandlung bedürften, wollen wir hier nur eine Auswahl an Varianten tabellarisch vorstellen. Anstelle einer theoretischen Überfrachtung sollen die Fallbeispiele im Buch einen lebendigen Eindruck der Methoden-Anwendung vermitteln.

5.7 Liste einiger ausgewählter Aufstellungs-Formate (◘ Tab. 5.1)

Tab. 5.1 Aufstellungs-Formate

Name	Beschreibung des Formates	Anwendungs-Bereich	Ebene
Management-Anliegen-Aufstellung (MAA)	Die Management-Aufstellung im engeren Sinne. Sie beleuchtet ein wirtschaftlich relevantes Thema, das aus Sicht des Fallgebers nicht vorankommt oder festgefahren scheint und daher einer tieferen Untersuchung bedarf. Das Ziel ist, eine Bewegung aller Akteure zu initiieren, die den Sachverhalt momentan bewusst oder unbewusst in der Nicht-Bewegung oder Zähigkeit halten. Die MAA besteht aus fünf Struktur-Elementen, die Teil der externalisierten Introspektion werden: *Das Anliegen*, als das Bündel an Phänomenen, das für die zu lösende Blockade oder ein unerwünschtes Verhalten im Unternehmen steht. *Der Fallgeber*, als die Person, die das Anliegen formuliert und auch systemischer Teil dessen ist, was sich im Anliegen widerspiegelt. *Der Unternehmenszweck* bzw. das Abteilungs-Ziel, als der Beweggrund der Unternehmung, an dem sich alle weiteren Ziele operativen Handelns ausrichten. Idealerweise ist darin auch die Kundenperspektive abgebildet. *Die Organisation*, als eine durch alle Akteure beseelte Entität in ihrem aktuellen Zustand und Befinden; in ihr spiegeln sich sowohl der Geist der Belegschaft als auch der Geist der Gründer bzw. Eigentümer. *Die beteiligten Akteure*, einschließlich ihrer ausgesprochenen wie unausgesprochenen Absichten und Wünsche, wobei es sich um Personen aber auch um unpersönliche Prozesse und Produkte handeln kann. Da jedes unternehmerische Handeln dem Kunden dienen soll, wird die (interne und/oder externe) Kundschaft bzw. das anzusprechende Publikum grundsätzlich immer mit aufgestellt. Hinter jeder dieser Positionen stehen eine oder mehrere Innere Gestalten, deren Sichtbarmachung essenzieller Teil der Management-Aufstellung ist. Die Blockade, der Leerlauf oder das problematische Muster sind nie willkürlich, nie zufällig, sondern stellen stets einen Indikator der Bewegung oder Erstarrung einer konkreten Inneren Gestalt dar.	Konflikte, Strategien, Strukturen, Change, Sachverhalte jeder Art, die mit Widerstand belegt sind	Makro

(Fortsetzung)

5.7 · Liste einiger ausgewählter Aufstellungs-Formate ...

Tab. 5.1 (Fortsetzung)

Name	Beschreibung des Formates	Anwendungs-Bereich	Ebene
Voice Dialogue	Ein hier unverzichtbares Aufstellungsformat stellt die Methode des Voice Dialogue dar. Die fünf Phasen einer Aufstellung werden zwischen Leiter und Klienten dialogisch erschlossen, und die stellvertretende Wahrnehmung bezieht sich nur auf eigene innere Anteile. Es werden also ausschließlich jene Inneren Gestalten aufgestellt, die sich im Zusammenhang mit der eigenen Blockaden-Erschließung zeigen. Auch das Aufstellen selbst erfolgt in einem speziellen Format. Der Fallgeber sitzt zuerst dem Begleiter auf einem Stuhl gegenüber. Der Begleiter bittet den Klienten dann, den Platz im Raum zu finden, wo sich die Innere Gestalt befindet, deren hervorstechenden Haltungen im Vorgespräch bereits nachgespürt wurde. Sie befindet sich sozusagen außerhalb der Reichweite des erwachsenen Bewusstseins, das durch den Stuhl symbolisiert wird. Sobald der Klient den Platz der Inneren Gestalt findet und dort ankommt, wird er von ihr energetisch „aufgefüllt" und antwortet nur noch aus ihr heraus. Den inneren Haltungen wird dadurch ein spezifischer Platz im Außen zugewiesen, wo sie auch erscheinen und eine „Stimme" bekommen (daher Voice Dialogue). Die Resonanz-Phase verläuft dann als dialogisches Miteinander (vgl. Ress und Riechers 2017, S. 48). Dies ist allerdings keine nur verbale Angelegenheit, sondern erfolgt auf fünf Kommunikationskanälen: verbal, energetisch, emotional, körperlich und symbolisch-bildhaft. Die Gesamtheit dieser Wellenlängen macht die Wirkung aus, in der sich die Innere Gestalt angesprochen fühlt oder nicht. Dies alles stellt hohe Ansprüche an den Begleiter des Prozesses: Möchte er sich nach dem Motto der Ebenbürtigkeit auf das dialogische Miteinander mit den Inneren Stimmen des Klienten einlassen, muss er auf allen fünf Kommunikationskanälen durchlässig, wendig, flexibel und reaktionsfähig sein. Der Begleiter bedarf dazu eines hoch entwickelten energetischen Empfindens, um die ja nur in die Sphäre des Unsichtbaren gewohnte Innere Gestalt zu orten und anzusprechen. Insgesamt geht es bei Voice Dialogue darum, dem Sachverhalt, dem Thema oder dem Phänomen, also dem „**Was?**" ein exaktes „**Wer?**" – also eine Innere Gestalt zuzuordnen. Das Unbewusste bekommt ein Gesicht, und die wahren „Spielmacher" werden erleb- und ansprechbar.	Leistungs-Blockaden, hemmende Muster, individuelles Coaching	Mikro
Fragments of mind	Eine Abwandlung der MAA, die vor allem der Klärung des Anliegens dient. Das Fragment stellt sich in der Regel als ungeordnete Idee, Verwirrung oder gar Chaos dar. Eine Situation ist kaum mehr überblickbar, da viel Historie zu berücksichtigen ist und immer mehr Akteure darin verwickelt sind. Das Fragment wird dann in seinen vielen Einzelteilen aufgestellt und mithilfe der Resonanzen Stück für Stück verdichtet. Am Ende schält sich dadurch der wesentliche Kern der Problematik heraus, der dann wiederum in einer MAA fokussiert bearbeitet werden kann.	Anliegenklärung bei großen und unübersichtlichen Problemen bzw. Blockaden	Makro

(Fortsetzung)

Tab. 5.1 (Fortsetzung)

Name	Beschreibung des Formates	Anwendungs-Bereich	Ebene
Kurz-Einsicht	Eine zeitlich und inhaltlich reduzierte Form der MAA. Es werden in maximal 15 Minuten nur wenige Positionen aufgestellt, i. d. R. nicht mehr als das Anliegen, der Fallgeber und zwei bis drei Akteure. Die Einsicht ist dann nützlich, wenn Zweifel bestehen, ob ein Sachverhalt sich in die richtige Richtung bewegt bzw. die Vermutung besteht, dass Innere Gestalten mit sachfremden Motiven am Werk sind. Je nach Ergebnis der Einsicht kann mit anderen Formaten auf Makro- oder Mikro-Ebene weitergearbeitet werden.	Schnell-Bewertung des Sachverhaltes	Makro
Trauma-Aufstellung	Arbeitet auf der Mikro-Ebene des Fallgebers mit dem Ziel der Aufhebung der seelischen Spaltung, die durch biografisches oder transgenerationales Trauma ausgelöst wurde. Im Zentrum dieses Formates steht die Sichtbarmachung der Ursachen einer existenziellen Grenzerfahrung und ihre Inbezugsetzung zu den Folgen im Hier und Jetzt. Um die Trauma-Schockladung zu lösen, arbeitet das Format körperzentriert, d. h. mit Druckimpulsen am Weichgewebe, den Faszien und insgesamt am autonomen Nervensystem. Da dem Bezugskomplex von Trauma- und Überlebensstruktur so der Zwang genommen wird, wirkt das Format auf die Inneren Gestalten in der Art, dass sich der Klient durch die Auflösung der Spaltung aus dem unbewussten Vermeidungs- und Reinszenierungszwang befreien kann und mehr Handlungsspielraum gewinnt.	Auflösung innerer Blockaden und Muster	Mikro

Literatur

Ress, R., & Riechers, A. (2017). *Dialog mit dem Unbewussten*. Wiesbaden: Springer.
Riechers, A., & Ress, R. (2015). *Trauma und Blockaden im Coaching*. Wiesbaden: Springer.

Synopse – Einheitsmodell vs. Vielheitsmodell

Literatur – 102

Um die beseelte Organisation und ihren Geist zu einem Ort der frei fließenden vitalen Kraft zu entwickeln, sollten vor allem die Führungskräfte in ihrer Persönlichkeit sowie in ihrem Miteinander als Führungsteam die seelisch-geistigen Grundlagen dafür schaffen und nachhaltig kultivieren. Traditionell ist dieses Thema in der Verantwortung der Personalentwicklung, die, genauso wie jede Form von Führung, von einem je spezifischen Menschenbild ausgeht und davon ihre Maßnahmen ableitet. Die folgende Synopse (vgl. ◘ Tab. 6.1) soll daher die methodischen Konsequenzen und ergebnisrelevanten Auswirkungen beschreiben, die sich daraus ergeben, wenn das zugrunde gelegte Menschenbild dem Einheitsmodell des Bewusstseins entspricht oder dem Vielheitsmodell der Seele folgt.

◘ **Tab. 6.1** Synopse – Einheitsmodell vs. Vielheitsmodell

#	Aspekt	Bedeutung, Anwendung und Ergebnisse im bewusstseinszentrierten Einheitsmodell	Bedeutung, Anwendung und Ergebnisse im Vielheitsmodell der Seele
1	Zusammenfassung	Die Arbeit an der Erweiterung von professionellen Qualitäten erfolgt ausschließlich mit den Mitteln des Bewusstseins und innerhalb des Bewusstseins. Im Fokus steht die Vermittlung von Know-how durch Denken, Wissenserwerb und die Einübung von neuem Verhalten. Psychologische Tests und dahinter liegende Persönlichkeitsmodelle dienen häufig als Vorlage für eine gedankliche Reflexion des eigenen Verhaltens. Die unbewussten Grundlagen der Persönlichkeit, also ihre Blockaden und Einschränkungen, werden, wenn überhaupt, allein auf der Ebene des Bewusstseins interpretiert und zu lösen versucht. Im höheren Management soll v. a. individuelles Coaching zum besseren Umgang mit den Belastungen und Herausforderungen des Führungsalltags helfen. Die in Coachings und Trainings vorgestellten Management-Ansätze sind häufig abgewandelte therapeutische Ansätze. Sie arbeiten hauptsächlich im biografischen Rahmen und mit dem Bewusstsein der Teilnehmer. Die transgenerationalen Ursachen im Unbewussten werden nicht erfasst und demnach auch nicht in ihrer Wirkung berücksichtigt und ausgeschaltet.	Im Fokus steht die integrative Arbeit mit den Inneren Gestalten der Führungskräfte, die das Führungsverhalten maßgeblich tragen und bewegen. Sie sind sowohl Träger der Werte, unbewussten Haltungen, Glaubenssätze sowie auch der Widerstände und der durch die Ahnen verwirklichten Qualitäten. Es geht um die Bewusstmachung und Verwandlung von transgenerationalen Prägungen und dadurch entstandenen rigiden Haltungen und Wiederholungsmustern im Unbewussten. Ziel ist die Erschließung von vitaler Kraft, die in inneren Blockaden zurückgehalten wird. Führungskräfte lernen, in welchem methodologischen Rahmen die Erfassung und Verwandlung ihrer unbewussten Haltungen, Blockaden etc. gelingen kann und wie sie sowohl ihre eigenen als auch die Inneren Gestalten von anderen Systemmitgliedern wahrnehmen und ihre Reaktionen verstehen können; insofern handelt es sich um eine konsequente Umsetzung des triadischen Ansatzes: Selbsterkenntnis, Menschenkenntnis und Sachkenntnis.

(Fortsetzung)

6 · Synopse – Einheitsmodell vs. Vielheitsmodell

Tab. 6.1 (Fortsetzung)

#	Aspekt	Bedeutung, Anwendung und Ergebnisse im bewusstseins-zentrierten Einheitsmodell	Bedeutung, Anwendung und Ergebnisse im Vielheitsmodell der Seele
2	Leitendes Paradigma/ Vorstellung	Das Bewusstsein wird als das alles beherrschende Zentrum angesehen. Wenn Wiederholungsmuster und Blockaden auftreten, wird dies stets als Mangel an Wissen, Disziplin oder Erfahrung gedeutet. Die Behebung von unbewussten Blockaden soll durch die „richtige" Einstellung trainiert werden. Die Arbeit vollzieht sich hauptsächlich kognitiv, also auf der Ebene des erwachsenen Bewusstseins, welches alleiniger Schöpfer seiner Realität und damit auch für den Erfolg oder Misserfolg verantwortlich ist. Die Triade von Körper, Geist und Seele wird in ihrem holistischen Zusammenwirken nicht erfasst, sondern auf den materiellen und kognitiven Bereich reduziert, wodurch die Wirkung des Unbewussten nicht berücksichtigt wird.	Die seelischen Spaltungen und vor allem ihre Folgen in Form von Trauma- und Überlebensstrukturen werden zum Flaschenhals bei der Entfaltung des eigenen Potenzials. Die Auflösung der Spaltung hebt Sollbruchstellen im Unbewussten auf und setzt darin eingefrorenes Potenzial wieder frei. Die unbewussten geistigen Haltungen und Wiederholungsmuster können methodologisch bis zu ihrem Ursprung zurückverfolgt sowie aufgelöst und verwandelt werden. Die Arbeit ist zu diesem Zwecke einem holistischen Ansatz verpflichtet und vollzieht sich konsequent innerhalb der Triade von Körper, Geist und Seele. Die methodische Auseinandersetzung mit dem Unbewussten führt zudem zu einer Erweiterung der Wahrnehmung und dadurch auch sukzessive zu einer erweiterten Weltanschauung, die über den reduktionistischen Materialismus des gegenwärtigen Zeitgeistes hinausgeht.
3	Erwünschte Ergebnisse	Der Fokus liegt auf erfolgreichem Funktionieren im Sinne von Produktivität und Innovation. Es geht um schnelle und pragmatische Lösungen in sich schnell ändernden Umfeldern.	Der Fokus liegt auf erfolgreichem Handeln im Sinne von Produktivität, Innovation und Nachhaltigkeit. Dabei geht es auch um das richtige und komplexe Erfassen der unberechenbaren Faktoren eines Sachverhaltes, und zwar als Grundlage für strategische wie operative Entscheidungen. In einem integrativen Ansatz verbinden sich Wissen, berufliche Erfahrung, Unterscheidungsvermögen und Methoden, die die verborgenen unbewussten Motive und Tendenzen der Akteure sichtbar machen und antizipieren können.

(Fortsetzung)

Tab. 6.1 (Fortsetzung)

#	Aspekt	Bedeutung, Anwendung und Ergebnisse im bewusstseinszentrierten Einheitsmodell	Bedeutung, Anwendung und Ergebnisse im Vielheitsmodell der Seele
4	Leitende Prinzipien	Die Mehrheit der Leadership- und Management Modelle stammt aus dem angelsächsischen Kulturraum, weshalb auch die Begriffe und Methoden (Coaching, Training, Mindfulness, Feedback, Role-Modelling, Leadership, Mentoring, Team-Building etc.) von angelsächsischen geistig-kulturellen Paradigmen definiert und inhaltlich aufgeladen sind. Es handelt sich um Ansätze, die dem amerikanischen Pragmatismus entspringen, für den das Unbewusste eher als ein den Fortschritt hemmender „fringe of consciousness" gilt (nach William James in Jung 2000, S. 194). In dieser Haltung werden auch Begriffe und Methoden aus anderen Kulturen (z. B. Meditation, Yoga etc.) pragmatisch interpretiert und in vielen Variationen kombiniert. Der Fokus richtet sich auf das Bewusstsein des Einzelnen. Mit der Kraft des Willens und der richtigen Einstellung (passion & mindset) könne man sich selbst zu allem befähigen. Hinzu kommt eine starke Betonung von „smarten Tools", also Arbeits-Methodiken, die erfolgreiche Zusammenarbeit und Produktivität qua Methode (wie z. B. lean oder agile) herstellen sollen. Soziale Abhängigkeiten und Unterschiede werden als mentale Konstrukte interpretiert, die ebenfalls mit der richtigen Haltung überwunden werden können. Dieser Tradition und Geisteshaltung folgend, steht vor allem die Stärkung des Ich-Bewusstseins im Vordergrund. Die Herangehensweisen sind daher: Can-Do-Mentality, Strengths first, positive, proactive, solution-oriented. Methoden, die das Bewusstsein, seinen Willen und seine Konzentrationsfähigkeit stärken sollen, kommen zum Einsatz, die Wirkung des Unbewussten bleibt dagegen unberücksichtigt.	In der Systemik des Unbewussten sind die Inneren Gestalten die aus dem Verborgenen agierenden Träger und Beweger der Wiederholungsmuster, Blockaden, Verbote und Gebote. Der Ansatz steht in der Tradition der analytischen Psychologie C. G. Jungs, der Schicksalsanalyse Leopold Szondis und der integrativen Körperarbeit von Wilhelm Reich. Das Unbewusste wird als grundsätzlich wesensverschieden vom Bewusstsein betrachtet und demnach auch mit Methoden erschlossen, die direkt im Unbewussten arbeiten. Das Unbewusste repräsentiert eine generationsübergreifende Tragweite, die wir durch die Geburt zwangsläufig und unbewusst als eine vielschichtige Grundlage in uns aufnehmen. Es beinhaltet den „seelischen Rohstoff" der einerseits ausgesprochen kreativen Qualitäten, wie auch andererseits der Schicksalsmuster, negativen Glaubenssätze, Blockaden, Ängste und Wiederholungszwänge. Praktisch liefert somit das familiäre Unbewusste die autonomen Determinanten, die zur Grundlage für die eigene Biografie werden. Im Fokus des Vielheitsmodells steht daher die verwandelnde Arbeit an den Inneren Gestalten, konkret als Aufhebung der Spaltungen, die durch existenzielle Grenzerfahrungen der Ahnen das Unbewusste quasi flächendeckend beeinflussen. Dadurch entsteht eine neue seelische Mitte, in der aufzehrende Polaritäten aufgehoben sind und die dadurch zu einer vitalen Ressourcenquelle wird.

(Fortsetzung)

Tab. 6.1 (Fortsetzung)

#	Aspekt	Bedeutung, Anwendung und Ergebnisse im bewusstseinszentrierten Einheitsmodell	Bedeutung, Anwendung und Ergebnisse im Vielheitsmodell der Seele
5	Ressourcenarbeit	Das Prinzip von „Stärken stärken" ist in der Logik des nützlichkeitsorientierten Pragmatismus die ökonomisch sinnvollste Herangehensweise und soll sozusagen vorhandenes inneres Kapital vermehren, um damit andere Schwächen ausgleichen und „bewältigen" zu können. So soll der Selbstwert der Teilnehmer gestärkt werden, ohne anstrengende Aufarbeitungsverfahren bemühen zu müssen. Dabei werden die sog. Stärken allerdings isoliert von ihrer geistig-seelischen Grundlage als eine Art mentale Währung gehandelt. Das Ich verfügt in der Betrachtung des Einheitsmodells frei über die Stärken, während der Bezugskomplex von Trauma- und Überlebensstrukturen, aus dem die Stärken und auch Schwächen letztlich entspringen, ausgeblendet bleibt.	Erhebliche und wesentliche ungenutzte Ressourcen eines Menschen befinden sich in der durch den Verdrängungszwang aufrechterhaltenen Enge der Überlebensstrukturen. Sowohl die im traumatischen Schock eingefrorenen seelischen Qualitäten als auch die durch das Verdrängthalten des seelischen Schmerzes entwickelten geistigen Qualitäten sind Ressourcen, die dem Menschen allerdings nicht vollkommen frei zur Verfügung stehen. Durch die Lösung der traumatischen Schockladung wird die Spaltung überwunden und die zuvor autonomen Qualitäten werden bewusstseinsfähig. Befreit vom Zwang der Verdrängung können sie nun dem Menschen dienen, und zwar in Körper, Geist und Seele als vitale Ressourcenquelle, als differenziertes Unterscheidungsvermögen und willentlich steuerbare Stärken.
6	Arbeit mit dem Körper	Als Achtsamkeitsübungen werden z. B. Meditation, Atem-Übungen und Spüren von Emotionen eingesetzt. Gelegentlich auch Yoga oder angeleitete körperliche Gymnastik, um eine Entspannung des Organismus zu erreichen. Impulse von außen in Form von Berührungen kommen grundsätzlich nicht vor.	Die Arbeit mit dem Körper ist das unmittelbare Arbeitsgebiet, da der Körper – insbesondere in den Faszien – die traumatische Schockladung der Seele trägt. Durch Impulse von außen, infolge von Druck, Massagen und strukturierten Augenbewegungen, kommt die erstarrte vitale Kraft in Bewegung und transportiert die verdrängten Inhalte an die Oberfläche. Dort können sie verwandelt und ins Bewusstsein integriert werden.

(Fortsetzung)

◨ **Tab. 6.1** (Fortsetzung)

#	Aspekt	Bedeutung, Anwendung und Ergebnisse im bewusstseinszentrierten Einheitsmodell	Bedeutung, Anwendung und Ergebnisse im Vielheitsmodell der Seele
7	Arbeit mit inneren Anteilen	Persönlichkeits-Anteile werden im Einheitsmodell der Psyche höchstens als eine metaphorische Zustands- oder Tendenzbeschreibung des Ich-Bewusstseins verwendet. So besteht das Modell des „Inneren Teams" aus einem Set von vorab etikettierten Anteilen wie „das Innere Kind", „der Innere Kritiker", „der Innere Saboteur" etc., die als Reflexions-Begriffe für die Vielseitigkeit und Widersprüchlichkeit des Menschen stehen. Es handelt sich dabei nicht um abgespaltene Teilpersönlichkeiten, sondern vielmehr um Typenbezeichnungen für Verhaltensmuster. Durch genaues und wiederholtes Erfragen können die teilbewussten Absichten und Wünsche erforscht werden. Das Unbewusste wird dabei aber nicht methodisch erschlossen, und das Bewusstsein bleibt auch in diesem Ansatz die zentrale Steuerungsinstanz. Es soll den Schmerz, die Sehnsucht oder negative Muster mithilfe imaginativer Ressourcen aufheben. Das Ich soll als kompetenter Schöpfer seiner inneren Wirklichkeit wirken und dem Inneren Kind das anbieten, was es braucht bzw. woran es ihm zuvor gemangelt hat. Das Verhalten und auch das Empfinden sollen mit Mitteln des Bewusstseins „umprogrammiert" werden.	Die Vielheit der Inneren Gestalten sowie ihre diversen Muster und Qualitäten werden in sog. Externalisierungsformaten nicht allgemein, sondern immer spezifisch erschlossen. Die Arbeit kennt daher keine Vorbezeichnungen und folgt einem nicht wertenden phänomenologischen Erkenntnisprozess. Innere Gestalten sind reale Teilpersönlichkeiten und können kindliche, kritische, destruktive sowie vielfältig unterschiedliche Züge haben. Ihre Charakteristik ist das Ergebnis aus dem Bezugskomplex von Trauma- und Überlebensstrukturen sowie ihrem historischen Entstehungskontext. Innere Gestalten sind in ihrer Erscheinung deshalb grundsätzlich ambivalent. Während die Art der Überlebensstruktur die sichtbare Persona prägt, wirkt die Traumastruktur energetisch aus dem Hintergrund. Das Erschließen des historischen Entstehungs-Kontextes der Inneren Gestalten ist Teil ihrer Bewusstmachung und -werdung. Die Wandlung ihrer Haltungen sowie die Integration ihrer Qualitäten in das Bewusstsein sind erst nach ihrer Herauslösung aus der seelischen Spaltung möglich, ein Prozess, der nur mit Methoden gelingt, die mit dem Unbewussten direkt arbeiten.

(Fortsetzung)

6 · Synopse – Einheitsmodell vs. Vielheitsmodell

Tab. 6.1 (Fortsetzung)

#	Aspekt	Bedeutung, Anwendung und Ergebnisse im bewusstseinszentrierten Einheitsmodell	Bedeutung, Anwendung und Ergebnisse im Vielheitsmodell der Seele
8	Anwendung	In Einzel- und Gruppensettings: Durch formelles wie informelles Training, On-the-Job-Maßnahmen und Mentoring sollen neue Verhaltensformen entwickelt werden. Dabei geht es weniger darum, die Ursachen der eigenen Limitationen und Blockaden zu ergründen, sondern Techniken zu erlernen und Tools zu nutzen, die im Allgemeinen funktionieren und von „Experten" als erfolgreich beschrieben werden. Der eigene Entwicklungsbereich oder die eigene konkrete Problematik soll dann unter Berücksichtigung der jeweiligen Erfolgs-Prinzipien reflektiert und optimiert werden. Es geht also um den Erwerb von Know-how und dessen richtiger Anwendung. Die äußere Lösung steht im Vordergrund. Disziplin und Ausdauer dienen als Erfolgsgaranten. Das Prinzip von „Stärken stärken" soll prozess-ökonomisch schonend sein, da es auf vorhandene Ressourcen zurückgreift. Der Ansatz lautet: Weg von Trauma und Blockaden, hin zu den „Stärken". Methoden der Führungskräfte-Entwicklung sind Reflexionen mithilfe von Perspektivwechseln, die auf die logische oder pragmatische Einsicht des Verstandes zur Verhaltensänderung setzen, wobei Rollenspiele das Einüben von konkreten Verhaltensweisen unterstützen. Emotionen werden angesprochen und u. U. bis zu ihrem biografisch-familiären Kern erfragt, wobei es auch zu emotionalen Entladungen mit kathartischer Wirkung kommen kann.	In Einzel- und Gruppensettings: Die Arbeit knüpft unmittelbar am Erleben der Einschränkungen eigener professioneller Qualitäten oder Blockaden im Team an. Im Fokus stehen die Verhaltensweisen, die wider besseren Wissens, Könnens oder Erfahrung nicht geändert werden können. Anstelle der Vermittlung von allgemein wirksamen Techniken dienen Externalisierungsmethoden des Unbewussten als quasi bildgebende Verfahren. Die horizontale Ebene des zu entwickelnden Sachverhaltes wird zu der vertikalen Ebene des Unbewussten aller daran beteiligten Akteure in Beziehung gesetzt. So werden die realen Machtverhältnisse, Interaktionen und Widerstände zwischen den Inneren Gestalten aller Beteiligten sichtbar. Es entsteht ein tiefes Bild komplexer und dynamischer Zusammenhänge als umfassende Analyse des größeren Gesamtkontextes. So wird immer deutlicher zwischen den übergeordneten Einflussfaktoren eines Sachverhaltes und dessen einzelnen Teilbereichen unterschieden. Mithilfe von integrativen Methoden, die direkt im Unbewussten arbeiten, können die beteiligten Inneren Gestalten aus ihrem rigiden traumabedingten Aktions- und Reaktionsmuster befreit werden und an Beweglichkeit gewinnen. Die vorhandenen geistigen Qualitäten werden nach und nach aus dem Korsett der Trauma- und Überlebensstrukturen befreit, sodass sie sich entfalten können. Dadurch entsteht Raum für neue Bewertungen der Sachverhalte und stimmige Entscheidungen. Die innere Bewegung geht der äußeren Lösung vor und steht somit im Vordergrund der Arbeit. Die Stärke des Bewusstseins zeigt sich als zunehmend erfahrener und mutiger Impulsgeber, der seine hemmenden Muster erkennt und gewillt ist, sie aufzuheben. Der Ansatz „hin zu" Trauma und Blockaden ist energetisch herausfordernd, da direkt mit dem Widerstand und seiner seelischen Ursache gearbeitet wird. Die Motivation des Bewusstseins wird ständig geprüft und vorausgesetzt.

(Fortsetzung)

Tab. 6.1 (Fortsetzung)

#	Aspekt	Bedeutung, Anwendung und Ergebnisse im bewusstseinszentrierten Einheitsmodell	Bedeutung, Anwendung und Ergebnisse im Vielheitsmodell der Seele
9	Auswirkung auf das Unbewusste	Das Unbewusste kann durch die verwendeten Methoden über Trigger in Schwingung geraten, und imaginative und spiegelnde Methoden wie Fantasiereisen, wiederholte Selbstbefragungen oder Augen-Kontakt-Übungen können es in z. T. starke Resonanz versetzen. Die Resonanzen werden mit Methoden des Bewusstseins (Denken, Deuten, Handeln) verarbeitet und auf Basis des persönlich-biografischen Rahmens interpretiert. Eine Beziehung zu den maßgeblichen transgenerationalen Inneren Gestalten im Unbewussten wird aber nicht hergestellt. Der tiefere Sinn bzw. die tiefere Ursache der in Resonanz gebrachten Emotionen wie z. B. Wut, Angst, Schmerz oder Sehnsucht wird durch die biografische Begrenzung nicht erschlossen, wodurch auch den Deutungen durch das Bewusstsein die seelisch-reale Anknüpfung fehlt. Die Inneren Gestalten werden zwar aktiviert, mangels methodischer Erfassung aber nicht transformiert.	Durch körperorientierte Trauma-Aufstellungen und die Methode des Voice Dialogue werden die verschiedenen Inneren Gestalten aus dem Unbewussten im Raum sinnlich erlebbar gemacht und können dadurch bewusst in Resonanz zueinander treten. Dabei ist der Arbeitsrahmen gewollt auf das tiefere Ahnenfeld erweitert, um die transgenerationalen Ursachen von den biografischen Folgen unterscheiden und direkt bearbeiten zu können. Der sich in der Resonanz zeigende traumatische Schock wird direkt am Körper bearbeitet und gelöst. Da die Arbeit zu großen Teilen auf den Ebenen des Hirnstamms, der Faszien und des autonomen Nervensystems verläuft, wird der Raum des Ich-Bewusstseins vorübergehend komplett verlassen. Das Unbewusste wird in seiner Tiefenstruktur dagegen erreicht, um es anschließend mit dem Bewusstsein wieder zu verbinden bzw. zu integrieren.

(Fortsetzung)

◘ Tab. 6.1 (Fortsetzung)

#	Aspekt	Bedeutung, Anwendung und Ergebnisse im bewusstseins-zentrierten Einheitsmodell	Bedeutung, Anwendung und Ergebnisse im Vielheitsmodell der Seele
		Um trotzdem einen Sinn herzustellen, werden die fehlenden und ursächlichen Fakten aus dem Ahnenschicksal in der biografischen Interpretation durch allgemein menschliche Erwägungen ersetzt. So entstehen äußerlich betrachtet durchaus sinnvolle Geschichten, die jedoch den tiefer sitzenden „Sinn" der konkreten (und jeglichen Sinn oft sprengenden) existenziellen Grenzerfahrungen der Ahnen nicht berücksichtigen. Manche Geschichte mag zwar richtig klingen, sich aber trotzdem nicht existenziell bedeutsam anfühlen. Der Grund dafür liegt in der Tatsache, dass die transgenerationale Ursache als das entscheidende Mosaik-Teil fehlt und durch keine noch so rationale Deutung ersetzt werden kann. Auch die auf Authentizität abzielende Frage „Warum bin ich so wie ich bin?" erhält nur eine oberflächliche Antwort, weil sie erneut die Tiefe des Ahnenfelds ausspart. Darüber hinaus lässt man sich durch die künstliche Begrenzung des Arbeitsrahmens auf die Biografie zu dem Glauben verleiten, Antworten zu aktuellen Problemen ausschließlich in der eigenen Geschichte finden zu müssen und auch zu können. Dadurch wird man blind, den Unterschied zwischen biografischen Folgen und den außerhalb der eigenen Biografie liegenden Ursachen zu erkennen. Dem Bewusstsein entgeht dadurch, dass es etwas zu lösen versucht, das bereits in der Vergangenheit als unlösbar erlebt und daher abgespalten wurde. Man fällt einer Illusion zum Opfer, da Problembereich (Biografie) und Lösungsbereich (familiäres Unbewusstes) nicht unterschieden werden. Die Maßnahmen des Bewusstseins verharren somit immer wieder an der Oberfläche, ohne den unbewussten Kern zu treffen.	Die an die seelische Spaltung gebundenen reflexartigen Über- oder Nicht-Reaktionen von Trauma- und Überlebensstrukturen können sich nach der Integration neu regulieren. Die vormals gestörte Regulationsfähigkeit wird zunehmend gesünder. Der ständige Alarmmodus mit seinen Entweder-oder-Reaktionen wird gegen situativ anpassbare und maßvolle Handlungsoptionen eingetauscht. Die vormals im Weichgewebe und autonomem Nervensystem gebundene vitale Kraft kann innerlich erschlossen und neu ausgerichtet werden, was sich schließlich als Verwandlung der unbewussten Haltung der Inneren Gestalt zeigt. Durch das genaue Erfassen des Kontextes einer transgenerationalen existenziellen Grenzerfahrung wird das bis dato gezeigte Verhalten in Bezug zu seiner ursprünglichen historischen Quelle gesetzt. Das eigene Schicksal und die eigene Persönlichkeit zeigen sich damit in einem sinnstiftenden Kontinuum familiärer und kultureller Prägungen. *Authentizität,* als die gelebte Antwort auf die Frage „Wer bin ich?", kann sich aus der vitalen Verbindung zum Ahnenschicksal und der vom Bewusstsein ausgerichteten frei fließenden vitalen Kraft speisen. Zudem werden die verwirklichten seelischen und geistigen Inhalte der Ahnen als Wissensreservoir für das Erkennen und den Umgang mit ähnlich bedrohlichen Situationen im Hier und Jetzt verfügbar gemacht. So wird die Geschichtlichkeit des Menschen zu einer weiteren Ressourcenquelle.

(Fortsetzung)

Tab. 6.1 (Fortsetzung)

#	Aspekt	Bedeutung, Anwendung und Ergebnisse im bewusstseinszentrierten Einheitsmodell	Bedeutung, Anwendung und Ergebnisse im Vielheitsmodell der Seele
10	Nachhaltigkeit der Ergebnisse	Als Ergebnis wird eine Lösung für den Entwicklungsbereich im Verhalten angestrebt, ohne dass sich die unbewussten Strukturen der Akteure substanziell ändern. Es wird mit den *Folgen* der blockierenden Ursachen gearbeitet, die durch Verhaltensänderung abgestellt werden sollen. Mit Übung und Disziplin entsteht ein professionelles Image, das die unberührten unbewussten Strukturen verdeckt hält. Tatsächliche geistige Qualitäten kontrollieren die Oberfläche der Persönlichkeit und können so eine kurzfristige Verbesserung oder Milderung erzeugen. Die Spaltung und damit auch die daran gebundenen unbewussten Haltungen bleiben jedoch erhalten und als permanente Sender aus dem Unbewussten aktiv. Deshalb kann dieser Ansatz auch nicht als nachhaltig bezeichnet werden. Das Prinzip des „Stärken stärken" verschärft diese Dynamik sogar weiter, da die sogenannten Stärken häufig dem Bezugskomplex von Trauma- und Überlebensstrukturen entspringen. Die stärkenorientierte Intervention des Bewusstseins bewirkt daher, dass die Überlebensstrukturen weiter gestärkt werden und sich dadurch die gesamte Spaltung vertieft. Die Oberfläche wird kompetenter, während die Tiefenstruktur sich weiter abspaltet. Die darin erstarrten Qualitäten werden als Ressourcen nicht erschlossen und die vertiefte Spaltung engt die Persönlichkeit mit der Zeit weiter ein.	Als Ergebnis wird eine Lösung für den Entwicklungsbereich durch einen gereiften Persönlichkeitskern angestrebt. Durch Herauslösung der Inneren Gestalten aus der seelischen Spaltung und ihren Verstrickungen kann das Muster des Erb- und Zwangsschicksals der Ahnen verlassen werden. Diese Bewegung zeigt sich als Neuausrichtung der Inneren Gestalten und bringt auch eine Neubewertung und Verhaltensänderung der Sachverhalte des Entwicklungsbereichs mit sich. Der an die seelische Spaltung geknüpfte Widerstand bleibt in Zukunft aus, wodurch Raum für neue Handlungsoptionen entsteht und auch die Akzeptanz, diese zu erlernen. Die Innere Gestalt kann nun „nachreifen" und gewinnt an Unterscheidungsvermögen. Die Arbeit mit Inneren Gestalten kann und soll daher jederzeit mit Kompetenzvermittlung kombiniert werden. Durch eine flexiblere seelische Mitte können die erlernten Fähigkeiten situationsgerecht eingesetzt werden und sich mit den bereits vorhandenen Qualitäten der Inneren Gestalten organisch verbinden. Durch die Auflösung des unbewussten Zwangs erhöht sich der Freiheitsgrad des Bewusstseins, und genuin neue Wege können beschritten werden. Dies ist die Grundlage jeder *Innovationskraft*, insbesondere auch im Unternehmen.

(Fortsetzung)

6 · Synopse – Einheitsmodell vs. Vielheitsmodell

◘ **Tab. 6.1** (Fortsetzung)

#	Aspekt	Bedeutung, Anwendung und Ergebnisse im bewusstseinszentrierten Einheitsmodell	Bedeutung, Anwendung und Ergebnisse im Vielheitsmodell der Seele
		Da sich die Inneren Gestalten durch eine Manipulation auf der Oberfläche aber nicht ändern, wird versucht, die Nachhaltigkeit der Entwicklung durch Wiederholung und ständiges Erinnern sicherzustellen. Dadurch muss aber immer wieder Energie aufgewendet werden, um das Erscheinen der Folgen aus der unbewussten Spaltung zu verhindern. Diese ständige Kontrolle führt bereits im Ruhemodus zu Energieverlust und Anspannung des Nervensystems. Die Nicht-Lösung im Kern befördert zudem einen Kampf gegen sich selbst, da gewisse „Züge" des eigenen Charakters als negativ oder destruktiv angesehen werden. Das sog. „Annehmen" dieser Merkmale wirkt als Kapitulation des Bewusstseins und damit unbefriedigend. Das vielfach geforderte „Loslassen" ist daher nur eine Variante des „Annehmens" und zudem methodisch unmöglich, da man die seelische Spaltung im Unbewussten per se nicht mit einer Entscheidung des Bewusstseins „loslassen" kann.

In den Ansätzen des Einheitsmodells, u. a. dem des Inneren Teams, bleiben durch die künstliche methodische Begrenzung auf den erinnerungsfähigen biografischen Rahmen sowohl die transgenerationalen Verstrickungen als auch die vorverbalen traumatischen Erfahrungen, einschließlich der Geburtstraumata, unberücksichtigt. Durch die begrifflichen Voretikettierungen der inneren Anteile werden allgemeine Interpretations-Schablonen des Bewusstseins in das Unbewusste zurück- projiziert. Da jedoch jede biografische und transgenerationale seelische Spaltung in einen konkreten historischen Kontext eingebettet ist, gibt es eine so große Zahl spezifischer Innerer Gestalten, dass ihre Ansprache auch jeweils nur durch Erschließung des spezifischen Entstehungskontextes erfolgen kann, der aber häufig nicht in der eigenen Biografie liegt. | Die Instinkte, die zur Abgrenzung, gesunden Beziehungen und eigenem Raum verhelfen, sind nun von der rigiden Dynamik der Trauma- und Überlebensstrukturen befreit. Die vitalen Instinkte dienen als „seelische Schlüsselqualifikationen" für jedwede balancierte Gestaltung von Arbeits- und Beziehungskontexten. Grenzen gegen Überlastung können sowohl für sich selbst als auch für Mitarbeiter und Teams in Einklang mit den vorhandenen Ressourcen gesetzt werden. Dies schützt vor Verausgabung der eigenen Kräfte und bewahrt vor Erschöpfung der Organisation. Die nötigen Eigenschaften für **Resilienz** kommen dadurch auf natürliche Weise von innen. Durch die Auflösung der Blockade muss zudem keine weitere Verdrängungsenergie mehr aufgewendet werden. Die vormals im Schock erstarrte vitale Kraft steht dem Organismus jetzt zusätzlich zur Verfügung.

Das organische Zusammenspiel der methodischen Ansätze ergibt einen holistischen Arbeitsrahmen und mündet im Erschließen der antiken Triade von Körper, Geist und Seele. Die darin enthaltenen Ressourcen werden durch die Auflösung der Spaltung wieder verfügbar gemacht und können sich durch ihre Integration aufeinander beziehen. So entstehen keine einseitig kompensatorischen Stärken, die vorher dazu dienten, Schwächen auszugleichen, sondern ein seelisch-geistig-körperliches Bezugssystem, in dem die vitale Kraft balanciert zur Wirkung kommt.

Das umfassende Erschließen aller Ebenen wird innerhalb der Systemik der Inneren Gestalten von einem hoch differenzierten Begriffsapparat geleistet, der sowohl für Begleiter wie Klienten die bewussten und unbewussten Ebenen der Persönlichkeit unterscheidbar macht, denn die Begriffe beeinflussen das Denken, und das Denken steuert die Aufmerksamkeit. |

(Fortsetzung)

Tab. 6.1 (Fortsetzung)

#	Aspekt	Bedeutung, Anwendung und Ergebnisse im bewusstseinszentrierten Einheitsmodell	Bedeutung, Anwendung und Ergebnisse im Vielheitsmodell der Seele
		Die mangelnde Unterscheidung der Ebenen des Bewussten und des Unbewussten resultiert aus der Vorstellung des Einheitsmodells, das die kontrollierende Kraft des Bewusstseins grundsätzlich über die des Unbewussten stellt. Diese ideologisch erscheinende Nicht-Würdigung und Ausblendung der autonomen Kraft des Unbewussten fördert konsequenterweise methodisch-reduktionistische Ansätze, die, dem Paradigma der Suprematie des Willens folgend, das Bewusstsein für die Optimierung und Heilung des Unbewussten verantwortlich machen. Da das Bewusstsein das Unbewusste jedoch nicht erschließen kann, verbleiben die Ansätze, trotz anderweitiger Etikettierung, wie z. B. als Tiefen-Arbeit, dennoch auf der Ebene des Bewusstseins, das dadurch maßlos überfordert wird, in ständige Bringschuld gerät und schlussendlich keinen substanziellen Fortschritt macht. Weder intensive Reflexionen noch psychologische Deutungen ersetzen eine Methode, die verwandelnd mit dem Unbewussten arbeitet. Die Arbeit im Bewusstseinsraum kann daher die Haltungen der Inneren Gestalten nicht neu ausrichten. Der tief sitzende Schmerz, die Trauer, die Ohnmacht oder das Chaos werden nicht verarbeitet. Die dennoch bleibende Sehnsucht nach Auflösung ist aber ein starker Motor für Projektionen in der Außenwelt und damit die Quelle von weiteren Verstrickungen.	Der bewusste Einsatz einer archaisch-existenziellen Sprache entspricht der Ebene des Überlebens und bewegt sich daher im Resonanzraum der Inneren Gestalten. Diese Ebene zu erkennen, nicht als vorwissenschaftlich primitiv abzustempeln, sondern zu würdigen, eröffnet den Zugang zu den Inneren Gestalten und ihrer Unterscheidung in der Vielheit der Seele. Das während der Arbeit gewonnene Unterscheidungsvermögen ist die entscheidende Qualität im Umgang mit sich selbst und anderen – privat wie professionell. Klarheit und das wachsende Bewusstsein über stimmiges und unstimmiges Verhalten bleiben im Vielheitsmodell die stärksten Ressourcen, die den nie abgeschlossenen Weg der Entwicklung begleiten.

Literatur

Jung, C. G. (2000). *Grundfragen zur Praxis*. Augsburg: Bechtermünz.

Fallbeispiele aus der Praxis

7.1 Fallbeispiel: „Die letzte Linie" – 104

7.2 Fallbeispiel: „Die wollen nur mein Geld!" – 107

7.3 Fallbeispiel: „Es hängt alles zusammen" – 110

7.4 Fallbeispiel: „Die strenge Gouvernante" – 115

7.5 Fallbeispiel: „Wer ist der Richtige?" – 120

7.6 Fallbeispiel: „Ich kann es nicht glauben!" – 125

7.7 Fallbeispiel: „One Voice" – 130

7.8 Fallbeispiel: „Alles schnell und alles auf einmal" – 134

Literatur – 139

7.1 Fallbeispiel: „Die letzte Linie"

Herr Moser, der 73-jährige Gründer und Eigentümer eines mittelständischen Familien-Unternehmens, möchte seine Firma verkaufen. Er selbst habe „die Lust verloren" und sei das erste Mal auch „vom Bauch her überzeugt", dass es nun an der Zeit sei, ein neues Kapitel in seinem Leben aufzuschlagen. Ein Firmenverkauf vor einigen Jahren sei gescheitert, weil mit der Zeit das Vertrauen zum potenziellen Käufer verloren ging, und auch innerhalb der Eigentümer-Familie Uneinigkeit herrschte. Diesmal sei die Lage anders. Zum einen zwinge ihn sein Alter förmlich, zum anderen habe er dafür gesorgt, dass sowohl der Sohn als auch die Ehefrau dem Verkauf zustimmen können. Man habe sich gemeinsam auf eine erfahrene Makleragentur geeinigt, die nun alles „in die Wege leitet". Herr Moser, ein erfolgreicher Unternehmer, wie er im Buche steht, wollte sich im Rahmen eines „Austauschs" mit dem Coach über die neuen Entwicklungen unterhalten, ließ aber das eigentliche Anliegen vorerst offen. Erst nach einiger Zeit und Konversation am Rande des Small Talks zeigte sich eine Unsicherheit, die von einem leicht gequälten Lächeln begleitet war. Auf Nachfrage hin äußerte Herr Moser seine Besorgnis über den Minimalpreis, den er beim Verkauf der Firma erzielen möchte. Es sei bisher nur ein „Bauchgefühl", aber er würde sich gerne dieses Thema anschauen, auch und gerade, weil der letzte Verkauf an dieser „Hürde" gescheitert sei.

Das Anliegen der nun folgenden Aufstellung war „der Anteil, der mit Zweifel und Besorgnis auf den Minimalpreis blickt". Während der Aufstellung zeigte sich Folgendes:

Im Feld von Herrn Moser wurde dem Stellvertreter unmittelbar nach dem Eintritt schwindelig. Sein gesamter Körper begann, leicht kreisend, um die eigene Achse zu schwanken: Er erklärte: „Mit Konzentration ist es gerade noch beherrschbar, aber insgesamt sehr anstrengend." In diesem Feld einen klaren Kopf zu bewahren, war ein kräftezehrender Akt.

Der Stellvertreter des Sohns stimmte dem Vater vorbehaltlos zu, da er ihn in allen geschäftlichen Dingen für sicher und kompetent hält. Auch die Stellvertreterin der Frau hatte keine Einwände gegenüber dem Verkauf.

Die Maklerfirma präsentierte sich als sehr dezent und ohne irgendwelche Hintergedanken, und ihr Geschäftsführer zeigte sehr viel Sympathie für den Klienten, allerdings ohne sich anzubiedern. Hier war spürbar, dass sich Männer der „alten Schule" begegnen, die Familienwerte für die nachfolgenden Generationen sichern wollen.

Das Minimalziel für den Verkaufspreis trat dem Klienten jedoch als herausforderndes Wesen gegenüber. So leicht mache sie es ihm nicht: „Das wird noch mal ein richtiges Stück Arbeit, mein Lieber!" Sie nutze die Schwächen der Firma und erklärte, dass er, der Klient, es nicht geschafft habe, alle Bereiche „auf Vordermann" zu bringen. Das werde ihn nun Geld kosten.

Zwischenzeitlich verschwand das Schwindelgefühl bei Herrn Moser und „wanderte" in die hinter ihm stehende Stellvertreterin, die für den Anteil stand, der „es" trägt – „es" stellt die Symptomatik des Anliegens dar. Ihr Schwindel verstärkte sich rasch, was dem Klienten sehr zu denken gab. Er erinnerte sich, dass auch der Sohn zeitlebens vom Schwindel geplagt war. Während einer jüngst praktizierten Trauma-Aufstellung des Sohnes habe der Vater zum gleichen Zeitpunkt in etwa 400 km Entfernung einen starken Schmerz in der Bauchgegend verspürt. Dieser war von Magenkrämpfen begleitet und führte sogar zum Erbrechen.

7.1 · Fallbeispiel: „Die letzte Linie"

Daraufhin stellte der Leiter das Feld „der, zu dem es ursprünglich gehört" auf, und es zeigte sich ein Soldat, der einen Steckschuss im Brustkorb erlitten hatte. Der Schuss hatte ihn jedoch völlig unerwartet getroffen. Aus Wut den Tätern gegenüber, von Selbstvorwürfen wegen seiner Naivität geplagt und in Gedanken an seine Familie erstarrte er und verstarb. Der historische Kontext zeigte eine Szenerie mit Soldaten in Uniformen und mit Gerätschaften des Zweiten Weltkrieges, inmitten eines großen Waldes.

Herr Moser berichtete nun, dass sein Vater an einem Steckschuss zwischen Lunge und Bauch verstorben war. Er diente als Bataillons-Kommandant und befehligte deutsche Truppen in der Eifel im Kampf gegen die Amerikaner. Die Kämpfe in dieser Region wurden von beiden Seiten äußerst hart und verlustreich geführt. Für die deutsche Westfront war das zu diesem Zeitpunkt eine Art „letzte Linie" gewesen, die nicht fallen durfte.

Die genauen Ereignisse seien ihm von der Mutter wie folgt berichtet worden: Nach einem Dauerbombardement von 24 Stunden war am Morgen des 16. Dezembers 1944 eine Waffenruhe für wenige Stunden vereinbart worden. Diese sollte beiden Seiten die Möglichkeit geben, Verwundete in die Lazarette zu bringen. Als sich die deutschen Soldaten zum Transport auf die Lichtung begaben, wurde jedoch aus ungeklärten Gründen trotzdem das Feuer eröffnet, wodurch der Vater des Klienten das Leben verlor.

Die daraufhin aufgestellte Seele des Vaters zeigte sich hart und verbittert: „Man könne und dürfe niemandem vertrauen, wenn man am Leben bleiben will!" Er habe es gut gemeint und sei dafür bestraft worden. Das werde nie mehr vorkommen. Mit Körperarbeit und gezielten Augenbewegungen konnte der seelische Schmerz schrittweise abnehmen und sich verwandeln. Die Schockstarre konnte sich lösen und die Seele erkennen, dass ihr Motiv des Vertrauens trotzdem gerechtfertigt war, weil es dem Leben diente. Durch formatspezifische Grenzziehungen innerhalb der Aufstellung konnte der Schmerz der Seele sich vom konkreten Schicksal des Vaters lösen und ein neuer Raum für Vertrauen entstehen. Am Ende zeigte sich auch die Frage des Minimalpreises als weniger bedrohlich. Der Klient schien froh, dass nun klar sei, was die eigentliche „letzte Linie" ist, nämlich der Punkt, wo Vertrauen aufhört oder beginnt.

- **Reflexion und Konsequenz**

Der Fall zeigt, wie das schicksalhafte Erleben existenzieller Grenzerfahrungen der Ahnen generationsübergreifend als Leitmotiv der Seele erhalten bleibt und so auch im Hier und Jetzt in existenziellen Angelegenheiten, wie z. B. einem Firmenverkauf, weiterwirkt. Obwohl die historischen Umstände sich verändert haben, ist das innere Erleben der äußeren Umstände für die folgenden Generationen durch den gleichen gemeinsamen Nenner geprägt: Vertrauen wird dich das Leben kosten!

Das Thema „Vertrauen" wurde im familiären Unbewussten des Klienten nie von der existenziellen Grenzerfahrung des väterlichen Bataillons-Kommandanten im 2. Weltkrieg entkoppelt. Die seelische Spaltung des Vaters wirkt somit ohne Abgrenzung in der Seele des Klienten als Transgenerationale Innere Gestalt (TIG) weiter. Ihr prophylaktischer Schutz, als ursprünglich dem Überleben verpflichtetes Misstrauen, zeigt sich in der aktuellen Unternehmerpersönlichkeit als Argwohn und als unnahbare Distanz Mitarbeitern, Geschäftspartnern und sogar den Familienmitgliedern gegenüber.

Erst die transgenerationale Trauma-Arbeit bewirkte eine Entkoppelung des inneren Erlebens, die während der Sitzung in einer symbolischen Grenzziehung zwischen den seelischen Anteilen des in der Schlacht gefallenen Vaters und dem Klienten vollzogen wurde. Durch die nötige Abgrenzung kann erst ein eigener, nicht traumatisch überlagerter Raum entstehen. Die historischen Ereignisse gehen dadurch nicht verloren, wirken jedoch nicht mehr mit existenzieller Wucht und Zwang im Unbewussten des Klienten. Das Ziehen der Grenze und das Heraustreten aus dem Feld der Ahnen entsprechen damit in der Aufstellung im wahrsten Sinne des Wortes einem Herauslösen aus dem Erb- und Zwangsschicksal. Durch diese transformierende Bewegung im Innen entsteht der Raum für das Eigene und mehr Autonomie im Außen, wodurch nun wiederum flexiblere und stimmigere Haltungen, Reaktionen, Entscheidungen und Handlungen möglich werden.

Methodisch war in diesem Fall das Erfassen des Schwindels als Zentralsymptom im familiären Unbewussten von Bedeutung. Beim Klienten war dieser durch eine überaus starke Überlebensstruktur, die sich auch körperlich in starken Nackenverpanzerungen abbildete, vollkommen verdrängt. In der dritten Generation, hier beim Sohn, zeigten sich jedoch die perimortalen Bewusstseinszustände des Gefallenen bereits flächendeckend und massiv. Bei einem schnellen und gewaltsamen Tod, wie dem des Kommandanten, bleibt die Seele im Schock erstarrt und kann den Sterbevorgang nicht abschließen. Die Ereignisse um den Tod herum (lat. peri-mortal) prägen sich als historischer Kontext ins familiäre Unbewusste ein, der auch die körperlichen Reaktionsmuster der Überflutung und des Bewusstseinsverlusts in Form von Schwindel trägt.

Von diesem körperlichen Symptom des Sohnes ausgehend, konnte erst die entscheidende Brücke zum Vater des Klienten gebaut werden. In diesem Fall folgte also der Aufstellungsleiter dem energetischen Flussbett der Seele, das sich grundsätzlich in zusammenhängenden Symptomkomplexen zeigt. Am Ursprungskontext im 2. Weltkrieg angelangt, konnte erst der entscheidende Bezug zu den seelischen Bewegungen des Klienten im Hier und Jetzt hergestellt werden. Das In-Bezug-Setzen von Symptomen und ihren seelischen Ursachen ist im Übrigen eine der wesentlichen Leistungen von Trauma-Aufstellungen und, wie dieser Fall zeigt, häufig nur im transgenerationalen Kontext möglich. Sich in der Trauma-Arbeit bloß auf den biografischen Rahmen zu beschränken, wäre für das Erfassen des zugrunde liegenden Themas aus der Perspektive der generationsübergreifenden Familienseele daher viel zu kurz gegriffen.

Der Fall zeigt ebenfalls, dass Vertrauen keine Kompetenz, sondern vielmehr eine Qualität ist, die an ein seelisches Unterscheidungsvermögen geknüpft ist. Ohne dieses Vermögen besteht entweder nur blindes Vertrauen, das sich mit der Zeit rächen wird, oder die Erstarrung im Misstrauen, die keine wesentliche Lebensbewegung erlaubt und ebenso wenig als eine „Kompetenz" bezeichnet werden kann. Beide Haltungen sind Extrempositionen, denen mangels Unterscheidungsvermögen sowohl die Grundlage für ein reflektierendes Vertrauen als auch für ein reflektiertes Misstrauen fehlt.

Im vorliegenden Fall hätte das äußerliche Angebot noch so offen, ehrlich und wohlwollend sein können, die Annahme des Angebots und ein sich darauf Einlassen wären so gut wie unmöglich gewesen, solange die Inneren Gestalten in einem existenziellen Misstrauen verhaftet sind. Häufig machen sich Menschen an dieser Stelle resignierende Selbstvorwürfe wie „Ich kann einfach nicht vertrauen." Aus der Perspektive der Inneren Gestalten müsste es jedoch heißen: „Ich darf nicht vertrauen, denn das wird mich das Leben kosten." Hier zeigt sich, wie real das innere Erleben und sein Zwang an die existenziellen Grenzerfahrungen gekettet sind, die der eigenen Biografie transgenerational vorausgingen. Übertragen auf das Vektorenmodell bedeutet dies: Vektor 1, das Bewusstsein, wird beständig von Vektor 3 in Schach gehalten – transgenerationalen Überlebensstrukturen, die ein unfaires Manöver befürchten und deshalb nie verkaufen würden. Mit voranschreitender Zeit und zunehmendem Alter des Unternehmers „produziert" jedoch Vektor 2 zwangsläufig Umstände, die einen „Notverkauf" unter ungünstigen Umständen immer wahrscheinlicher machen.

Die Arbeit mit Misstrauen besteht also nicht darin, ein neues vertrauendes Verhalten zu erlernen, noch durch Reflexion sich ein solches selbst zu verordnen, in der Hoffnung, dass es als „vernünftiges" Verhalten dann auch durchgehalten werden kann. Das vernünftige Bewusstsein des Klienten war in dieser Hinsicht immerhin 73 Jahre lang den Überlebensstrukturen der Transgenerationalen Inneren Gestalt unterlegen. Der Ansatz der Systemik des Unbewussten konzentriert sich im Sinne der Nachhaltigkeit daher darauf, im Klienten die seelischen Voraussetzungen für die Möglichkeit einer unterscheidenden Haltung zu schaffen. Diese besteht im Rahmen der Aufstellung zum einen darin, die eigene Verstrickung zu erkennen, zum anderen, aus ihr herausgelöst zu werden. Befreit von den unbewussten Reaktionsmustern und mit dem Wissen ausgestattet, woraus sie in der Vergangenheit entstanden sind, bildet sich im Klienten eine Kompetenz, das eigene Verhalten kritisch zu reflektieren, und die Freiheit, in Zukunft nur noch auf „wohl begründeten Verdacht hin" Misstrauen zeigen zu müssen.

7.2 Fallbeispiel: „Die wollen nur mein Geld!"

(Fortsetzung von Fall 1)
Nachdem sich eine Vielzahl von Kaufinteressenten mit zum Teil üppigen Geboten vorgestellt hatte, wurde der Bieterkreis für die Firma auf die Top Fünf eingegrenzt. Nun stand die Due-Diligence[1] an, in der sich das Unternehmen auf Herz und Nieren prüfen lassen muss. Trotz der hervorragenden Verkaufsaussichten regte sich bei Herrn Moser dagegen ein großer Widerstand. Zum einen könne man auf den Kosten „sitzen bleiben", wenn es nicht zum Abschluss komme, und zum anderen müsse man sich gegenüber den Banken und Beratern der Käuferseite völlig transparent zeigen. Dies führe zu vielen „unnötigen Untersuchungen", die nur „Zeit und Geld verschwenden". Herr Moser erklärte, er sei sich zwar seines Widerstands bewusst, könne aber trotzdem nichts dagegen tun, es schwele eine Wut in ihm, die er sich nicht erklären könne, und die geradezu seinen Verstand benebele. Allerdings brauche er gerade jetzt „in der heißen Phase" einen kühlen Kopf und sei besorgt, „irgendeine dumme Kurzschlussreaktion" zu begehen.

Das Anliegen wurde sodann in einer Management-Aufstellung tiefergehend untersucht. Dazu dienten Bodenanker, die alle wesentlichen Elemente des Sachverhaltes benannten. Nachdem Herr Moser die beschrifteten Papiere im Coaching-Raum auf den Boden positioniert hatte, ging zunächst der Begleiter die einzelnen Felder ab und berichtete von seinen wahrgenommenen Resonanzen.

---

1 Eingehende Prüfung eines zum Verkauf stehenden Unternehmens durch den potenziellen Käufer.

Das Feld von Herrn Moser wirkte angespannt und leicht zornig. Er erklärte dazu, er verspüre tiefe Abneigung, vor allem den Bankern gegenüber, die wie Heuschrecken über sein Lebenswerk herfallen und für Dinge, „die ich eh schon weiß", horrende Honorare abrechnen. Er wisse zwar, dass dieses Verfahren unumgänglich sei und zum professionellen Gebaren gehöre, könne sich aber einfach nicht mit diesen Umständen anfreunden. Er suche nach einer Möglichkeit, mit den Kaufinteressenten „eine schlanke Variante" zu vereinbaren.

Das Feld der potenziellen Käufer zeigte sich in der Aufstellung nun leicht irritiert. Man verstehe zwar das Ansinnen des Verkäufers, den Prozess schlank zu halten, möchte aber nicht auf maximale Transparenz verzichten, die jedoch nur eine vollständige Due-Diligence sicherstellen könne.

Das Anliegen „Widerstand gegenüber der Due-Diligence" zeigte sich als Schockstarre und Fassungslosigkeit. Hier war kein Vor und kein Zurück erkennbar, sondern nur ein ungläubiges Kopfschütteln.

Der unbewusste Anteil des Herrn Moser, der das Anliegen trägt, reagierte noch heftiger. Niemals werde er die Bücher öffnen und sich dann mit „windigen Zügen übers Ohr hauen lassen". Das müsse man anders regeln, und er werde schon einen Weg finden.

Nach dieser heftigen Reaktion berichtete Herr Moser, dass er noch nie einen Kredit bei einer Bank in Anspruch genommen und zeitlebens großes Unbehagen im Kontakt mit Banken gehabt habe. Selbst da, wo das einige Male ökonomisch durchaus sinnvoll gewesen wäre, sei er sich in der Sache immer treu geblieben. Der Aufstellungsleiter erweiterte nach dieser kurzen Reflexion die Aufstellung nun auf einen transgenerationalen Rahmen.

Der Anteil, zu dem das Anliegen ursprünglich und damit geschichtlich gehörte, präsentierte sich als völlig schockiertes Feld, das seinen „Augen und Ohren nicht trauen wollte". Es zeigte sich der historische Kontext des Zeitalters der beginnenden Industrialisierung, Fabriken und ausgereiften Webmaschinen in der Mitte des 19. Jahrhunderts. Inmitten der Szenerie muss ein Mann erregt feststellen, dass sein Kunde ihn auf dem fertig produzierten Webstuhl „sitzen ließ". Eine kleine Anzahlung sei geleistet worden, doch nun fehle das Geld, um Material und Arbeiter für weitere Aufträge zu bezahlen. In dieser Not wendete sich der Weber an das örtliche Bankhaus, das vorgab, in diesem Fall „helfen" zu können. Er erklärte sich bereit, der Bank seinen Webstuhl als Sicherheit anzubieten und auch Einsicht in die vollen Auftragsbücher zu gewähren. Nach dieser Resonanz zeigte sich Herr Moser verwundert und beeindruckt zugleich, da historisch in der Mutterlinie eine Weber-Dynastie existiert habe. Ihn ergreife nun auch ein immer stärker werdender Schwindel.

Auf dem Feld des Webers zeigte sich nun das, was historisch geschehen war. Die Bank versprach ihre Hilfe, jedoch nur gegen hälftige Überschreibung des Betriebes. Dieses Verlangen stieß den Weber derart vor den Kopf, dass sich das Bewusstsein in Schwindel auflöste. Gleichzeitig erwuchs ein seelischer Anteil, der dem Banker in diesem Moment nur noch „an die Gurgel" gehen wollte. Es zeigte sich eine unglaublich starke Wut gegen die „Halsabschneiderei" und das schamlose Ausnutzen von Not.

In dem Feld der Seele wurde sodann ein Oszillieren zwischen Naivität und Rache, Ungläubigkeit und glühendem Zorn sichtbar. An diesem Punkt der Aufstellung blickten die Augen des Herrn Moser nur noch starr ins Leere. Der sichtbar gehaltene Schock wurde mit schocklösenden strukturierten Augenbewegungen aufgelöst, und der korrespondierende Satz, der die Ladung trug, lautete „Ich kann es nicht glauben!"

Nach wenigen Sequenzen löste sich der Blick, und das Bewusstsein kehrte zurück. Nach einer formatspezifischen Abgrenzungs-Intervention konnte Herr Moser erkennen, dass dieser mit ihm verstrickte Anteil „in naiver Art die Lage völlig unterschätzt habe" und dass sein Zorn die „ewige Rache an den Banken" getragen habe. Jetzt ergebe für ihn sein Widerstand natürlich Sinn; ein Widerstand, den er nach der Aufstellung allerdings so gut wie gar nicht mehr spürte. Er sei jetzt bereit, mit kühlem Kopf auch die letzte Hürde des Verkaufs zu nehmen, und zwar, ohne sich und den Prozess in Gefahr zu bringen.

- **Reflexion und Konsequenz**

Die Fallerweiterung zeigt eindrücklich das Wesen und Wirken einer unbewussten Sollbruchstelle: Der historische Kontext bildet sich in der seelischen Spaltung ab und wird bis zu ihrer Auflösung in ähnlichen Sachverhalten reinszeniert – im eigenen Leben oder als unbewusster „Ahnenanspruch" weit über die eigene Biografie hinaus. Die nach Wiederkehr strebenden Ahnenfiguren (vgl. Szondi 1977, S. 20) sind dadurch im familiären Unbewussten mit ihren Trauma- und Überlebensstrukturen verdichtet als Innere Gestalten aufgehoben. Die Sollbruchstelle verläuft also streng genommen direkt in der Transgenerationalen Inneren Gestalt, begleitet von ihren unbewussten Dynamiken, die das Bewusstsein einer Person im Hier und Jetzt maßgeblich beeinflussen. Wie auch in diesem Fall zeigt sich stets ein ähnlicher Mechanismus:

Die im familiären Unbewussten verdrängte Überlebensstruktur erzeugt eine Weg-von-Bewegung, die das erneute Eintreten des traumatischen Erlebnisses verhindern will. Das aktuelle Bewusstsein ist damit häufig vollkommen identifiziert und hält die unbewusste Haltung für ihre eigene Überzeugung, die zusätzlich mit vielerlei Daten und Fakten rationalisiert wird. In diesem Sinne hatten zunächst selbst wirtschaftlich eindeutig dafür sprechende Gründe die ablehnende Haltung des Herrn Moser den Banken gegenüber nicht umzustimmen vermocht. Man spürte einen Hauch von „ökonomischer Irrationalität", die er sich aufgrund seines sonstigen unternehmerischen Geschicks bis dato leisten konnte.

Dem beschriebenen Weg-von-Trauma steht jedoch der Reinszenierungsdrang der Seele entgegen, der die seelische Wunde sichtbar machen will, um sie dann ihrer Heilung zuzuführen. Genau diese Bewegung der Seele verstrickt die Person dann in die immer wieder gleichen „unangenehmen Situationen" und schafft Sachverhalte, die sich als harte Spiegelfläche für das traumatische Ereignis eignen. Durch die Verdrängung der seelischen Spaltung und ihre Verschiebung über Generationen kann das heutige Bewusstsein jedoch keinen Bezug zum eigenen Schicksal herstellen und reagiert auf die Schmerzen, die Ohnmacht, die Verzweiflung, die Angst etc. erneut mit einer Weg-von-Bewegung und dem Vorsatz, nie wieder in jene „missliche Lage" zu geraten. Die in der Spaltung angelegten Überlebensstrukturen werden dadurch noch stärker mit dem Bewusstsein identifiziert und führen sogar zu noch rigideren Haltungen im Hier und Jetzt.

Die Due-Diligence war aus Sicht der Seele daher eine „ideale Reflexionsoberfläche" für Herrn Moser, da sie den Schmerz und auch die unterdrückte Wut seines Vorfahren wieder an die Oberfläche des Bewusstseins brachte. Gleichzeitig wurden dadurch aber auch die Überlebensstrukturen aktiviert, die durch den historischen Kontext existenziell geprägt worden waren, und zwar in dem Sinn, dass ein Geschäft mit der Bank den Totalverlust von Kontrolle über das Unternehmen bedeuten könne. In ihnen hat sich die ganze Wucht und Ohnmacht der existenziellen Grenzerfahrung des Vorfahren – transgenerational – als eine mahnende Warnung abgebildet. Durch die quasi unausweichliche Due-Diligence geriet die transgenerationale Spaltung derart in Resonanz, dass sie das Bewusstsein des Herrn Moser überflutete. In dieser Situation war es auch für den sehr erfahrenen Manager schwer, „kühlen Kopf" zu bewahren. Er geriet deshalb in die Gefahrenzone für unüberlegte Kurzschlussreaktionen, die beinahe durch die nicht mehr kontrollierbaren unbewussten Überlebensstrukturen hervorgerufen wurden und die sogar die gesamte Vorarbeit der Verhandlungen hätten zunichtemachen können. Die Due-Diligence ist somit der Spiegel für die einstige existenzielle Kante, die sich heute als potenzielle Sollbruchstelle bei Herrn Moser zeigte. Sie entstand nicht durch Zufall, sondern war geschichtlich angelegt.

Somit konnte der Wendepunkt im heutigen Sachverhalt auch erst dann eintreten, nachdem die existenzielle Grenzerfahrung in ihrem historischen Kontext sichtbar geworden war. Die starre Haltung den Banken gegenüber gehörte zu dem Vorfahren und war in Schock und zurückgehaltener Wut eingefroren. Erst nach der Auflösung der traumatischen Ladung konnte der Widerstand in Klarheit verwandelt werden.

Das einstige Ereignis war nun für das Bewusstsein des Herrn Moser in Gänze erfassbar und somit von seiner jetzigen Herausforderung unterscheidbar. Dieser Prozess stellte in klassischer Weise die eigentliche Trauma-Integration dar – das Auflösen der Spaltung und die Bewusstwerdung der seelischen wie geistigen Tragweite, die das Ereignis bis in die Gegenwart hatte. Mit diesem neuen seelischen Unterscheidungsvermögen ausgestattet, war Herr Moser schließlich wieder in der Lage, professionell zu handeln und die Verhandlungen, nun auch im Sinne der potenziellen Käufer, transparent weiterzuführen.

7.3 Fallbeispiel: „Es hängt alles zusammen"

Claudia, Anfang vierzig, leitet die Einkaufsabteilung in einem mittelständischen Unternehmen. Ihr Chef hat sie für Höheres auserkoren, und sie soll schon bald eine weitere Abteilung mit einer neuen Führungskraft leiten. Er würde sich als Vorbereitung jedoch wünschen, dass Claudia an ihrem Delegationsverhalten arbeitet. Er habe aufgrund seiner Beobachtungen einfach die Sorge, dass Claudia immer noch zu viel selbst mache und es ihr schwerfalle, Verantwortung und Kontrolle abzugeben. Dies mache sich auch auf Claudias Überstundenkonto deutlich bemerkbar. Sie solle sich doch bitte einen Coach suchen, der mit ihr an dem Thema arbeiten kann.

Wenige Wochen später in der ersten Sitzung trifft der Coach, zu dem es bereits ein Vertrauensverhältnis gibt, auf eine aufgewühlte und doch zielstrebige Claudia. Ihr Anliegen sei, besser auf ihre Bedürfnisse zu achten. Sie sei wieder einmal im Funktionsmodus, bei dem beruflich zwar alles gut liefe, zu Hause bekomme sie aber die Quittung. Das drängendste Symptom dafür seien momentan nächtliche Besuche am Kühlschrank. Es käme ihr wie Schlafwandeln vor und sie könne es nicht stoppen. Neben der Gewichtszunahme belaste sie vor allem der Kontrollverlust, den sie dabei verspüre. Es habe in ihrem Leben zwar immer wieder diese Episoden gegeben, aber diesmal seien sie besonders stark.

Sie stamme aus einer Familie, in der es immer um Arbeit gegangen sei. Man sei fleißig und mache eben seinen Job. Geredet werde in der Familie generell wenig, schon gar nicht über Gefühle oder Bedürfnisse. Sie sei zwar ohne materielle Not aufgewachsen, besondere Zuwendung oder Nähe habe es aber nicht gegeben. Über die Großelterngeneration sei

7.3 · Fallbeispiel: „Es hängt alles zusammen"

nicht viel bekannt. Die Klientin habe als Zwanzigjährige eine Kiste mit Familienfotos des Vaters gefunden und dazu Fragen an die Eltern gestellt. Die erzürnten Eltern hätten daraufhin die Kiste samt Inhalt verbrannt. Sie könne sich aber daran erinnern, dass auf den Familienfotos fast nur Männer in schwarzen Uniformen zu sehen gewesen seien. Bis heute sei „das Thema" für sie ein Tabu, und jede Frage dazu ende in Schweigen.

In Bezug auf das Entwicklungsthema „Delegationsverhalten" habe sie mit dem Coach nach kurzer Diskussion entschieden, über das Thema „nächtlicher Kühlschrank" einzusteigen. Das Symptom stehe in solcher Nähe zum beruflichen Alltag, dass sie bereits einen dumpfen Verdacht gehegt habe, „dass das alles irgendwie zusammenhänge". Allein, wie es zusammenhänge, könne sie sich noch nicht erklären.

Als leitendes Arbeitsformat wurde eine Anliegen-Aufstellung gewählt. Die zu betrachtenden Positionen wurden mit Bodenankern, also beschriebenen und auf dem Boden ausgelegten Blättern, symbolisiert. Das Anliegen wurde wie folgt formuliert: Sich jenen Anteil anschauen, der nächtlich zum Kühlschrank geht, während in der Arbeit alles funktioniert.

Unmittelbar nach Beginn der Aufstellung fing der Stellvertreter des Anliegens an zu schwanken, fast als ob er betrunken oder schlaftrunken wäre. In so einer Schlaftrunkenheit wandelt man nächtlich zum Kühlschrank, begleitet vom Summen der elektrischen Küchengeräte, und zusammen mit den Geräuschen der Kaumuskeln und des Kiefers ergibt sich eine bizarre Szene des wenig genüsslichen, vielmehr automatisierten Essens und Auffüllens des Magens. Erst wenn der Magen Fülle und Schwere erreicht hat, kommt das Bewusstsein wieder und sorgt dafür, dass die Kühlschranktür zugestoßen wird. Die Fülle, die im Magen weiterwirkte, habe auch danach zu einem anhaltenden „schlechten Gefühl" geführt, im wahrsten Sinne des Wortes.

Der unbewusste Anteil, der Träger der Symptome ist, schien sehr verärgert über den Kontrollverlust sowie das offensichtliche Versagen beim Widerstehen mit all seinen Folgen, wie Schlafmangel, Gewichtszunahme und dem Gefühl, fremdgesteuert zu sein.

Der, zu dem die Symptomatik ursprünglich gehört, verspürte anfänglich nichts. Auffällig war jedoch der Hauch einer fröhlichen Stimmung, die, in der sich bis dahin entfaltenden Szenerie, wie ein Fremdkörper wirkte. Verantwortlich dafür zeigte sich dann eine Geistesgestalt, die dahinter wirkte. Sie präsentierte sich wie ein Zirkusdirektor, der seinen Gästen mit großen Gesten die Stars der Manege vorstellte und sie auf eine vergnügliche Zeit einschwor: „Kommt und genießt diesen wunderbaren Abend!"

Das, was da passierte, offenbarte sich sodann als ein abendliches Gelage mit Lagerfeuer, Abendbrot und offensichtlich viel Alkohol. Der historische Kontext zeigte ein spärliches Wachhäuschen inmitten einer eiskalten Winterlandschaft. Die Stimmung unter den Soldaten war ausgelassen, immer wieder auch am Rande der Eskalation. Mit der Zeit jedoch trübte sich die Stimmung des Stellvertreters ein, der die Person repräsentierte, zu der der Kontext ursprünglich gehört. Seine daraufhin aufgestellte Seele verspürte eine Schuld, ein schlechtes Gewissen, nicht recht Acht gegeben zu haben. Mit der Zeit zeigten sich die gesamten Konsequenzen des „fröhlichen Abends". Man habe mit Liedern, Schnaps und Essen die Realität des Krieges für eine kurze Zeit vergessen wollen. Zwei junge und unerfahrene Soldaten seien mit dabei gewesen, allerdings nach dem „Gelage" auf Wachposten geschickt worden. Betrunken und mit überfülltem Magen seien sie während der nächtlichen Wache im Freien jedoch eingeschlafen und der Kälte zum Opfer gefallen.

Die Seele selbst leidet unter schweren Selbstvorwürfen, die jungen Kameraden nicht vor diesem „Anfängerfehler" bewahrt zu haben. Ihm sei zwar bewusst, dass niemand ihn dafür belangen wird, jedoch trage er eine moralische Verantwortung, der er nicht gerecht geworden sei.

Die Klientin, die inzwischen selbst in dieser Position steht, kann die Last der Seele spüren. Man habe über die Stränge geschlagen, und die Neulinge hätten einen völlig unnötigen Tod sterben müssen. Das Problem sei, dass „alles ein bisschen zu viel" gewesen sei. Kurz nachdem sie dies ausgesprochen hatte, fiel ihr ein, dass ihre eigene Mutter sie schon immer als „maßlos" bezeichnet hatte. Sie habe in der Tat die Qualität, „ihre Gefühle und Bedenken vollkommen zurückzustellen", sodass sie sich selbst einreden könne, „alles sei in Ordnung". Sie könne dann die „schönsten Stunden" verbringen, selbst dann und sogar gerade dann, wenn die Gesamtlage „katastrophal" sei. Das Talent habe sie wohl von ihrem Vater geerbt, der auch von „jetzt auf gleich" ein Fest feiern könne, auch wenn die äußeren Anlässe alles andere als passend dafür seien. Die gesamte traumatische Schockladung hing an dem Satz „Es ist zu viel!", die dann mit strukturierten schocklösenden Augenbewegungen schrittweise verdünnt wurde. Begleitet von Druckimpulsen am Körper wich die Kälte schrittweise zurück und verwandelte sich in eine strömende Wärme.

Nach der Grenzziehung zwischen den biografischen und transgenerationalen Anteilen der Klientin erschien das Anliegen deutlich verändert. Die ursprüngliche Bedrohung verwandelte sich in einen provozierenden Spiegel der Seele: „Siehst du nun, was los ist?" Die Klientin konnte ohne Widerstand darauf eingehen und die Bezüge zu ihrem Leben herstellen. Es fühle sich so an, als ob sich Hunderte von Mosaikteilen aus ihrem Leben gerade zu einem Bild zusammenfügten: Ihr Perfektionismus, die übertriebene Angst vor Fehlern sowie ihre strenge Haltung besonders den Berufsanfängern in ihrer Abteilung gegenüber – all das stand in einer Kontinuität zu den existenziellen Grenzerfahrungen, die sich in der Aufstellung gezeigt hatten. Neu sei nun der bisher ungelebte Anteil, der sich als lebhaftere Empfindung zeige, und zwar von den Füßen bis zum Kopf. Jetzt könne sie ihren ganzen Körper wahrnehmen, und ihr sei bewusst, dass dies wohl auch die Grundlage für das Spüren ihrer eigenen Bedürfnisse sei.

- **Fallreflexion und Konsequenz**

a) Inhaltliche Reflexion

Aufstellungen, die sich auf die Systemik der Inneren Gestalten beziehen, arbeiten grundsätzlich mit der seelischen wie geistigen Realität des Klienten. Die Blockaden und Zwänge, die sich im Leben zeigen, sind ein Teil davon und prägen die horizontale Achse der Sachverhalte im Leben (Makroebene). Sie befinden sich auf der Oberfläche des Bewusstseins, wie Bojen auf der Wasseroberfläche (vgl. Riechers und Ress 2015, S. 67). Dabei handelt es sich, metaphorisch gesprochen, um die im Leben sichtbaren Symptome, die jedoch mit dem verborgenen Seegrund verbunden sind. Die Boje wird von einer Kette gehalten, die über die vertikale Achse des Unbewussten in die Tiefe führt. Dort halten uns die Inneren Gestalten (Mikroebene) mit ihrem unbewussten Willen fest, und zwar in Mustern und rigiden Haltungen, durch die wir uns im wahrsten Sinne des Wortes gefangen oder angekettet fühlen. Wie tief die Kette der Boje führt und an welche Inneren Gestalten sie genau angekettet ist, lässt sich jedoch nur mit einer individuellen Tiefen-Reflexion erschließen. In einer Aufstellung geht es deshalb grundsätzlich darum, die seelische „Grund-Lage" zu untersuchen, an die das erkennbare Verhalten anknüpft. Allerdings bleibt eine Deutung oder Erklärung für den Klienten nur von der Oberfläche aus ebenfalls nur oberflächlich. Das, was sich uns

7.3 · Fallbeispiel: „Es hängt alles zusammen"

im Bewusstsein zeigt, können wir mit den Mitteln des Bewusstseins nicht bis zu seinem unterbewussten Ursprung zurückverfolgen.

Im Falle von Claudia sind gleich zwei Bojen sichtbar und thematisch verwandt: zum einen ihr ungewollter Widerstand gegen mehr Delegation und Empowerment für ihre Mitarbeiter und zum anderen ihre nächtlichen Ess-Attacken am Kühlschrank. Kontrolle und Kontrollverlust, Macht und Ohnmacht sind die Leitmotive, die in beiden Fällen aber keiner bewussten Entscheidung entspringen. Claudia will weder ihre Mitarbeiter über das normale Maß hinaus kontrollieren noch nachts essen und dadurch zunehmen. Es mangelt ihr weder an Wissen noch Erfahrung, und auch ihre Absicht etwas zu ändern, wird ernsthaft vorgetragen.

Ein Verhalten, das aber offenkundig autonom agiert, scheint an die Gesetzmäßigkeiten des Bewusstseins nicht gebunden zu sein, es hebt sie sogar auf und setzt sich mit seiner Macht vor die gebotene Rationalität. Wir haben es mit einer unbewussten Gegenmacht zu tun – einer Inneren Gestalt, deren Wille so lange ungeklärt bleibt, bis wir ihn im Unbewussten untersucht haben. Wenn wir also wirklich weiterkommen wollen, müssen wir die Ebenen wechseln, und zwar vom Bewusstseinsraum in das Unbewusste. Dieser Sprung ist an Methodik geknüpft und auch genau damit überprüfbar. Denken und Wissen werden an dieser Stelle durch verschiedene das Unbewusste spiegelnde Methoden ergänzt.

Gegenstand der Spiegelung soll bei Claudia jene unbewusste Haltung sein, die sie in ihrem Muster der Kontrolle hält. Sie kann es nicht verlassen, genauso wenig, wie sie nicht aus dem nächtlichen Ess-Ritual ausbrechen kann. Kontrolle und Kontrollverlust stehen hier in einem inneren Zusammenhang. Während beruflich alles gut läuft und Claudia die Dinge eher zu sehr im Griff hat (zu wenig Delegation), kann sie das nächtliche Essen kaum kontrollieren. Die Kontrolle und der Kontrollverlust stehen sich, quasi wie zwei Seiten der gleichen Medaille, gegenüber und deuten daher auf eine Innere Gestalt, die genau in dieser Polarität gefangen ist und somit auch Claudia darin gefangen hält. Obgleich das Entwicklungsthema für sie beruflicher Natur ist, entscheidet sich der Begleiter an dieser Stelle für die „größere Boje" und damit für die stärkere Symptomatik. Gemäß dem Grundsatz „Störungen haben Vorrang" scheint der nächtliche Kontrollverlust am Kühlschrank den klarsten Weg hin zu jener Inneren Gestalt zu weisen, die am Ende auch für die Über-Kontrolle in der Abteilung zuständig ist. Dieser private Einstieg in ein berufliches Thema ist nicht willkürlich, sondern folgt der Systemik der Inneren Gestalten. Der chronologische und thematische Zusammenhang sowie die widersprüchliche Struktur der beiden Symptomatiken bilden einen verbundenen Themen-Komplex und damit auch Claudias Anliegen.

Was sich dann während der Aufstellung zeigte, bestätigte dieses Vorgehen und erklärte auch, warum Claudias Bewusstsein bisher machtlos war, ihr Verhalten nachhaltig zu ändern. Die Verstrickung in die Erlebnisse des Großvaters zog Claudia in das fast unheimlich wirkende Feld von Schuld und Sühne. Dieses geht in Tragweite und Gewicht noch weit über die allgemein gefasste Kategorie einer unbewussten Haltung hinaus, selbst wenn man auf jegliche religiöse Konnotation verzichtet. Es handelt sich eher um eine im Unbewussten wirkende Kraft, die auf das Schicksal gestaltend wirkt.

Der „Zirkusdirektor" wirkt als machtvolle Innere Gestalt in der Klientin und scheint jene Instanz in ihrem Unbewussten zu sein, die dafür sorgt, dass in der transgenerationalen Tragweite das gleiche „Spiel" weitergeht, das einst am Lagerfeuer begann. Es ist ein Spiel, dem alle im Familiensystem, wenn auch auf äußerst unterschiedliche Weise, unterworfen sind. Die transgenerational getragene Schuld bildet sich im Unbewussten als eine unheimliche Instanz ab, und zwar mit mahnender Stimme, die das Verdrängte, Tabuisierte oder in Vergessenheit geratene Schicksal und die damit verbundene Schuld über diverse physische und psychische Symptome jederzeit in Erinnerung rufen kann.

Diese dem Leben verpflichtete und das Leben schützende geistige Instanz lässt keinen Verstoß gegen das Leben ungesühnt. Dies gilt generationsübergreifend und unabhängig von einer objektiven Jurisdiktion oder juristischen Schuld. Wir können diese Gestalt daher ohne Übertreibung als „Instanz des transgenerationalen Ausgleichs" bezeichnen. Obgleich metaphysisch anmutend, können wir ihre Wirksamkeit an ihren Folgen ablesen – der immerwährenden Wiederholung des gleichen Schicksals als erbarmungsloses und archaisches Ritual wegen des nicht erfolgten Ausgleichs der Schuld. Erst wenn das Schicksal der leidenden Seele gesehen wird, kann die Dynamik befriedet werden. Eine späte Gerechtigkeit, die sich als Würdigung des verlorenen und vergeudeten Lebens zeigt. Damit verbunden sind zweifellos viel Leid und Einschränkungen im Leben späterer Generationen, und die Sühne erfolgt nicht selten als Selbstbestrafung, Selbstverneinung, maßlose Verausgabung und Selbst-Boykottierung. Auch der Arbeitsbereich als Feld der Verwirklichung des eigenen Potenzials bleibt davon nicht ausgespart. Die aus dem Unbewussten auftauchenden Schuldgefühle, die für den Einzelnen späterer Generationen kaum zuzuordnen sind, werden von seinen individuellen Überlebensstrukturen teilweise abgeschirmt, z. B. dadurch, ständig und rastlos beschäftigt zu bleiben, wie im Falle von Claudia. Die Überlebensstrategie ist demzufolge eine „Weg-von-Bewegung". Vieles, was in der Arbeitswelt nach einem intensiven Arbeitseinsatz aussieht, ist von seinem Wesen her keine Bewegung zu einem Ziel hin, sondern eine Bewegung weg von unbewussten Schuldgefühlen, Ängsten, Ohnmacht etc. Insofern gehören auch übermäßige Kontrolle, Nicht-Fühlen und Perfektionismus zu dieser Weg-von-Bewegung, deren eigentlicher Zweck in der Abschirmung und Verdrängung des bedrohlichen Themas besteht. Die Sollbruchstelle ist genau in dieser sich erschöpfenden „Weg-von-Bewegung" eingebaut und wartet nur auf eine Möglichkeit ihrer Reinszenierung, um das seelisch bedeutende Ereignis wieder an die Oberfläche zu bringen. Oder in der Sprache des Vektorenmodells ausgedrückt: Mehr und mehr Arbeitsbelastung und das nächtliche Nicht-Schlafen machen Claudia unaufmerksam (V2). Es kommt zu Fehlern, für die sie sich verantwortlich fühlt (V1). Um ihr erneutes Auftreten zu vermeiden, reagiert sie mit noch mehr Disziplin und Kontrolle (V3). So werden die Führungskraft und ihre Untergebenen viel mehr von dieser inneren Dynamik erfasst als von realen Stressoren im Außen. Eine Unterscheidung, die ohne spiegelnde Methoden des Unbewussten kaum wahrnehmbar wäre.

Erst als das Thema von Schuld und Sühne gesehen wurde, eröffnete sich die entscheidende Ressource für Claudias Delegationsverhalten als eine Innere Gestalt, in der der gesamte Komplex im wahrsten Sinne des Wortes eingefroren war. Das daran gebundene Nicht-Fühlen der eigenen Bedürfnisse ließ sie keine Grenzen spüren, weder bei sich, noch bei anderen. Nach der Lösung dieser Schockstarre am Körper konnte das Gespür für sich selbst zurückkommen. Damit wurde eine gute Grundlage dafür gelegt, dass Claudia in Zukunft spürt, wann es Zeit ist, etwas abzugeben und darin keinen Verlust, sondern vielmehr einen Gewinn für sich zu sehen. Das Spüren der vitalen Kraft wird so zur Grundlage ihrer Erhaltung.

b) Methodische Reflexion

Claudias Fall zeigt bereits beim Einstieg den methodischen Rahmen von Management-Aufstellungen auf. Obgleich sie thematisch auf die Lösung professioneller Anliegen abzielen, sind sie in ihrer Untersuchungsbreite völlig themen- und ergebnisoffen. Die vertikale Achse des Unbewussten ist, wie in jedem Lebensbereich so auch in der Business-Welt, ständig aktiv und führt immer in ihre seelischen „Grund-Lagen". Und in diesem Bereich gibt es einfach keine Unterscheidung zwischen Berufs- und Privatleben. Das, was den Geist bewegt, wird in der Seele getragen – ob in einem einzelnen Menschen oder in einer gesamten Organisation. Nur weil der Wunsch nach einer beruflich bezogenen Verhaltensänderung besteht, bedeutet dies nicht, dass auch der Lösungsbereich in der beruflichen Sphäre liegt.

Die Themen Kontrolle und Kontrollverlust sind allgemein als Herausforderungen und Entwicklungsfelder von Führungskräften bekannt. Sie sind mit diesem Phänomen als Vorgesetzte natürlicherweise jeden Tag konfrontiert. Das Thema ist damit zwar ein allgemeines Führungsthema, jedoch nicht mit allgemeinen Tipps zu lösen. Denn gerade bei allgemeinen Themen, die eben einen jeden angehen, ist der Wunsch nach schließlich doch zu einfachen Regeln und Erfolgs-Prinzipien besonders groß. Claudias Fall beweist: Die Allgemeinheit des Phänomens ersetzt nicht die spezifische Auseinandersetzung mit der individuellen Ursache.

Das, was der Umsetzung im Wege steht, ist in jedem Menschen an seine spezifischen seelischen „Grund-Lagen" angebunden, an seine Inneren Gestalten und ihre Macht-Hierarchie im Unbewussten. Hier wirken keine Ratschläge und keine gedanklichen Reflexionen, sondern nur noch methodische Arbeit mit dem Unbewussten. Vor diesem Hintergrund sind die gerade im Zusammenhang mit den Themen „Vertrauen und Kontrolle" so oft zitierten Ratschläge des Loslassens methodisch unhaltbar, weil sie für den betreffenden Menschen eine Unmöglichkeit darstellen: Man kann nichts loslassen, was einen hält! Ratschläge dieser Art sind eher ein weiteres Zeichen der Überheblichkeit des modernen Zeitgeistes und seiner folgenschweren Nicht-Würdigung der Stärke des Unbewussten. Es handelt sich zwar um einen menschlich verständlichen Wunsch, etwas Belastendes und Hemmendes loszuwerden, aber der Wunsch als alleiniger Vater des Gedankens ersetzt noch keine Methode für den Umgang mit dem Unbewussten.

7.4 Fallbeispiel: „Die strenge Gouvernante"

(Fortsetzung von Fall 3)
Etwa drei Monate später bat Claudia um einen erneuten Termin. Sie berichtete, dass sich das Ursprungsthema in der Tat verbessert habe. Das Delegieren und Abgeben von Arbeit falle ihr nun leichter, und mittlerweile führe sie sogar eine weitere Führungskraft samt Team. Allerdings beobachte sie nun eine neue Verhaltensweise, die sie ein wenig über sich selbst erschrecken lässt. Sie habe sich dabei ertappt, äußerst streng und hart mit ihren Mitarbeitern umzugehen. Sie selbst arbeite nach wie vor hart und ausdauernd, verlasse regelmäßig als Letzte das Büro und kenne bei der zu erledigenden Arbeit immer mal wieder „keine Grenzen". Was gemacht werden müsse, werde gemacht, egal wie lange es dauere oder wie unangenehm es sei. Sie trete, insbesondere in solchen Fällen der Überlastung, den Mitarbeitern gegenüber sehr bestimmt auf, zu bestimmt, wie sie mittlerweile an Reaktionen bemerke. Das müsse aufhören, denn sie wolle schließlich

nicht so werden wie einer ihrer ehemaligen Vorgesetzten, den sie gerade dafür immer kritisiert habe. Aber leider, egal wie sehr sie sich anstrenge, die guten Vorsätze zerbröseln regelmäßig in den „hektischen Momenten". Dann bleibe sie frustriert und verärgert zurück, weil sie es wieder nicht geschafft habe, „entspannt" zu bleiben. Während der Fallschilderung wirkte Claudia traurig und eine große Schwere breitete sich im Raum aus, die sowohl den Begleiter als auch die Klientin in eine Müdigkeit „warf".

Da die Stimme der „gnadenlosen Strenge" in Claudia bereits sehr präsent war, wurde die Methode Voice Dialogue als tragendes Format zur Erschließung des Unbewussten gewählt.

B (Begleiter) - „Bitte suche einen Platz hier im Raum, wo die Gestalt steht, die Träger dieser Strenge ist. Und dann, wenn du angekommen bist, lass dich von der Gestalt energetisch voll ausfüllen und antworte nur noch aus ihr heraus."

[Die Klientin steht auf und stellt sich sehr nah links vom Stuhl hin. Sie wirkt wie eine Wand, an der niemand vorbei kann und darf.]

B - „Guten Tag."

IG (Innere Gestalt) - *[wirkt kritisch und sagt lange nichts]* „Was wollen Sie?"

B - „Ich persönlich möchte gar nichts. Claudia, die hier sitzt *[zeigt auf den leeren Stuhl]*, möchte nicht mehr so streng wirken in der Abteilung."

IG - „Hah, jaja, und dann?"

B - „Ich weiß auch nicht, was dann ist."

IG - „Dann funktioniert aber nichts mehr. Dann gerät alles durcheinander."

B - „So halten Sie sie, ja stützen sie regelrecht. Claudia kann sich auf Sie verlassen."

IG - „So ist es. Sie selbst schafft das doch nicht. Ohne mich würde Sie nicht durchhalten."

B - „Bisher hat sie ja schon einiges geschafft, sogar eine größere Abteilung leitet sie mittlerweile."

IG - „Ja genau, deshalb muss ich ihr ja nun noch mehr zur Seite stehen …"

B - „Verstehe, da haben Sie sicher einiges zu tun."

IG - „Ja, allerdings. Mehr Menschen, mehr Arbeit."

[Und so geht das dialogische Miteinander einige Zeit weiter, ohne dass es wirklich neue Informationen bringt. Allerdings wird die energetische Wand der Gestalt immer stärker. Es drängt sich für den Begleiter der Verdacht auf, dass etwas hinter der Gestalt auf keinen Fall gesehen werden soll.]

B - „Es scheint, dass Sie nun noch aufmerksamer sein müssen, damit Claudia nicht versagt."

IG - *[wirkt angestrengt, leicht genervt und rückt nun noch näher an den Stuhl]* „Wie gesagt, sie schafft es allein nicht."

B - „So kann sie sich glücklich schätzen, Sie als Stütze und Schutz zu haben."

IG - „Ja, das kann sie in der Tat."

B - „Dann bedanke ich mich bei Ihnen und hoffe, dass wir uns bald wiedersehen." *[gibt Claudia das Zeichen, wieder auf den Stuhl zurückzukehren]*

Wieder im Bewusstsein angekommen, wirkt Claudia erschrocken. Die Wucht und Macht der Gestalt gebe ihr nun offenbar keinen Raum für eigene Entscheidungen. Mit dieser Figur könne man nicht verhandeln. Gleichzeitig kann sie sich an vieles, was noch vor wenigen Minuten gesprochen wurde, nicht mehr erinnern. Es sei wie hinter der Wand verschwunden, die sie auch verspürt habe. Sie habe zudem Bauchschmerzen, und wieder sei da diese Müdigkeit, die einen förmlich zu Boden drücke. Im Feld der Gestalt selbst habe sie enormen Druck verspürt und auch eine Enge, die auf sie im wahrsten Sinne des Wortes engstirnig gewirkt habe.

7.4 · Fallbeispiel: „Die strenge Gouvernante"

Begleiter - „Bitte gehe nun in das Feld hinter der Gestalt." *[zeigt auf einen Punkt etwa zwei Meter hinter der Klientin]*
Claudia - „Puh, ist es hier eng. Es ist wie in einem Korsett."
B - „Kannst du dort, an diesem Ort, etwas sehen?"
C - „Nein, es ist völlig dunkel."
B - „Kannst du etwas hören?"
C - „Nein, ich bekomme nur furchtbar schlecht Luft, und es ist kalt hier." *[fasst sich dabei um den ganzen Körper, windet sich und hält immer wieder die Hand an den Hals]*
B - „Darf ich mich nähern und leicht am Körper arbeiten, damit du wieder besser Luft bekommst?"
C - „Ja."

Nach einigen Druckimpulsen an Nacken, Bauch und Rücken wurde Claudia noch kurzatmiger und unruhiger. Der gesamte Körper begann sich zu verkrampfen, und mit Panik in den Augen sagte sie: „Ich komm hier nicht raus. Ich stecke fest."

Sodann wurde dieser Satz mit mehreren den Trauma-Schock lösenden Augenbewegungen bearbeitet. Die Erstarrung konnte sich bereits nach wenigen Wiederholungen deutlich lösen. Nach den ersten beiden Sequenzen fiel ihr wieder alles ein. Die Mutter sagte immer, sie sei eine schwere Geburt gewesen. Sie habe sie „unter Schmerzen bekommen". Das wurde immer dann wiederholt, wenn sie „artig" sein sollte und die Mutter keine Widerrede mehr gestattete. Sie habe dann ihre Wünsche unterdrücken müssen und „ohne Anstalten einfach funktioniert". Ihre Mutter habe ihr einfach viel zu wenig gegeben, und das mache sie wütend und traurig zugleich.

Nachdem sie dies erzählt hatte, nahm die Übelkeit zu. Nach wenigen gezielten Griffen am Bauch setzte diese sich bis zum Rachen aufwärts fort und konnte entweichen. Während der weiteren Augenbewegungen wurde mit mehreren Druckimpulsen an Nacken, Rücken, Bauch und Brustbein die Atmung wieder befreit. Daraufhin breitete sich große Wärme aus, die von starkem Weinen und schlussendlich tiefer Entspannung begleitet wurde. Nach weiteren Impulsen bekam Claudia gut Luft und konnte sich erkennbar beruhigen. Dann konnte die Sitzung wieder am Ausgangspunkt, dem Voice-Dialogue-Stuhl, fortgesetzt werden.

B - „Wie geht es dir denn jetzt, Claudia?"
C - *[ist sichtlich mitgenommen]* „Ich fühle mich vollkommen erschöpft."
B - „Bitte gehe nun wieder in das Feld der ersten Gestalt hinein."
IG - *[wirkt durcheinander]* „Was war los?"
B - „Es scheint, als ob es ein Ereignis bei Claudias Geburt war. Ein Feststecken im Geburtskanal. Da konnte sie es in der Tat nicht allein schaffen."
IG - *[guckt entrückt, ist sehr verlangsamt]* „Ja, und was soll ich nun machen?"
B - „Ich glaube, Sie müssen gar nichts machen. Es scheint, als ob das Schlimmste vorüber sei."
IG - „Das heißt, ich werde nicht mehr gebraucht?"
B - „Nein, das heißt es nicht. Ich denke nur, Sie können sich nun mehr Zeit nehmen, jetzt, da Claudia wie befreit wirkt."
IG - *[ungläubig und vorsichtig]* „Nun ja, vielleicht haben Sie Recht, ich werde schauen …"
B - „Ja, das meine ich, schauen Sie einfach, und wir werden sehen, was sich nun tut."
IG - „Gut, dann schauen wir …"

Wieder an den Stuhl zurückgekehrt, sitzt eine sichtlich gerührte Claudia, der die Worte fehlen. Aber sie fühle sich wohl, obwohl sie gerade viel geweint habe, das erste Mal übrigens seit zehn Jahren. Sie lasse nun alles erst mal auf sich wirken. Auch wenn noch vieles für sie verwirrend und neu sei, habe sie die Gewissheit, gerade einen sehr wichtigen Schritt in ihrem Leben gemacht zu haben.

- **Fallreflexion und Konsequenz**

Das Lösen eines Themas führt häufig dazu, dass weitere damit verknüpfte Themen an die Oberfläche drängen. Der Abbau der Überlebensstrukturen macht das gesamte System durchlässiger, und der Heilungsimpuls der Seele sieht seine Chance: Neue Themen im Außen spiegeln weitere und tiefere Themen im Innen.

Das Thema Nicht-Fühlen und keine Grenzen zu spüren war bereits im Ausgangsfall „Es hängt alles zusammen" eine Folge der seelischen Spaltung des Großvaters. Durch die Herauslösung aus dieser transgenerationalen existenziellen Grenzerfahrung kann ein weiterer Abschnitt einer Trauma-Verkettung sichtbar werden, die offensichtlich an Durchhalten und Nicht-Fühlen gebunden ist. Stanislav Grof spricht in diesem Zusammenhang von einem System verdichteter Erfahrungen (Systems of condensed experience – COEX, vgl. Riechers und Ress 2015, S. 56). COEX ist damit eine speziell durch das Ahnenschicksal geformte Konfiguration der Seele, die sich in ähnlichen Leitmotiven im familiären Unbewussten zeigt. Dass die Themen Härte und Nicht-Fühlen also erneut auftauchen, ist aus Sicht der Systemik der Seele eher ein „natürlicher" Vorgang und alles andere als ein Widerspruch. Es ist zudem ein mahnender Hinweis, dass die Arbeit mit Inneren Gestalten einer gewissen Ausdauer und Konsequenz bedarf. Wer die Erforschung des Selbst beginnt, wird einen ereignisreichen aber auch erkenntnisreichen Weg vor sich haben.

Bei Claudia zeigte sich als weiteres COEX-Element ein Geburtstrauma. Dass wir dies überhaupt biografisch zuordnen können, verdanken wir der Inneren Gestalt, in der sich diese existenzielle Grenzerfahrung abgebildet hat. Die frühkindliche Seele wurde gleich zu Beginn des Lebens einer Situation ausgesetzt, die für die fragile Seele im zarten Körper nicht auszuhalten war. Arthur Janov, der Pionier der Geburtspsychologie, beschreibt daher die Geburt als „das gefährlichste Erlebnis, dem die meisten Individuen jemals ausgesetzt sind" (Janov 1984, S. 15). Nur weil wir die Geburt überleben, heißt dies nicht, dass es nicht ein potenziell traumatisches Erlebnis, und zwar für Mutter und Kind, war. Janov kommt daher zu einem Schluss, der für die Charakterbildung des Menschen von hoher Bedeutung ist: „Tatsächlich werden diese frühen Erlebnisse zu den denkwürdigsten – oder sollte ich sagen *un*denkwürdigsten – unseres Lebens, denn kein Säugling kann den traumatischen Urschmerz integrieren und im Bewusstsein bewahren" (ebd., S. 14).

Um die Situation dennoch zu überleben, setzt unmittelbar der Spaltungsmechanismus ein. Das nicht auszuhaltende Chaos der Geburt, das Feststecken, der enorme Druck auf den Körper, das drohende Ersticken sowie die radikale Trennung vom Mutterleib wird seelisch verdrängt und als Schockladung in Weichgewebe und Faszien abgespeichert. Diese Inhalte bilden eine vorverbale Traumastruktur, da zu dieser Zeit weder Bilder noch Gedanken zur Verfügung stehen. Als Überlebensstruktur bildet sich jedoch in Folge eine unverletzliche Schutzhülle des Geistes. Die zarte, schutzbedürftige Seele kann sich aus ihren „frühkindlichen Kräften" selbst diesen Schutz nicht gewähren. Eine andere Kraft ist hier also am Werk. Der Geist in seiner Bedürfnislosigkeit, Widerstandsfähigkeit, Undurchdringlichkeit, seiner

7.4 · Fallbeispiel: „Die strenge Gouvernante"

unpersönlichen Härte und Entschlossenheit gewährt den Schutz, den der Körper noch nicht geben kann. Er war rückblickend für das Überleben der „schweren Geburt" Claudias derart wichtig, dass er zu einer Grundlage der frühkindlichen Seele wurde. Die geistige Instanz wird somit zur treibenden Kraft im Unbewussten. Auch nach vielen Jahren lässt sie sich daher als Innere Gestalt erschließen, die den abgespaltenen Seelenanteil des Säuglings mit ganzer Strenge schützt.

Aus der Perspektive dieser Gestalt sind die Momente der Überlastung durch Arbeit genau der Trigger, um ihren Schutz zu aktivieren: Strenge, Härte und Nicht-Empfinden sind ihre Erfolgsrezepte für lange und zehrende Situationen. Als abgespaltener Anteil im Unbewussten ist sie nicht zu einer bewussten und maßvollen Regulation ihrer Kräfte und emotionalen Impulse fähig. Für sie geht es vielmehr einfach um das Überleben, und dazu werden sozusagen „alle Geschütze" aufgefahren. Auf nervlicher Ebene ist der Sympathikus vollständig aktiviert, und alle Angriffs- und Verteidigungsfunktionen stehen zur Verfügung. Verständlicherweise wirkt dies „erschreckend" auf Claudia, die sich so nicht kennt und in den hektischen Situationen dann auch nicht „entspannt" reagieren kann.

Methodisch konnten wir die „strenge Gouvernante", wie Claudia die Innere Gestalt nannte, als dominante Stimme im Voice Dialogue erfassen. Sie ist sozusagen das ansprechbare Gesicht des gesamten Bezugskomplexes aus Trauma- und Überlebensstrukturen. Während des Dialoges mit ihr eröffnete sich deshalb auch jenes ursächliche Ereignis, das an die körperlichen, aber eben vorverbalen Symptome geknüpft war. An dieser Stelle zeigt sich auch methodisch die Triade von Körper, Geist und Seele, die während der Arbeit mit dem Unbewussten dialektisch erschlossen wird. Die eine Ebene verweist auf die andere und dient jeweils als gegenseitige Brücke zum Gesamtkomplex. Der Zugang zum abgespaltenen Trauma-Anteil ergab sich deshalb auch aus dem Zusammenwirken aller drei Ebenen. Die energetische Wand der Inneren Gestalt, an der man sichtbar nicht vorbeikommen sollte, ist ihr geistiger Abschirmungsschutz. Allerdings ist die traumatisierte und erstarrte vitale Kraft in der Seele deshalb nicht verschwunden. Sie wirkt noch diffus aus dem Hintergrund – als tiefe Trauer und einschläferndes Feld. Die von Claudia im Körper real wahrgenommene Kälte entspricht somit der eingefrorenen Schockenergie, die mittels Körperarbeit wieder in Bewegung kommen konnte.

Diese Polarität von Härte und Ausdauer bei gleichzeitiger Schwere verwies bereits auf die Spaltung, die sich typischerweise in einer Inkongruenz der Atmosphäre niederschlägt. Solche seelischen Spaltungen und ihre Folgen sind daher grundsätzlich ein großes Hindernis für Stimmigkeit und Authentizität einer Führungskraft. Dies sei an dieser Stelle auch deshalb erwähnt, weil in vielen Führungskräfte-Seminaren, die von einem bewusstheitszentrierten Einheitsmodell ausgehen, zwar Wert auf Echtheit gelegt wird, jedoch die tieferen seelischen Zusammenhänge nicht beleuchtet werden. Nach der „Verdünnung" der Schockenergie durch strukturierte Augenbewegungen und lösende Impulse am Weichgewebe konnte das Geburtstrauma in das Bewusstsein integriert und dadurch die Spaltung aufgehoben werden. Diese Bewegung in der Seele Claudias entspricht der Transformation der Inneren Gestalt von einem rigiden Bezugskomplex aus Trauma- und Überlebensstrukturen hin zu einer geistigen Qualität, die dem Bewusstsein situativ zur Verfügung stehen kann.

Drei Wochen nach der Sitzung berichtete Claudia, dass die Situation in der Abteilung sich deutlich entspannt habe. Man bringe ihr Respekt entgegen, und sie könne gleichzeitig völlig unaufgeregt die Arbeit delegieren oder bei Bedarf beim

Chef eine andere Priorität verhandeln. Am besten gefalle ihr aber, dass sie nun ohne schlechtes Gewissen zu „normalen" Zeiten nach Hause gehen kann. In den letzten Wochen seien ihr überdies noch viele andere Zusammenhänge klar geworden: Sie brauchte diese strenge Gouvernante bereits während ihrer ganzen Kindheit. Schon als Grundschulkind sei sie auf sich allein angewiesen gewesen, sei von der ersten Klasse an allein zur Schule gegangen und habe sich auch ihre Pausenbrote immer selbst machen müssen. Die Mutter war zu der Zeit stark depressiv und für sie emotional nicht anwesend. Sie habe sie auch regelmäßig mit Bedingungen à la „Wenn du das so machst, dann bekommst du …" erpresst. Es habe nur Nähe gegeben, wenn sie nach den Wünschen ihrer Mutter funktioniert und natürlich keinerlei Ärger gemacht habe. Es wurde ihr schmerzlich bewusst, dass die Gouvernante in dieser „kalten Zeit" ihre einzige Verbündete war. Sie habe inzwischen herausgefunden, dass auch ihr Vater sehr streng erzogen wurde. Die Oma väterlicherseits, die sie nicht kenne, war eine preußische Adelsdame in Schlesien und musste zum Ende des 2. Weltkrieges nach Hamburg flüchten. Dabei ging der gesamte Familienbesitz verloren, ein Faktum, das die Oma bis zu ihrem Tode hart und verbittert zurückließ.

7.5 Fallbeispiel: „Wer ist der Richtige?"

Herr Ackermann ist Spartenleiter eines internationalen Maschinenbauunternehmens und muss in Kürze eine strategische Personalentscheidung treffen. Vor wenigen Wochen ist ihm sein wichtigster Mitarbeiter und Hoffnungsträger für die Zukunft, Dr. Thomas Neumann, abgesprungen. Gegen das „üppige" Angebot der Konkurrenz, die ebenfalls auf den „Shootingstar der Branche" aufmerksam geworden war, habe er einfach keine Chance gehabt. Durch die Vakanz ergebe sich nun ein ganz beträchtlicher Handlungsdruck, da Dr. Neumanns Geschäftsbereich „Vernetzte Bauteile" einer der Innovationsbereiche im Unternehmen sei, in den die Geschäftsleitung enorme Erwartungen gesetzt und hohe Ziele damit verbunden habe. Erreicht werden könnten diese aber nur, wenn kurzfristig ein erfahrener Leiter mit exzellenten Marktkenntnissen und Geschäftskontakten gewonnen werde, der den Aufgabenbereich und die Mitarbeiter zielsicher in die Zukunft führen kann. Nun fehle es aber an der für eine so wichtige Entscheidung notwendigen Zeit, um den oder die Richtige zu finden. Es gebe einige interne und wenige externe personelle Optionen.

Für dieses Anliegen, Stellennachbesetzung, wurde das Format „Management-Anliegen-Aufstellung" gewählt. Die Arbeit wurde ohne Stellvertreter und dafür mit Bodenankern durchgeführt. Nachdem Herr Ackermann die beschriebenen Papiere auf dem Boden ausgerichtet hatte, ging der Aufstellungsleiter sie in der Reihenfolge der Positionierung ab und berichtete von den Resonanzen, die sich bei ihm eingestellt hatten.

Auf dem Feld von Herrn Ackermann fühlte es sich eng an. Ein enormer Erwartungsdruck des Managements lag auf seinen Schultern. Nach vorne jedoch fehlte ihm die Perspektive. Es gab weder ein einheitliches Bild noch eine klare Lösung für das Problem. Fakt sei nur, er habe keine Zeit und müsse sehr bald dem Top-Management eine tragbare Lösung präsentieren. Enttäuscht über Dr. Neumanns „Abgang" selbst sei er zwar nicht, aber es bringe ihn schon unter Druck, weil er ihn stolz als „den neuen Mann" vorgestellt hatte. Nun zeige sich, dass seine Wahl wohl doch nicht die beste gewesen sei, und einigen Konkurrenten im Management käme das gerade recht.

7.5 · Fallbeispiel: „Wer ist der Richtige?"

Im Feld von Dr. Neumann war es äußerst angespannt in Bezug auf die alte Firma. Er sei froh, hier weg zu sein, da die Kultur ihn gelinde gesagt „anekle". Von mehreren Schimpfwörtern war das Verhältnis zum Top-Management begleitet. Er sei über die herablassende Art ihm gegenüber in den Management-Meetings enttäuscht. Wie einen Schuljungen habe man ihn behandelt, obwohl er der Einzige sei, der „wirklich was von Digitalisierung verstehe". Jeder der Bereichsleiter kämpfe nur für sich. Ideen gegenüber, die vom vorherrschenden Stil der Firma abweichen, sei man nicht offen. Man arbeite sogar gegeneinander und dieses „System der Ellenbogen" möchte er nicht mehr länger unterstützen. Einmal habe er den Geschäftsführer in offener Runde darauf angesprochen und vernichtendes Schweigen geerntet. Danach habe man ihn nur noch „auflaufen lassen", und sein Budget wurde ihm aufgrund „kurzfristiger anderweitiger Investitionen" massiv gekürzt. Daraufhin habe er die Konkurrenz aktiv angesprochen und seine Kontakte spielen lassen. Der Weggang zum Konkurrenten sei ihm eine stille Genugtuung.

Der Geschäftsführer der Firma, Dr. Steinmayer, blickte mit abfälligem Lächeln auf Dr. Neumann. Er sei noch ein Niemand und müsse sich erst noch beweisen, so wie alle anderen zuvor auch. Er könne nicht das ganze System infrage stellen, das sich doch über Jahrzehnte bewährt habe. Vor allem aber könne er das nicht öffentlich tun und ihn als Geschäftsführer dadurch bloßstellen. Zudem sei er alles andere als zahlenfest gewesen und habe die Regeln des Meetings nicht einhalten wollen. Es gehe im Management nicht um emotionale persönliche Darbietungen, sondern um saubere, knappe und präzise Entscheidungsvorlagen.

Die weiteren Mitglieder der Geschäftsführung verhielten sich ja auch alle dem informellen Kodex nach, und Dr. Neumann sei behandelt worden wie alle anderen auch.

Hinter Dr. Steinmayer verbarg sich das Feld der Unternehmenskultur, das während der Aufstellung durch den Leiter hinzugefügt wurde. In ihr erschien ein vollkommen überzeugter älterer Herr, für den Loyalität die „Währung der Könige" ist. Zuerst müssten sich alle beweisen und zeigen, dass sie aus dem rechten Holz geschnitzt sind: „Schlau sind sie alle, aber treu sind die wenigsten!" Was zähle, sei Beständigkeit, Bescheidenheit und Pflichtbewusstsein. Wer das zeige, könne auch aufsteigen.

Das Produkt, die vernetzten Bauteile, wirkte gehetzt. Es solle auf der einen Seite „ohne Ende Gewinn erwirtschaften", bekomme auf der anderen Seite aber keine Unterstützung, um zukunftsfähig zu werden. Die technischen Fortschritte seien ohne die notwendige Weiterentwicklung schnell aufgebraucht und verlangten daher ständig weitere Investitionen. Auf jeden Fall sei es unter den gegebenen Umständen schwierig, die Ziele zu erreichen.

- **Teil 1 – Die Retrospektive**

Noch bevor die möglichen Kandidaten für eine Neubesetzung der Stelle oder gar strukturelle Veränderungen aufgestellt wurden, haben der Aufstellungsleiter und Herr Ackermann zunächst eine Reflexion zur Historie des Anliegens angestellt. Dies erschien wichtig, bevor man mit dem Ausblick in die Zukunft beginne. Man wolle zunächst das Geschehene samt seinen historischen Hintergründen betrachten, um daraus für die zukünftige Stellenbesetzung wichtige Aspekte zu gewinnen.

Herr Ackermann, der sich ebenfalls durch alle Bodenanker „durchgefühlt" hatte, war in der Tat über die Hintergründe der Kündigung von Dr. Neumann überrascht. Ihm waren die persönlichen Verwerfungen zwischen Dr. Steinmayer und ihm nicht derart bewusst gewesen. Allerdings mache die Spiegelung viel Sinn, und er könne sich nun auch einige Geschehnisse „und spitze Kommentare über die Firma" aus der näheren Vergangenheit erklären.

An dieser Stelle nahm der Aufstellungsleiter eine Intervention vor und stellte die „Management-Geister" von Herrn Ackermann und Dr. Neumann auf, und da zeigten sich zwei grundverschiedene Ansätze. Dr. Neumanns Geist hob das große Ganze anschaulich hervor, Mitarbeiter begeisterten sich und wurden als Verbündete für die gemeinsame Sache gewonnen. Er selbst sah sich als visionären Gestalter, für den der 80/20-Pareto-Ansatz, wonach 80 % der Ergebnisse mit 20 % des Gesamtaufwandes erreicht werden, genau richtig war, und überließ die Aufbereitung von Geschäfts- und Produktionsplänen gerne den Spezialisten. Hauptsache, die Richtung stimme. Ganz anders jedoch präsentierte sich der Geist von Herrn Ackermann. Sowohl die Vision als auch die darin abgebildeten Zahlen und Planungen müssen perfekt zueinander passen. Alles, was nicht verständlich erklärt oder hergeleitet werden könne, wird einer erneuten Überprüfung unterzogen oder erst gar nicht präsentiert. Mangelnde Stimmigkeit könne durch keine Form der Begeisterung ersetzt werden – mögen die Ideen im Ansatz auch noch so mitreißend sein.

Nach dieser Intervention wurde das Bild für Herrn Ackermann immer klarer. Er habe Dr. Neumann genau wegen dieser ihm selbst fehlenden Eigenschaften in das Team geholt, allerdings sei die Kultur in der eigenen Firma dafür nicht kompatibel. Der Nachfolger müsse hier der Sache wegen und auch um seiner selbst willen den Management-Gepflogenheiten besser entsprechen, um nicht erneut Schiffbruch zu erleiden.

- **Fallreflexion und Konsequenz zur Retrospektive**

Die hier angewendete Management-Anliegen-Aufstellung (MAA) beleuchtete schwerpunktmäßig die Makro-Ebene der Zusammenarbeit in der Firma von Herrn Ackermann. Im Fokus standen die zwischenmenschlichen Dynamiken der Akteure sowie die Erhellung ihrer Motive. Insofern wirkt die MAA wie ein Beziehungs-Mikroskop, das in die Tiefenstruktur eines Sachverhaltes vordringt. Von besonderem Interesse ist dabei, wie das „Was" und das „Wie" von konkreten Handlungen sich auf der Mikro-Ebene der einzelnen Akteure auswirken – also auf ihre Inneren Gestalten. Das aktive Handeln des Bewusstseins wird mit der jeweiligen Reaktion der Inneren Gestalten abgeglichen, was sich entweder als Zuspruch i. S. v. Fluss vitaler Energie oder als Widerstand i. S. v. Stillstand und zähen Prozessen zeigt. Die Untersuchung dieser Zusammenhänge mündet insofern in die Frage nach dem „Cui bono?", also in die Untersuchung der eigentlichen und häufig unbewussten (Macht-)Interessen, die nie unabhängig vom zu lösenden Sachverhalt bestehen.

In diesem Fall begegnen wir einem in der Sache vollkommen richtig vorgehenden Dr. Neumann, der fachlich neue Wege gehen sollte. Den Auftrag dazu hat ihm sogar die Firma selbst erteilt, indem ihn Herr Ackermann eingestellt hat. Man wollte sich ganz bewusst modernisieren und die Digitalisierung im Unternehmen vorantreiben, und Dr. Neumann sollte dafür „frischen Wind" bringen, erntete jedoch – Gegenwind. Das „Was" führte also in diesem Fall nicht zum Weggang des „Neulings", dagegen erzeugte das „Wie", also das Verhalten des Dr. Neumann, und zwar auf gleich zwei Ebenen, massiven Widerstand: wegen der Art der Zusammenarbeit und der Arbeits-Methodik.

Dr. Neumann war in seiner Art durchaus authentisch, da er die Werte des „digital mindset" wie Offenheit, Transparenz, hierarchiefreie Zusammenarbeit und das Hinterfragen von Bestehendem in seinem Führungsverhalten sichtbar auslebte, ohne allerdings darin mit der vorherrschenden Unternehmenskultur kompatibel zu sein. Die Modernisierung im „Was" ergab noch keine Erlaubnis für die Modernisierung im „Wie". Denn das Verhalten im Top-Management wurde von einer äußerst konservativen Unternehmenskultur geprägt, deren Speerspitze sich in der Reaktion des Dr. Steinmayer zeigte.

Zwar war diese Kultur Herrn Ackermann schon bekannt, allein ihre Intensität und Rigidität wurden von ihm jedoch unterschätzt. Die Unsichtbarkeit von Kultur verführt v. a. das materielle Denken des modernen Menschen zur Unterschätzung ihrer Wirksamkeit. Dies zeigt sich, wie in diesem Falle, häufig als folgenschweres Ausblenden von ungeschriebenen Regeln und Erwartungen. Man glaubt allzu leicht, mit den richtigen Maßnahmen im „Was", werde sich die Kultur schon in die gewünschte Richtung neigen. Kultur ist aber kein summarisches Produkt aller Maßnahmen und Strukturen einer Organisation, sondern das Abbild der seelisch-geistigen Konfiguration ihrer führenden Persönlichkeiten. Die Werte und Glaubenssätze dieser systemisch herausragenden Personen, verbunden mit den damit einhergehenden Trauma- und Überlebensstrukturen, entwickeln sich zur Leitkultur des Unternehmens. Sie spiegeln sich in der hierarchischen Struktur, im Verhalten, in Prozessen und personellen Besetzungen tagtäglich wider. Insofern wird die gesamte Aufbau- und Ablauforganisation „top-down" von jener Kultur erfasst, die sich als Geist der Organisation zu einer eigenen, zwar fluiden, jedoch systemisch wirkenden Entität verdichtet. Da dieser Geist in seiner Wirkung Wirklichkeit ist, kann er auch im Rahmen einer Management-Aufstellung als Phänomen gespiegelt werden.

So zeigte sich hinter dem Vorstand der informelle Machthaber der Organisation als ihr Gründergeist, der mit Prinzipen arbeitet, die aus einer vergangenen Zeit stammen und einem „digital mindset" fundamental entgegenstehen. Der spezifische Umgang mit Macht präsentiert sich als „Divide et impera", und die stärkste Währung ist Loyalität. Als Wesen ist jener Geist auf Selbsterhalt bedacht und nutzt seine Macht daher kulturstiftend, indem alles sanktioniert wird, was seinem Wesen widerspricht, dagegen belohnt wird, was seinen Fortbestand sichert. So kann selbst viele Jahre nach dem Ausscheiden der Gründer über eine Kette von sich gegenseitig rekrutierenden und ähnlich gesinnten Führungskräften der kulturelle Kern erhalten bleiben. Dass dies für die Zukunftsfähigkeit eines Unternehmens gefährlich sein kann, steht außer Frage. Es macht aber auch ebenso deutlich, dass eine Kultur-Veränderung einer Organisation nur im Nucleus der Macht, also bei Eigentümern und Top-Führungskräften, nachhaltig erfolgreich sein kann. Alle anderen Maßnahmen, die in der Peripherie ansetzen, dienen nur dem Selbsterhalt des Geistes und verfahren daher grundsätzlich nach dem Motto: „Die Dinge müssen sich ändern, um die gleichen zu bleiben" (aus dem Roman „Der Gattopardo" von Giuseppe Tomasi di Lampedusa).

Aus der systemischen Perspektive ist Dr. Neumann also weder an Dr. Steinmayer noch an den Vorstandskollegen gescheitert – sondern Herr Ackermann am Geist der Organisation. Dieser Geist ist der Träger der Unternehmenskultur, also der Gesamtheit aller geschriebenen und ungeschriebenen Verhaltensregeln sowie damit verbundener Erwartungen, Grenzen und Tabu-Themen. Mit seiner Nominierung von Dr. Neumann hat Herr Ackermann Qualitäten ins Management bringen wollen, für die die Zeit jedoch noch nicht reif war. Die unbewusste Unterschätzung der Macht der Unternehmenskultur wurde zur unbewussten Falle für Dr. Neumann, der sich zwar selbst treu blieb, aber genau daran scheiterte.

■ Teil 2 – Die Lösung für die Zukunft

An dieser Stelle präsentierte Herr Ackermann sogleich seine Idee einer Umstrukturierung. Er wolle den Bereich wieder selbst führen. Das habe immerhin davor schon funktioniert, und eigentlich war er bei allen Meetings am Ende gefragt worden, wie man es machen solle. In Dr. Neumanns Team gebe es einige junge Talente, die er dann innerhalb eines Jahres aufbauen würde, sodass einer von ihnen dann den Job als Leiter „Vernetzte Bauteile" übernehmen könne. Dieser Vorschlag löste jedoch sofort einen Widerstand im Feld von Dr. Steinmayer aus. Er, Herr Ackermann, habe ja noch weitere Bereiche in seiner Sparte, auf die ebenfalls großes Augenmerk gelegt werde. Dr. Steinmayer hat Befürchtungen, dass diese dann vernachlässigt würden. Für ihn gebe es nur eine klare Lösung mit einer sofortigen Neubesetzung der Führungsrolle für das digitale Bauteilegeschäft. Von Personalunion halte er nichts, zumal sie im Unternehmen absolut unüblich sei.

Sodann wurden die internen wie externen Nachbesetzungs-Vorschläge hinzugestellt. Neben zwei Nachwuchsmanagern aus der eigenen Abteilung auch zwei interne wechselwillige Führungskräfte sowie ein externer Kandidat. Die erste interne Wechslerin, Frau Neuhagen, zeigte sich ambitioniert. Sie wäre zwar Quereinsteigerin, traue sich die Aufgabe aber zu. In der Resonanz zu den anderen Beteiligten zeigte sich, dass sie mit dem Team zurechtkommen würde, bei Dr. Steinmayer aber nicht ankomme. Sie habe schon einmal in dem Bereich gearbeitet und dort keine eigene Handschrift hinterlassen. Der zweite interne Wechsler, Herr Knorr, hatte enormen Druck im Nacken. Es zeigte sich, dass er in seiner Abteilung momentan todunglücklich sei und nur noch wegwolle. Das Motiv Unglücklichsein war für Herrn Ackermann jedoch nicht ausreichend. Der erste Manager der eigenen Abteilung, Herr Schäfer, zeigte sich selbstbewusst und furchtlos. Er kenne das Geschäft gut, habe einen Plan formuliert und möchte gerne mehr Verantwortung übernehmen. Der zweite Manager der eigenen Abteilung, Herr Brüchner, wirkte leicht zögernd. Er wolle sich eigentlich mehr um seine politischen Ambitionen kümmern, die ihm immer mehr Freizeit abverlangten. Er spiele schon lange mit dem Gedanken „nun endlich für Höheres zu kandidieren".

Der externe Kandidat, Herr Rudolph, wirkte sehr geschmeichelt und zurückhaltend zugleich. Fachlich sei die Stelle sehr interessant, jedoch würde er sich wieder in eine Organisation einreihen und im Führungs-Sandwich gegen alle Seiten kämpfen. Davon wolle er weg und nur noch Leitungsfunktionen im Top-Management anstreben. Durch Informationen von Herrn Ackermann stellte sich heraus, dass Herr Rudolph aktuell ein Leitungsangebot vorliegen hat. Allerdings müsse er für diese Stelle umziehen, was extreme Unruhe in der Familie des Herrn Rudolph auslöse.

In einem letzten Schritt der Aufstellung wurden die engeren Kandidaten, Herr Schäfer und Herr Rudolph, in Bezug zu Dr. Steinmayer und zum vorhandenen Team aufgestellt. Es zeigte sich, dass beide Kandidaten beim Geschäftsführer auf Zuspruch stoßen würden. Das Team reagierte auf Herrn Rudolph überrascht und erleichtert zugleich. Man habe nun wieder einen starken Anführer, zudem würden die Karten neu gemischt, da sich nun jeder aufs Neue beweisen müsse. Bei Herrn Schäfer war die Reaktion uneinheitlich. Einige Mitarbeiter drohten ihm „kein leichtes Leben" an, v. a. weil die Aufgabe für den noch jungen Herrn Schäfer zu groß sei und er „doch nur eine Notlösung sei".

Aufgrund der Resonanzen und Reflexionen richtete Herr Ackermann seine Energie auf Herrn Rudolph. Trotz seiner anfänglichen Bedenken hinsichtlich der erfahrungsgemäß schwierigen „Sandwich-Position" ließ er sich nun dennoch auf

Vertragsverhandlungen mit Herrn Ackermann ein. Wenn man ihm gewisse Handlungsbefugnisse und ein fixes Innovationsbudget zusichere, stehe einer Verpflichtung nichts mehr im Wege. Und natürlich habe bei dieser Entscheidung auch seine Familie „ein ordentliches Wort mitgeredet".

- **Fallreflexion und Konsequenz zur Neubesetzung**

Für die anschließenden Besetzungsvorschläge zeigt sich die Stärke einer Management-Aufstellung, und zwar vornehmlich im schnellen Erfassen der eigentlichen Handlungsmotive der Bewerber. Diese entfalten sich zwar erst mit der Zeit, sind im Kern jedoch schon von Anfang an vorhanden und würden so den Prozess bzw. die Sachverhalte in eine bestimmte Richtung lenken. Das Aufstellen hat an dieser Stelle nicht mehr als 20 Minuten gedauert, dennoch lieferte es Herrn Ackermann die Informationen, die er für die beste Lösung sowohl für das Team als auch gegenüber dem Management benötigte. Auch externe Faktoren wie Familie, Privatleben oder andere Interessen (Politik etc.), die mit dem Sachverhalt direkt nichts zu tun haben, aber sehr wohl ins Gewicht fallen, konnten mit der Methode gespiegelt werden. In diesem Sinne erzeugt die Aufstellung einen Wissensvorsprung, der bei Verhandlungen oder schwierigen Gesprächen (wie z. B. einer Absage) eingesetzt werden kann. Das Ziel ist, so wie hier im Fall des Herrn Rudolph, durch die Abstimmung von Makro- und Mikro-Ebene ein möglichst breites Wissensspektrum zu erzeugen sowie maximales Momentum für den zu lösenden Sachverhalt entstehen zu lassen. Management-Aufstellungen sind aufgrund des Resonanzprinzips niemals isolierte Verfahren, sondern vorrangig dazu geeignet, einen fokussierten Rundum-Blick zu erzeugen, der den besten Weg und optimale Bedingungen für frei fließende vitale Kräfte der Akteure aufzeigt.

7.6 Fallbeispiel: „Ich kann es nicht glauben!"

Franziska, 37 Jahre alt und seit vier Monaten Direktorin für internationalen Online-Vertrieb, wirkt sehr besorgt. Da sei etwas, was ihr sehr unangenehm sei, weshalb sie es auch noch nie jemandem erzählt habe. Zwar habe sie mit der neuen Führungsrolle ihren „Traumjob" gefunden und sei damit auch sehr glücklich, aber sie habe nun den Eindruck, von einem alten Muster verfolgt zu werden, das nun richtig problematisch zu werden scheint. Zum ersten Mal in ihrem Leben habe sie sogar Angst, ihre Probezeit nicht zu überstehen. „Es" könne zu jeder Zeit kommen, wofür sie keine Erklärung habe: ein starrer und leerer Blick in den Monitor, manchmal nur zehn Minuten, manchmal jedoch auch bis zu eineinhalb Stunden. Sie könne dann weder etwas machen noch klar denken. Es sei wie eine Art „Nulllinie im Kopf" und fast gespenstisch. Die Umgebung könne sie in diesem Zustand zwar noch wahrnehmen, fühle sich aber innerlich wie eingefroren, und weder durch Aufstehen noch durch „sich in den Arm zwicken" könne sie den Zustand beenden. Vor zwei Wochen hatte sie ein erstes Feedbackgespräch mit ihrem Chef, das sehr höflich verlief, allerdings nichts zu ihrer Performance verriet. Seitdem sei sie sehr besorgt und bereite sich innerlich schon auf „Plan B" vor, die mögliche Verabschiedung aus der neuen Rolle, was ihre Verzweiflung jedoch zusätzlich steigere. Sie wolle dieses Muster nun durchbrechen und formulierte daher ihr Anliegen so: „Ich möchte mir jenen Anteil in mir anschauen, der mich regelmäßig mit starrem und leerem Blick einfrieren lässt."

Als Arbeitsformat wurde die Management-Anliegen-Aufstellung gewählt und mit dem Vektorenmodell eingeleitet. Dabei wurde im Einzelsetting mit Bodenankern gearbeitet. V1 repräsentierte dabei das Bewusstsein der Klientin und dies zeigte sich bereits zu Beginn der Aufstellung als leicht schwankend. Franziska erklärte, hier nur noch schwer klar denken zu können, und der starre Blick sei bereits „im Anmarsch". Sie wolle alles kontrollieren, verliere dabei jedoch viel Kraft, ohne irgendwie produktiv zu sein. V3 stand für das Anliegen und die Symptomatik, den starren und leeren Blick, der auf diesem Feld in voller Stärke einsetzte und „durch alles durch und an allem vorbeigehe". Die Klientin war körperlich erkennbar abwesend, und die Atmung war äußerst flach – kaum wahrnehmbar. V2 repräsentierte „das, wo es dich hineinwirft", also jenen Zug des Unbewussten, der in eine Reinszenierung einer seelischen Spaltung führt. Hier zog es Franziska in eine schockbeladene Schwere und Mutlosigkeit. Der Blick war nun noch durch ein offensichtliches Entsetzen getrübt und der Körper völlig eingefroren. Auch kurze Druckimpulse am Weichgewebe konnten die Ladung nicht aufheben.

Sodann wurde vom Begleiter die Aufstellung erweitert und zwei Positionen aufgestellt, und zwar „der, zu dem es gehört" sowie der historische Kontext. Es zeigte sich ein junges, auffallend fröhliches Mädchen inmitten einer von Landwirtschaft geprägten Region Ende des 19. Jahrhunderts: hart arbeitende Menschen in einer Landschaft, die von weiten Feldern im Mittelgebirge geprägt ist – eine Stimmung wie in Mähren oder Siebenbürgen. Doch diese leicht verklärte Stimmung fand ein plötzliches Ende. Es zeigte sich ein Geschwisterstreit, der aufgrund der Eifersucht der jüngeren Schwester entbrannte, die es nicht mehr länger ertragen konnte, nur „Nummer zwei" zu sein. Der Vater habe die ältere Schwester immer wie seine Prinzessin behandelt und sie sich auch wie eine benommen: „Papi hier, Papi da". An einem Tage habe die Schwester es ihr dann ins Gesicht geschrien, was die Oma väterlicherseits schon lange vermutet hatte: „Hör doch auf zu heulen. Und der liebe Papi kann dir da auch nicht helfen, weil er gar nicht dein Papi ist. Du bist von einem Säufer gemacht worden, du Bastard!"

Von diesem Moment an war „alles anders und nichts mehr wie zuvor". Franziska, die im Feld des vormals fröhlichen Mädchens stand, war völlig erstarrt. Die nun einsetzende Körperarbeit konzentrierte sich auf den Bauch-, Brust- und Nackenbereich. Nach einigen tiefen Impulsen kam die Atmung wieder in Fluss, löste jedoch gleichzeitig eine große Überflutung im Kopf aus. Nach ihrem momentanen Zustand befragt, antwortete sie nur leise und entsetzt: „Ich kann es nicht glauben!" Dieser Satz und die daran hängende Schockladung wurden dann mit strukturierten Augenbewegungen sukzessive gelöst.

Während des Prozesses zeigten sich die geschichtlichen Vorkommnisse immer klarer. Die Großmutter hegte sowohl gegen die Enkelin als auch gegen ihre Schwiegertochter einen Groll: Diese Fröhlichkeit der Frauen halte sie nicht aus. „Die glauben wohl, sie sind was Besseres?!" Die Verleumdung und das Gerücht über die Abstammung selbst zeigten sich als die böse Saat eines rachsüchtigen Geistes, in deren Bann die Großmutter stand. Dieser Geist werde dafür sorgen, „dass hier keine aus der Reihe tanzt". Denn: „Alle sind gleich und haben nichts zu erwarten!"

Tief hinter dem Geist lag das, was er repräsentierte, eine vernarbte Seelenlandschaft unzähliger Generationen von Frauen, die viel Leid erfahren mussten, ohne je gehört zu werden. Fehlgeburten, Kindstod, Infektionen, Schicksalsschläge und andere Tragödien, vor allem im Zusammenhang mit den Gefahren des Landwirtschaftsbetriebes. Dazu schwere Erkrankungen, keine oder schlechte medizinische Versorgung, ständig härteste Arbeit am Hof, aber so gut wie keine Würdigung ihrer Leistungen. Die daran geknüpfte Seele zeigte sich als Sippenseele der damaligen Frauen und konnte weder Raum noch

Ruhe finden: „Wo ist mein Stück Eigenheit? Wo ist das, was nur mein ist? Wo ist mein Recht auf ‚mein Sein'?"

Über all diese Verbitterung und Hoffnungslosigkeit legte sich jener deformierte Geist ungnädiger Härte sowie der Abscheu dem „schönen Leben gegenüber": „Dem fröhlichen Mädchen müsse man ihren Platz zeigen. Nicht dass sie meine, ihr stehe etwas anderes, Besseres zu. Nein, in dem Irrglauben dürfe man sie nicht belassen."

Nachdem der Geist sich durch Hilfe des Begleiters selbst in seiner Tiefe erschließen konnte, beruhigten sich seine Wut und seine Abscheu, und nach der Abgrenzung von dem Feld der Sippenseele konnte auch Franziska im Feld des jungen Mädchens zur Ruhe kommen. Nun zeigte sich auch ihre Seele in der tiefen Verunsicherung, die das Gerücht hinterlassen hatte. Sie sei auf Abstand zum Vater gegangen, und ihre Leichtigkeit sei „für immer dahin gewesen". Nach einigen Interventionen konnte die Seele wieder Mut fassen und zu sich selbst stehen.

Nach dem anschließenden formatspezifischen Heraus*lösen* aus dem Ahnenschicksal brauchte Franziska einige Zeit, um in ihrem neuen und von der Verstrickung befreiten Raum anzukommen. Ihr Blick wurde langsam klarer und offener für das, was sich in ihrer Seele einst abgespielt hatte. Der ungelebte Anteil des Mädchens zeigte sich zuerst noch als Hin- und Hergerissensein zwischen Unglauben, Schock sowie Misstrauen und Hoffnung. Nun jedoch löste sich die Schwere langsam und ging in die ursprüngliche Leichtigkeit über – eine beschwingte Fröhlichkeit, gepaart mit gesundem Selbstbewusstsein, das Eigene in der Welt nun ausleben zu wollen, ohne Rücksicht auf die Meinung der „giftenden Frauen". Franziska konnte nun fest stehen und den Blick in der Realität halten, obwohl das Offenbarte „harte Wahrheiten über die harte Vergangenheit" enthält.

Kurz nach der Sitzung berichtete Franziska von ähnlichen „Boshaftigkeiten" zwischen verschiedenen Frauen in ihrer Familie, sowohl der Großmutter gegenüber der Mutter als auch der eigenen Mutter ihr gegenüber. Der Tenor war immer der gleiche: „Was musst du denn auf eine höhere Schule gehen?" Obgleich die Frauen talentiert und fleißig waren, haben sie sich untereinander im Fortkommen nicht unterstützt, sondern versucht, die anderen kleinzuhalten. Sie, Franziska, habe das tief verletzt und verunsichert, und verstanden habe sie es auch nie so recht. Doch nun, vor dem Hintergrund der Aufstellung, mache das „alles Sinn". Auch in Bezug auf ihre Symptomatik, das Starren auf den Monitor, sei sie nun sehr erleichtert, dafür einen schlüssigen Grund zu kennen. Denn bis zu diesem Tage hatte sie sich nicht getraut, das Thema irgendwo anzusprechen oder um Hilfe zu bitten, einfach weil sie doch jeder für „krank bis verrückt" hätte halten müssen und sie sich den Gang zu Ärzten und Psychotherapeuten „nicht antun wollte".

Einige Zeit nach der Sitzung berichtete Franziska, dass es ihr die ersten Tage nach der Aufstellung bis auf „kleine dezente Traurigkeitsmomente" sehr gut ging und sie viel wacher war. Am fünften Tag jedoch „sei dann der Damm gebrochen", und sie habe den ganzen Tag geweint und tiefe Trauer empfunden. Den darauffolgenden Tag ging es ihr wieder gut, und dies halte nun auch konstant an. Die Grundstimmung sei nun konzentriert bis beschwingt – ein echter Zugewinn an Lebensqualität, der sich auch positiv auf ihre Ergebnisse in der Arbeit auswirke.

■ **Fallreflexion und Konsequenz**

Der Fall weist auf die Wichtigkeit der transgenerationalen Perspektive in der Arbeit mit dem Unbewussten hin. Die existenziellen Grenzerfahrungen der Ahnen haben sich samt ihren Folgen im autonomen Nervensystem Franziskas abgebildet: unbewusste Haltungen, innere Überzeugungen und daran gekoppelte unerklärliche Schockreaktionen wie das unbewegte Starren in die Leere. Würde sich der Arbeitsrahmen, so wie in vielen Coaching-Ansätzen üblich, ausschließlich auf die Biografie der Klientin beschränken, würde man schlicht keinen erklärbaren Grund finden oder müsste sich, wovor Franziska berechtigterweise Angst hatte, eine medizinische oder psychiatrische Diagnose konstruieren. Die Arbeit mit Inneren Gestalten zeigt aber auch hier wieder, dass die Probleme von heute das unbewusste Echo vergangener Traumata und Untaten sind.

Die in der Zeitlosigkeit aufgehobenen seelischen Spaltungen der Vorfahren wirken in den nächsten Generationen wie eine Blaupause für die Biografie der Nachkommen. Die unbewusste Grundlage des familiären Unbewussten wird zur Vorlage und damit zum Weichensteller für das eigene Leben. Die sich im Hier und Jetzt häufig als „unerklärlich", „merkwürdig" oder „verrückt" zeigenden Symptome von Menschen, die ansonsten als erfolgreich, gesund und „vollkommen normal" gelten, sind daher weder Zufall noch eine Laune der Natur. Vielmehr handelt es sich um die transgenerationale Verschiebung einer konkreten existenziellen Grenzerfahrung der Ahnen. Dabei vollzieht sich die Verschiebung sowohl zeitlich als auch inhaltlich, was einen umfassenden Anspruch an die Methode und ihren Leiter stellt. Es gilt, wie es auch hier im Fall demonstriert wurde, den genauen historischen Kontext der seelischen Spaltung herauszuarbeiten, um die Ursache samt ihren direkten Folgen in Bezug zum Anliegen der Klientin zu setzen. Die Aufstellung folgt zu diesem Zwecke einer phänomenologischen Sicht- und Verfahrensweise, sodass sich die Dinge selbst zeigen können. Auf allgemein-psychologische, ideologische oder weltanschaulich motivierte „Deutungen" wird vollkommen verzichtet. So zeigten sich der Methode folgend bei Franziska die historischen Ereignisse sowie die daran gebundenen Seelenzustände ihrer Ahnen und wurden zu den fehlenden Mosaik-Stücken, ohne die sich der tiefere Sinn ihrer Symptomatik bisher nicht hatte erschließen lassen.

Zwar war sich Franziska im Inneren sicher, dass sie nicht verrückt sei, allerdings konnte sie ihrem Bewusstsein gegenüber keinen objektiven Gegenbeweis erbringen. Das Beweisstück verbarg sich nämlich im „Tunnel der Zeitlosigkeit" (vgl. ◘ Abb. 7.1), jenem infiniten und unbewussten Korridor, in dem V3 (das Starren als Überlebensstruktur) und V2 (der Reinszenierungsdrang der Seele) aufgespannt sind, und wo V1 (der bewusste Wille) beständig unter Zugzwang kam. Die Anwendung des Vektorenmodells in der Aufstellung konnte genau die transgenerationale Spiegelung einleiten, mit der die konkrete seelische Spaltung im Unbewussten schließlich verortet wurde. Erst von ihr ausgehend erfolgte die Verwandlung der Schockladung in frei fließende vitale Kraft.

Im Fall von Franziska verlief dies konkret so, dass zuerst die erstarrte Atmung wieder in Fluss gebracht wurde. Das Verdrängen und Zurückhalten der Schockladung entsprach der Blockade im Bauch-, Brust- und Nackenbereich, die auch alle sie sonst überflutenden Emotionen beständig unterdrückt hielt. Die andauernde Nicht-Entladung „flüchtete" nach innen und führte zum „Abschalten" im Sinne einer präventiven „Not-Aus-Reaktion". Die Auflösung der traumatischen Schockladung, die in Folge der Körperarbeit bei Franziska an die Oberfläche kam, ist im engeren Sinne kein Coaching, sondern Neuro-Therapie, die das vitale Zentrum der Klientin entlastet. Die feine und sanfte Ansprache der verwundeten Seele sowie die Läuterung des Geistes konnten erst erfolgen, nachdem die autonome Abschalt-Reaktion aufgehoben war und somit überhaupt Zugang zum System von Franziska bestand.

Tunnel der Zeitlosigkeit

Die Horizontale als das jeweils Aktuelle in der linear verlaufenden Zeit.
Die Seele sowie insbesondere das autonome Nervensystem verhalten sich wie ein „Empfänger" und kreisen in traumabedingten Reaktionen (Schock, Erstarrung, ständiges Angetriebensein und Wiederholung in Mustern)

Empfänger

Zug des Unbewussten

„Tunnel der Zeitlosigkeit" (als kommunizierende Röhre zwischen zwei Welten)

Grundstimmung, die von den Ahnen kommt

Sender

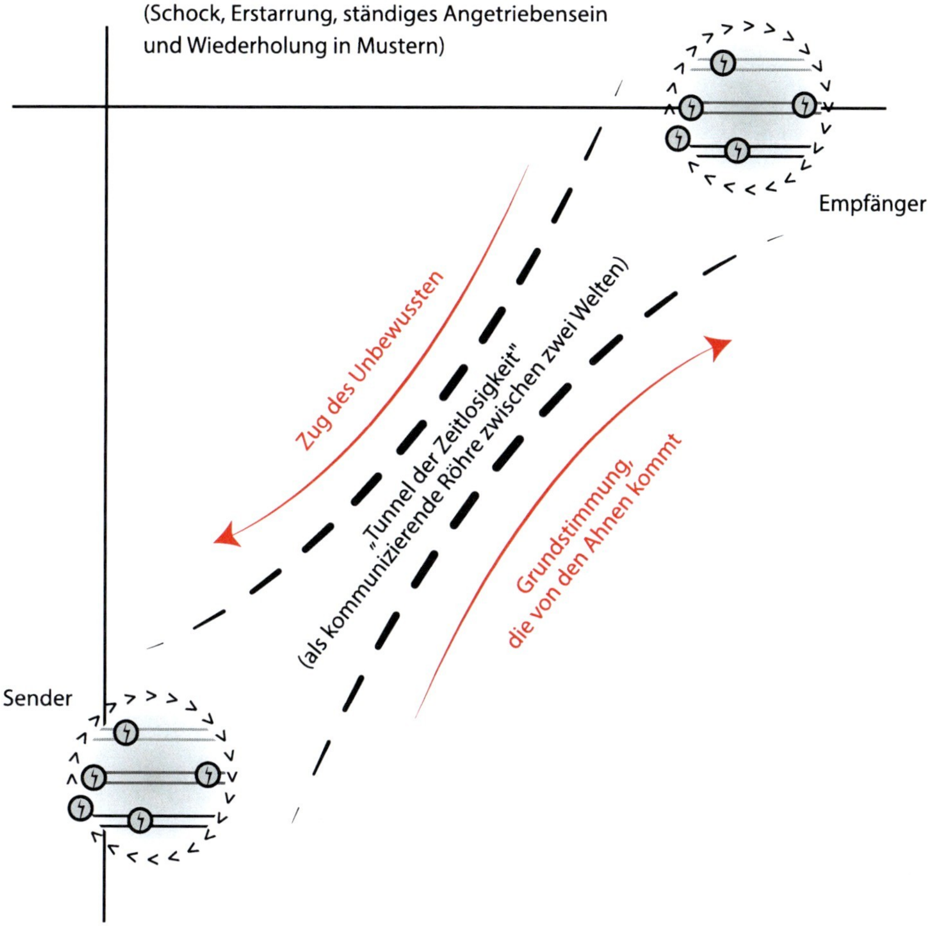

Die Vertikale als das in der Zeitlosigkeit aufgehobene und darum nie Vergangene.
Das Aktuellste im Aktuellen, was sich dem Bewusstsein entzieht und dieses mitreißt.
„Was sich uns entzieht, zieht uns dabei gerade mit, ob wir es sogleich und überhaupt merken oder nicht." (M. Heidegger)

Die existenziellen Grenzerfahrungen der Ahnen als auch ihre Folgen (Schock, Erstarrung, ständiges Angetriebensein und Wiederholung in Mustern) verhalten sich wie ein ständiger „Sender" im Unbewussten.

Abb. 7.1 Tunnel der Zeitlosigkeit

Ratschläge oder wie auch immer geartete Reflexions-Angebote an das Bewusstsein, wie sie in den heutigen Coaching- und Therapie-Ansätzen des bewusstseinszentrierten Einheitsmodells üblich sind, würden in der inneren Überflutung sang- und klanglos versinken. Der Schock ist zum einen in der seelischen Spaltung gehalten und hält sie zum anderen gleichzeitig aufrecht – ein paradoxes Kontinuum, das in sich abgeschlossen ist und daher keine auch noch so richtige und gut gemeinte neue Information von außen aufnehmen kann. Dieser Zusammenhang ist fundamental für die Ansprache und die Verwandlung der Seele und zeigt, welch hoher Stellenwert der Arbeit mit dem autonomen Nervensystem in der Persönlichkeitsentwicklung zukommen sollte.

Der Fall Franziska zeigt auch, wie wichtig das symbolische wie auch tatsächliche Abgrenzen der unterschiedlichen Seelenräume während einer Aufstellungsarbeit ist. Denn ohne die unterscheidende Abgrenzung der transgenerationalen seelischen Spaltungen von der eigenen Biografie kann kein eigener Raum in der Seele der Klientin entstehen, an den später auch ihr Unterscheidungsvermögen geknüpft ist. Letztlich geht es darum, das Fremde vom Eigenen zu unterscheiden und das Eigene, ohne Überlagerung durch das Fremde, leben zu können. Seelisches Unterscheidungsvermögen zeigt sich als Bewusstsein über das einst unfreiwillig unbewusst fortgeführte Schicksal der Ahnen sowie als die kreative Gestaltung und bewusste Inanspruchnahme des eigenen Raums.

Schließlich sei noch erwähnt, dass die Arbeit mit dem Unbewussten grundsätzlich in zwei Wirkphasen verläuft. Erst nach der eigentlichen Arbeit kam es bei Franziska zu einer heftigen Abreaktion, die fast den ganzen Tag anhielt. Dieses Phänomen der sogenannten Heilungsamplitude ist typisch für die integrative Arbeit mit Trauma- und Überlebensstrukturen. Während der Aufstellung greift die erste Wirkphase, die die Blockade mithilfe eines Begleiters öffnet. Das seelische Rohmaterial wird an die Oberfläche befördert und für seine Integration ins Bewusstsein sozusagen auf- und vorbereitet. Dabei kommt es nicht selten zu kurzen heftigen Abreaktionen (Weinen, Schreien, körperliche Reaktionen wie Hitze, Kälte, Zittern etc.). Die Integration dieser neuen seelischen Konfiguration ins Bewusstsein erfolgt jedoch sukzessive und dauert auch nach der Aufstellung noch weiter an. Denn die Öffnung des Themas ermöglicht erst, dass sich die gesamte Tiefe mit ihrer Wucht offenbart. Das System von Franziska wie auch das jedes anderen Menschen könnte die über Generationen aufgestaute traumatische Ladung nie auf einmal verarbeiten. Daher zeigt sich die Heilungsamplitude in Wellen und kann auch noch Wochen nach der Aufstellung ihre integrative Wirkung entfalten. Das den ganzen Tag andauernde Weinen ist also kein Grund zur Besorgnis, sondern ein Zeichen der inneren Heilung und auch verhältnismäßig in Bezug auf die Trauer, die die Seelen so vieler einst in Bann hielt.

7.7 Fallbeispiel: „One Voice"

Die Eigentümer einer italienischen Restaurant-Kette verlangen nach einer gemeinsamen Sitzung. Es gehe um eine anstehende Personalentscheidung, die zu einem derart gravierenden Konflikt im Führungsteam geführt habe, dass man nun die Hilfe eines Coaches

7.7 · Fallbeispiel: „One Voice"

hinzuziehen wolle. Die Eigentümer sind Bruder (Luca) und Schwester (Giulia) sowie der angeheiratete Mann der Schwester (Stefan). Der Streit setze sich daher auch schwelend in der Familie fort. Während der Sitzung wurden von den drei Klienten nacheinander die je eigenen Anliegen abgefragt und auf einem Flipchart gesammelt. So gelang es, bereits bei der Fallaufnahme Schwerpunkte, Gemeinsamkeiten und Unterschiede in der Wahrnehmung festzuhalten.

Stein des Anstoßes sei die Entscheidung, einen Mitarbeiter zu befördern. Es handle sich um Toni, eine Service-Kraft in der Hauptfiliale. Der Filialleiter (Alessandro) habe seine Beförderung zum Schichtleiter empfohlen. Die Schwester Giulia, Chefin der Personalabteilung, und die HR-Assistentin Alice befürworten die Beförderung ebenfalls, und zwar auch und vor allem, weil man die Position des Schichtleiters dringend besetzen müsse. Der Betriebsleiter Luca jedoch zweifelt an der Service-Mentalität Tonis. Ihm fehle die „richtige Einstellung" für eine leitende Position im Unternehmen.

Der Konflikt sei eskaliert, weil Luca laut Giulias Darstellung Toni einfach nur ablehne, ohne ihm in einem Feedback-Gespräch eine Chance zu geben. Luca wiederum fühlt sich von der Personalabteilung übergangen und im Stich gelassen. Er würde nun als „Bösewicht" dastehen und müsse als Betriebsleiter am Ende auch noch allein die „Scherben wegräumen".

Stefan sieht den Konflikt in erster Linie zwischen den Geschwistern. Die beiden hätten einfach sehr unterschiedliche Auffassungen über die Art richtiger Personalführung. Das zeige sich am Umgang mit Krankmeldungen und Fehlern der Mitarbeiter. Während Luca eher der „strenge Typ" sei, lege Giulia ihren Fokus auf persönliche Wertschätzung und Dialog.

Am Ende des Interviews wurden alle drei Klienten gebeten, jeweils eine Hypothese über das Verhalten der anderen Teammitglieder zu formulieren:

Hypothese Luca - Die anderen glauben nicht daran, dass ich das Team fair entwickeln will.

Hypothese Giulia - Luca möchte nur diejenigen fördern, die er mag.

Hypothese Stefan - Luca hat Angst, dass der Einfluss der Personalabteilung zu groß wird.

Am Ende des Interviews zeigte sich eine große Anspannung zwischen den Geschwistern. Beide wollten den geäußerten Hypothesen noch weitere Kommentare hinzufügen. An dieser Stelle wurden durch den Coach jedoch weitere Wortbeiträge nicht zugelassen, um rasch zur Aufstellung des Anliegens wechseln zu können. Der Vorschlag des Coachs, das Anliegen „One Voice" zu nennen, fand bei allen Teammitgliedern Zuspruch, da auch bereits in früheren Aufstellungen dies als Anliegen und Ziel des Teams formuliert worden war.

Folgende Bodenanker, also beschriebene Papiere, wurden von Giulia im Raum ausgelegt:

Die Abteilung HR war verärgert über die Einstellung der Betriebsleitung (Operations). Man könne die Mitarbeiter nicht einfach bestrafen, ignorieren oder die Weiterentwicklung beenden. Es sei schwer, am Markt gute Kräfte zu rekrutieren, und daher müsse man aus den vorhandenen „das Beste machen". Es gäbe halt „kein Wunschkonzert". Ganz im Gegenteil müsse man sogar aufpassen, dass man im Markt keinen schlechten Ruf bekomme, der potenzielle Kandidaten abschrecke.

Das Feld von Giulia wollte ihren Bruder beruhigen und trösten, ähnlich wie eine ältere Schwester ihren jüngeren Bruder tröstet und ihm über den Kopf streicht, wenn er bitterlich geweint hatte. Es kamen Bilder von Luca, der sich mit lautem aufgeregtem Weinen Gehör und Abreaktion zugleich verschaffen wollte, aber nicht gehört wurde.

Das Feld Operations stand HR sehr kritisch gegenüber. Man wolle sich nicht von Leuten bremsen lassen, die keinen wirklichen Einblick haben. Man würde HR so lange akzeptieren, wie man nicht gebremst werde. Leider gebe es immer gewisse „Schlaumeier", darunter auch Alice, die alles besser wüssten und neuen Ideen und Abläufen Steine in den Weg legten.

Das Feld von Luca reagierte, ähnlich wie ein kleiner Junge, vollkommen erzürnt: „Ich will das haben, sofort. Es ist mir egal, warum es nicht geht. Ich will es einfach."

Der „Breaking Point", als Feld für den Geschwisterstreit, zeigte sich als rat- und ausweglos. Wenn es so weitergehe, dann sei eine Trennung unvermeidbar, denn weder würden beide Seiten einsichtig, noch werde eine nachgeben.

Das Feld „One Voice" wirkte schläfrig und müde. Unter ausgiebigem Gähnen bezeugte es wenig Energie und Motivation bezüglich einer gemeinsamen Sprache. Man habe das Thema „One Voice" irgendwie vergessen, und es sei daher auch in weite Ferne gerückt. Die Klienten gaben unmittelbar zu, dass sie die regelmäßigen Team-Meetings seit geraumer Zeit ausgesetzt hatten. Die Distanz sei seitdem kontinuierlich gewachsen, während das gegenseitige Verständnis immer mehr abgenommen habe.

Die Kunden fühlten sich wohl und schätzten sehr die einladende Atmosphäre sowie den zuverlässigen und zuvorkommenden Service.

Das Feld der Unternehmenskultur zeigte sich gespalten. So gelinge es den Restaurants zwar, ein warmes und einladendes Klima nach außen zu produzieren, wobei hinter diesem Feld vor allem der Filialleiter Alessandro stehe, der mit seiner positiven Stimmung und Dynamik den richtigen „Schwung" bringe, nach dem die Kunden sich auch sehnen. Im Inneren der Firma fehle es jedoch an dieser Wärme und Beweglichkeit. Man sei sich nicht einig, und die Strukturen seien eher steif und verkrustet. Das Unternehmen brauche zum Wachstum aber sowohl menschliche als auch professionelle Werte. Alessandro verkörpere die positiven Beziehungsaspekte, die für den Kundenkontakt zweifelsohne nötig seien. Aber auch „nüchterne" organisatorische Qualitäten, wie sie Alice in der Schichtplanung beweise, seien ein Garant für Erfolg. Es gebe einen Mangel an gegenseitiger Wertschätzung, und der Geschwisterstreit stehe symbolisch dafür.

Alessandro, der Filialleiter, zeigte sich als gutgelaunter Wirbelwind im positivsten Sinne. Er ist ein motivierendes Vorbild für seine Mitarbeiter, immer am Wohl des Kunden interessiert. Bei ihm geht alles schnell, tänzerisch leicht und immer mit einem Lächeln.

Alice, die HR-Assistentin hingegen, wirkte eher penibel und an Strukturen interessiert. Es gehe darum, die Dinge richtig zu machen, und sie erkenne Fehler sofort. Die Dinge müssen für sie Sinn ergeben und logisch sein. Sie erkenne auch sehr schnell Widersprüche und weise die Kollegen dann auch sofort darauf hin.

Nachdem der Coach alle Felder gespiegelt hatte, gingen auch die Klienten nacheinander die Felder ab, und als beide Geschwister in ihren eigenen Bodenankern angekommen waren, wurden jeweils ihre Inneren Gestalten aufgestellt, die in der Konfrontation maßgebend waren.

IG 1, die Innere Gestalt Giulias, war eine strenge Instanz, die den Bruder in die Knie zwingen wollte. Sie wird immer wieder ein Argument finden, woran seine Pläne scheitern werden. Solange er sich „wie ein kleines Kind benimmt", nehme sie ihn ohnehin nicht für voll. Die Firma sei kein Spielplatz der Eitelkeiten.

Auf die Frage des Begleiters, an wen diese Innere Gestalt Giulia erinnere, wurde ihre Mutter genannt. Sie sei kalt, hart und unverwüstlich. Auch ihr Mann Stefan kenne diese Gestalt aus Auseinandersetzungen mit seiner Frau. Er habe dann auch das Gefühl, als Mann nicht ernst genommen zu werden. Das verärgere ihn sehr, und er reagiere dann mit emotionalem Rückzug, was die IG 1 nur noch hartnäckiger werden lässt.

IG 2, die Innere Gestalt Lucas, sieht ihre Zeit gekommen, „um etwas Großes zu schaffen, worauf man stolz sein kann". Sie habe große Pläne und ein klares Bild von Dutzenden von Filialen, die hervorragend funktionieren. Die Abteilung HR bestehe aus Kleingeistern, denen das „große Bild" fehle und die daher in ihrem Einfluss gebremst werden müssen. Sie habe keine Verachtung für diese Menschen, die ja auch nur ihren Job machen, sie sollen sich jedoch klar ihren Zielen unterordnen und Dinge möglich machen, statt sie zu verhindern.

Luca fühlte sich an seinen Vater erinnert, der aus einfachsten Verhältnissen stammte. Er sei ein sehr dominanter Mensch gewesen und war für sein Umfeld emotional nur schwer erreichbar.

Den Geschwistern wurde mit der Zeit klar, dass die Trennung, zu der es zwangsläufig im geschäftlichen Bereich kommen würde, eine Reinszenierung der zerrütteten Ehe der Eltern war. Es wuchs das Bewusstsein, dass ohne Arbeit an den jeweiligen Inneren Gestalten kein „One Voice" möglich sei. Die gemeinsame Firma wurde so zur Reflexionsfläche für das Familienschicksal, das sich nun wiederholen müsse oder in neuen Bahnen verlaufen könne.

- **Fallreflexion und Konsequenz**

Das, was sich während des vorausgehenden Streits schon durch dessen Intensität und in Form von unversöhnlichen Positionen angedeutet hatte, erschloss sich durch die Management-Aufstellung unter Berücksichtigung der unbewussten Beweggründe und Haltungen der Geschwister. Durch die „Causa Toni" wurden zwei Innere Gestalten aktiviert, deren unbewusster Wille von völlig unterschiedlichen Motiven getragen ist. Während die IG 1 von Giulia in einer harten und kühlen Art ihre Werte und ihren Raum verteidigte, strebte die IG 2 zwar visionär, aber auch distanziert und überheblich, nach Ausbruch aus „der kleinen Welt". Dabei handelt es sich um zwei unbewusste Haltungen, die schon die Eltern der Geschwister verinnerlicht hatten und die nun transgenerational im familiären Unbewussten weiterwirken.

Was sich auf der horizontalen Ebene des Bewusstseins als Meinungsverschiedenheit in einem beruflichen Sachverhalt zeigt, entlädt sich in der vertikalen Achse des Unbewussten als Bündel autonomer Reaktionen von Trauma- und Überlebensstrukturen, die den existenziellen Grenzerfahrungen der Ahnen entspringen. Wie die weitere Familienanamnese ergab, mussten sich beide Eltern in einem gewalttätigen und emotional kargen Umfeld behaupten – einer Umgebung, in der ihre kindlichen Seelen sich nur mit Spaltung „retten" konnten, und die dann zur seelischen Grundlage der Folgegeneration wurde.

Dies zeigt sich bei den Geschwistern zum einen in der Form geistiger Qualitäten, mit denen man unempfindlich wird (Härte, Ausdauer und Willenskraft) oder dem einengenden Schicksal entrinnen kann (gute Kommunikationsfähigkeit bei Giulia, visionärer Unternehmergeist bei Luca) – Qualitäten, die später auch den beruflichen Erfolg garantieren. Erkennbar werden die Spaltungsfolgen zum anderen aber auch in ständigen Konflikten, in denen beide zum gegenseitigen und bisweilen erbarmungslosen Spiegel der Wunden und Sehnsüchte ihrer Ahnen werden. Besonders dann werden auch die Defizite sichtbar, die die Kehrseite der Überlebensstruktur bilden: Nicht-Fühlen als faktische Unmöglichkeit, das Gegenüber empathisch zu erreichen, sowie wenig geistige Beweglichkeit, auch andere Qualitäten zu wertschätzen, deren Vorteile zu sehen oder sogar für sich nutzbar zu machen.

Der Heilungsimpuls der Familien-Seele wirkt hier direkt im Familien-Unternehmen, nämlich in Form von Geschäftsvorfällen jeglicher Art, die geeignet sind, die seelischen Spaltungen im familiären Unbewussten an die Oberfläche zu bringen. Da die zugrunde liegenden existenziellen Grenzerfahrungen jedoch völlig anderen historischen Kontexten entspringen als die betreffenden Sachverhalte im Hier und Jetzt, wirken die Auseinandersetzungen nicht nur unlösbar, sie sind es de facto auch. Denn das, was wirklich gelöst werden soll, verläuft entlang der vertikalen Achse des Unbewussten und muss demnach auch mit Methoden bearbeitet werden, die diese Kategorie erschließen können.

Selbst wenn, also ohne die Arbeit mit dem Unbewussten, eine „vernünftige" Lösung gefunden würde, bliebe viel zu oft das Gefühl zurück, nicht verstanden worden zu sein. In der Regel liefe es dann auf einen das Gesicht wahrenden Kompromiss hinaus, der die unbewusste Problematik jedoch nicht aufhebt. Der „breaking point" bliebe somit nur vertagt, und das Eintreten der Sollbruchstelle wäre nur eine Frage der Zeit.

Die Unternehmenskultur hatte dies in ihrer Zerrissenheit schon angedeutet, zumal sie sich bereits auf die Belegschaft übertrug. Mit der Zeit wären zwei Lager entstanden, die dann in Form von Fluktuation und unstimmigen Prozessen früher oder später auch die Kundenzufriedenheit negativ beeinflussen würden. Schlussendlich käme es zum Bruch. Ein Umstand, den die Geschwister erkannt haben und nun verhindern wollen.

Giulia und Luca konnten mit der Management-Anliegen-Aufstellung einen gemeinsamen Startpunkt für das Erschließen und Verwandeln ihrer seelischen Spaltungen finden. Sie erkannten, wie stark ihr Führungs-Verhalten von ihren unbewussten Haltungen und familiären Verstrickungen beeinflusst wurde. Mit diesem hinzugewonnenen Unterscheidungsvermögen konnten sie die Angelegenheit weniger persönlich betrachten und auch schnell eine Lösung für den Sachverhalt finden. Beide haben zudem individuell mit ihren Inneren Gestalten weitergearbeitet, und etwa ein Jahr später berichteten sie, dass die Zusammenarbeit mittlerweile wesentlich intensiver und reibungsloser sei als zuvor. Man habe inzwischen auch eine weitere gut laufende Filiale eröffnet.

7.8 Fallbeispiel: „Alles schnell und alles auf einmal"

Erste Sitzung: Voice Dialogue
Georg, 50 Jahre alt, beschreibt sein Anliegen wie folgt: Als Geschäftsführer eines mittelgroßen Unternehmens sei er einem permanenten inneren Druck ausgesetzt, den er so gut wie ungefiltert an die Mitarbeiter weitergebe. Im Endeffekt unterscheide er

dabei nicht zwischen wesentlichen und weniger wesentlichen Aufgaben, alles müsse schnell und auf einmal erledigt werden. In der Konsequenz komme es dadurch zu einer erkennbaren Häufung von Fehlern. Außerdem sei es in den letzten sieben Jahren einer erfolgreichen Expansion versäumt worden, dafür auch eine geeignete strukturelle Anpassung zu erarbeiten. Jetzt sei dieser Schritt überfällig, da wegen der nicht erfolgten Transformation dem Unternehmen herbe Verluste drohten und zum Teil schon eingetreten seien. Abgesehen davon zeigten sich bei Georg mittlerweile ernsthafte Rückenschmerzen, die er nicht länger ignorieren könne und wolle.

Auch während der Fallanamnese spürte der Begleiter einen enormen Druck, den Georg kaum verbergen konnte. Zwar gelang es ihm, sein Anliegen klar zu formulieren, aber die Anspannung in seinem Körper war dabei kaum zu übersehen. Da das Thema in dieser Art bereits sprichwörtlich im Raum stand, entschied sich der Begleiter für einen schnellen Einstieg mit Voice Dialogue als leitende Methode.

Georg wurde daher vom Begleiter aufgefordert, von seinem Stuhl aufzustehen und im Coaching-Raum den Platz zu finden, wo sich die Innere Gestalt befindet, deren Antriebskraft er einerseits einen Großteil seines Erfolges zu verdanken hat, durch die er andererseits jedoch auch Schiffbruch erleiden könnte. Die Innere Gestalt stand nun direkt hinter dem Stuhl und strahlte eine vorwärtsdrängende Kraft aus, die nicht aufzuhalten war.

Begleiter (B) - „Sie scheinen ja Georg voranzutreiben, ohne Rücksicht auf Verluste. Hoffentlich wird er das noch eine Weile aushalten."

IG - „Aushalten oder nicht aushalten, die Frage stellt sich für mich nicht. Er muss voran."

B - „Man hat eher den Eindruck, dass vor allem Sie immer nach vorne müssen. Doch keiner weiß so recht, warum. Sie treiben ihn vor sich her, und er treibt die ganze Firma vor sich her. Er macht es Ihnen ja ganz brav nach."

IG - „Es bleibt ihm ja auch kaum etwas anderes übrig. Sollte er stehen bleiben, verliert er alles."

B - „Und wenn er weitermacht wie bisher, kann er auch alles, was er mit Ihrer Hilfe aufgebaut hat, wieder verlieren. Gehüpft wie gesprungen. Eigentlich sind Sie beide in eine Sackgasse geraten …"

IG - „Hmm, …" *[verlegenes Schweigen]*

B - „Doch vielleicht besteht eine Möglichkeit, tiefer zu schauen, wenn es Ihnen genehm sein sollte?"

IG - „Warum sollte es mir nicht genehm sein?"

B - „Gut, wir schauen uns die Hintergründe detailliert an und dann werden wir beide mehr wissen. Verlieren können Sie dabei kaum etwas, nur gewinnen. Erkenntnis ist Gewinn!"

IG - „Gut, also wir sehen uns bald."

Nach diesem Einstieg in das Thema mit Voice Dialogue wechselte der Begleiter in das Format einer körperorientierten Trauma-Aufstellung. Hier wurde die Innere Gestalt mithilfe von Bodenankern genauer untersucht. Konkret wurden dazu der historische Entstehungskontext sowie alle weiteren Umstände ihres Entstehens aufgestellt. So wurde im Raum sichtbar, welche Ereignisse und unbewussten Haltungen sich konkret in der Inneren Gestalt abgebildet haben und nun so wirken, wie sie sich im Voice Dialogue sprachlich zeigten.

Die Bilder der Aufstellung verdichteten sich zu einer Szene, bei der ein Soldat von einem Gewehrlauf bedroht wurde und dabei stets nach vorne marschieren muss. Es sei überprüfbar festgestellt worden, dass einige Männer aus Georgs Familie für die Wehrmacht in Russland gekämpft haben. Als dieses geschichtliche Ereignis sich immer deutlicher in der Aufstellung zeigte, geriet Georg damit in starke Resonanz, sodass seine körperliche Anspannung immer stärker wurde. Durch gezielte Druckimpulse konnte sich die Ladung im autonomen Nervensystem langsam abschwächen. Zudem wurde der Satz „Bloß nicht stehen bleiben. Immer weiter!" mit schocklösenden strukturierten Augenbewegungen bearbeitet. Nach und nach wurde Georg ruhiger und nachdenklicher.

Zweite Sitzung, einige Wochen später:
Bei Georg meldet sich nun dauerhaft ein tiefes Nicht-Vertrauen in die eigenen Fähigkeiten. Es bringe ihn dazu, diese immer wieder unter Beweis stellen zu müssen, wodurch er jedoch langfristig erschöpft zurückbleibe. Die ständig notwendige Kompensation des Nicht-Vertrauens zeige sich nun im Streben nach immer größeren Leistungen, denn nur auf diese Art und Weise könne Georg den Selbstzweifel zumindest temporär zum Schweigen bringen.

Der Begleiter entschied sich wieder für einen Einstieg mit Voice Dialogue, da die Innere Gestalt energetisch wahrnehmbar im Raum stand. Er bat Georg, vom Stuhl aufzustehen und deren Platz im Coaching-Raum zu finden. Unmittelbar nachdem Georg im Feld der Inneren Gestalt angekommen war, startete der Dialog. Die Innere Gestalt zeigte sich als „Frontmann", als jemand, der ständig Gefahren ausgesetzt war und sich auch ständig gegen diese behaupten musste. Während des Dialoges wurde klar, dass er es sich nicht leisten konnte, in seiner absoluten Wachsamkeit nachzulassen.

IG - *[Die Gestalt steht auf der linken Seite vor dem Stuhl]*

B - „Wenn Sie nicht aufpassen, kann es gleich vorbei sein."

IG - „Genau. Ich muss ständig auf der Hut sein und darf mich nicht von der trügerischen Sicherheit blenden lassen. Das könnte einen sonst teuer zu stehen kommen."

B - „Doch gerade, wenn Sie ständig auf der Hut sind, dann brennen die Sicherungen der Nerven irgendwann mal durch. Die Soldaten wissen das."

IG - „Ich darf niemandem trauen, da die Gefahr von allen Seiten kommen kann."

B - „Ich verstehe, doch vielleicht können wir uns das Feld der Gefahr, in dem Sie sich immer noch befinden, ansehen?"

IG - *[wirkt erst zögerlich, stimmt dann aber mit geräuschlosem Kopfnicken zu]*

Nach der Voice-Dialogue-Sequenz wechselte der Begleiter in das Format einer körperorientierten Trauma-Aufstellung. Als die von der Inneren Gestalt angesprochene Gefahr im Raum aufgestellt wurde, zeigte sich eine Person inmitten einer völlig unübersichtlichen Kampfhandlung. Hier schien es tatsächlich unmöglich, ahnen zu können, von welcher Seite die Gefahr kommt. Es handelte sich hier also um eine existenzielle Grenzerfahrung aus dem Ahnenfeld, eingebettet in die kriegerische Geschichte des 20. Jahrhunderts.

Am Ende dieser Arbeit wurde der unbewusst an die Schicksale der Ahnen gebundene Anteil von Georg aus seiner Verstrickung gelöst. Für Georg war es nun möglich, sich von dem einst so dominanten Anteil abzugrenzen und sich auch zu seinen anderen Anteilen und seelischen Qualitäten in Beziehung zu setzen. In ihm entstand Zuversicht, dass die Dinge nun gut gelingen werden und damit auch die Umstrukturierung der Firma als die aktuelle „Hier und Jetzt"-Aufgabe, erfolgreich erledigt werden kann.

Zum Abschluss und zur Überprüfung der inneren Verwandlung wurde erneut in das Voice-Dialogue-Format gewechselt.

B - „Sie waren ja ständig angetrieben, die mögliche Gefahr zu entdecken, doch dabei konnten Sie das Wesentliche vom Unwesentlichen kaum unterscheiden. Das ging ja damals auch nicht, doch heute, wenn Sie sich entspannen, was ja schon möglich ist, dann entsteht mehr Raum und Sie gewinnen leichter Abstand zu den alten Dingen und haben die Möglichkeit, das Damalige vom Heutigen zu unterscheiden."

IG - *[In ihr ist jene Zuversicht zu erkennen, die sich zum Schluss der vorangegangenen Arbeit herauskristallisierte]* „Tatsächlich konnte ich kaum unterscheiden und war dabei auch sehr ineffektiv, da ich mich mit allen Problemen gleichzeitig beschäftigte und mich dabei völlig erschöpfte. Dann passieren auch Fehler. Jetzt wird mir das völlig klar." *[Die hektische, überwache Energie wirkt deutlich gelöster, ohne dass die Innere Gestalt jedoch an Kraft verliert]*

- **Fallreflexion und Konsequenz**

Manches, was sich in Aufstellungen zeigt, lässt sich anhand von Fakten mehr oder minder nachprüfen, manches nicht. Die wichtigsten Verifikationen sind jedoch das Übereinstimmen von Symptomen, Haltungen und den Seelenzuständen, die der Klient aus seinem eigenen Leben kennt. Sie sind die spürbaren Anzeichen dafür, dass sich die existenziellen Grenzerfahrungen der Ahnen in späteren Generationen abbilden. Sie wirken dort im Unbewussten als Innere Gestalten, deren generationsübergreifende Wucht das Bewusstsein des Einzelnen in Bann hält. So auch im Fall von Georg, bei dem sich ein Thema zwar im Hier und Jetzt zeigt, aber der zeitlos wirkenden vertikalen Dimension des familiären Unbewussten entspringt. Über diesen Wirkmechanismus wird die in der Zeitlosigkeit aufgehobene seelische Spaltung der Ahnen zum Aktuellsten im Aktuellen. Sie wirkt wie ein Sender im Unbewussten, der den Menschen in der Gegenwart an die Themen der nie vergangenen Vergangenheit seiner Vorfahren anbindet, ob es ihm gefällt oder nicht. An dieser Stelle wirkt die Seele wie ein „Tunnel der Zeitlosigkeit", durch den der Mensch zwischen Gegenwart und Vergangenheit zum Bewohner zweier Welten wird (vgl. ◘ Abb. 7.1). Er reagiert inmitten der linearen Zeit der horizontalen Achse der (Lebens-)Sachverhalte auf die Themen der vertikalen Achse des Unbewussten, und zwar in der Weise, wie sie sich durch die seelische Spaltung in Trauma- und Überlebensstrukturen konkret abgebildet haben. Im Fall von Georg ist dies eine Innere Gestalt, die sehr wahrscheinlich einer Trauma-Verkettung eines Frontsoldaten entspringt. Sie ist der Träger der Grundstimmung und der konkreten Weltanschauung, die sich in zwei Haltungen verdichtete und nun über Wohl und Wehe eines gesamten Unternehmens entscheidet: „Es muss schnell gehen" sowie „Alles muss gleichzeitig geschehen." Was also einst als Überlebensstrategie diente, ist nun über den „vertikalen Hebel" der Inneren Gestalt betriebliche Realität geworden (vgl. ◘ Abb. 7.2. Die Gestaltung der Realität).

Jeweils nachdem sich die Innere Gestalt im Voice Dialogue gezeigt und ihre inneren Überzeugungen verlautbart hatte, war der eigentliche Ansatzpunkt der Trauma-Integration die konkrete Arbeit mit der Schockladung, die das autonome Nervensystem unter ständiger Anspannung hielt. Die Systemik der Inneren Gestalten, die als leitendes Modell den Arbeitsrahmen von Management-Aufstellungen darstellt, folgt hier der Triade von Körper, Geist und Seele. Das eigentliche Thema ist damit das am stärksten Wirkende – hier der Schock und die dadurch bedingte Reaktion des ständigen Angetriebenseins. So geriet Georg unter Dauerstress und war unbewusst ständig gezwungen, um sein Überleben zu kämpfen. Der Ansatz der Arbeit war daher, das vitale Zentrum auf den Ebenen zu entlasten, auf denen es operiert, d. h. dem Hirnstamm, den Nerven und dem Weichgewebe, insbesondere den Faszien. Eine mündliche Erörterung des Themas mit seinem Bewusstsein hätte kaum gefruchtet, da

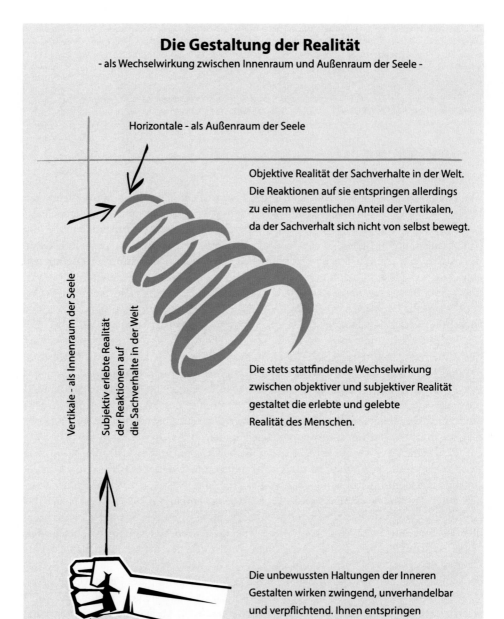

Abb. 7.2 Die Gestaltung der Realität

das vitale Zentrum sich nicht von vernünftigen Argumenten überzeugen lässt. Der Begleiter musste hier anhand der vorliegenden Symptomatik sowohl die richtige Arbeitsebene erkennen, als auch deren angemessene methodische Ansprache wählen.

Erst nachdem die Schockladung geringer geworden war, konnte die Innere Gestalt einen Abstand zum Thema gewinnen und sich ihrer selbst bewusst werden. Die Herauslösung aus Schock und Chaos ermöglichte eine erste Orientierung, in der sich die Gestalt neu in Bezug setzen kann, und zwar sowohl zum geschichtlichen Ereignis als auch zu ihrer Haltung und deren Auswirkungen im Hier und Jetzt. Durch diese Bewusstwerdung gewinnt Georg an Unterscheidungsvermögen und Realitätssinn – zwei entscheidende Unternehmer-Qualitäten, die ihn für die kommenden Veränderungen in der Firma wappnen.

Literatur

Janov, A. (1984). *Frühe Prägungen*. Frankfurt a. M.: Fischer.
Riechers, A., & Ress, R. (2015). *Trauma und Blockaden im Coaching*. Wiesbaden: Springer.
Szondi, L. (1977). *Freiheit und Zwang im Schicksal des Einzelnen*. Zürich: Ex Libris.

Serviceteil

Nachwort – Ein Interview mit Entscheidern aus der Wirtschaft – 142

© Springer Fachmedien Wiesbaden GmbH, ein Teil von Springer Nature 2019
A. N. Riechers, R. Ress, *Die beseelte Organisation und ihr Geist*,
https://doi.org/10.1007/978-3-658-23922-0

Nachwort – Ein Interview mit Entscheidern aus der Wirtschaft

Wie bereits im Vorwort erwähnt, möchte dieses Buch den Management-Alltag methodisch bereichern. Und genau darum besteht dieses Nachwort aus Stimmen aus der Praxis. Es handelt sich um fünf Unternehmer und Top-Manager, die in ihrem konkreten beruflichen Kontext bereits mehrjährige Erfahrungen mit der Aufstellungs-Methode sammeln konnten und nun abwechselnd auf die folgenden zehn Fragen antworten.

- Frage 1: „Was war Ihre größte Überraschung im Umgang mit der Methode der Management-Aufstellungen?"

Hellmuth M., 67 Jahre, Gründer und Geschäftsführer eines internationalen Logistik-Unternehmens:

Hellmuth M. - „Ich würde sagen, das, was bei mir zutage getreten ist, nämlich eine militärische Denkweise, die sich an die ehemalige deutsche militärische Tradition angelehnt hatte. Ich würde fast sagen, die preußische Militärtradition und die Erkenntnis, dass das in mir doch einen ziemlich großen Anteil besetzte. Diese Erkenntnis war für mich ein echtes Erwachen. Ein Erwachen in dem Sinne, dass nicht nur allein der Drill, die Disziplin, das Akkurate, das Unmissverständliche als einzig glückbringende Verhaltensweise Erfolg haben kann. Und deshalb hat sich meine Einstellung zu Mitarbeitern, zur Führung des Unternehmens, zu Beurteilungen usw. verändert. Wenn man sich vorstellt, was alles beim deutschen Militär geschult wurde, z. B. die fast bedingungslose Befehlsausführung, dann war das damals vielleicht berechtigt, solange man Krieg führte. Doch nun ist das zu hinterfragen, zumal wir, von außen betrachtet, in der heutigen Wirtschaft auch ‚Kriege' führen. Es sind zwar keine blutigen Auseinandersetzungen mehr, aber es ist nach wie vor ein Siegen und Besiegtwerden. Insofern hatte sich diese militärische Methode, unbewusst, für mich immer wieder bestätigt, nämlich, dass wenn du einen Krieg führst, gewisse Kriterien für die einzelnen Teilnehmer dieses Krieges notwendig sind, wie eben das Ausführen von Befehlen und die Einhaltung der notwendigen Disziplin. Sonst ist dieser Krieg nicht zu gewinnen."

Autoren - „Also, was damals vor 80 Jahren seine Berechtigung hatte, hat sich Ihnen überhaupt erst durch die Methode im Hier und Jetzt gezeigt und konnte auch erst dadurch für Sie infrage gestellt werden?"

Hellmuth M. - „Ja, so ist es."

- Frage 2: „Wie würden Sie einem Kollegen im Management mit wenigen Worten erklären, was Management-Aufstellungen sind?"

Peter G., 50 Jahre, Leiter eines Fertigungsbetriebes in der Maschinenbau-Industrie:

„Also, Management-Aufstellungen sind eine Methode oder eine Kombination von Methoden, mithilfe derer ich die geläufige Management-Problematik auf eine ganz neue Art und Weise sehen und erfassen kann. Es geht nicht um die klassische Analyse: Problem, Ursache, Lösung, also nicht um eine Analyse im linearen Sinne. Durch die Management-Aufstellungen kann ich die vielen Problematiken, die ja ständig in der Firma entstehen, nicht als eine Problematik an sich, sondern als etwas verstehen, das sich organisch aus den seelischen Wunden der Angestellten und des Managements ständig neu manifestiert."

- Frage 3: „Eine der zentralen Thesen dieses Buches lautet, dass die unbewussten seelischen Spaltungen des Top-Managements zu den ‚Sollbruchstellen' des Unternehmens werden. Wie stehen Sie zu dieser Aussage?"

Peter G. - „Also, ich stimme dem vorbehaltlos zu."

Autoren - „Haben Sie ein Beispiel aus Ihrer Biografie oder aus Ihrem geschäftlichen Alltag, wo Sie dieses Phänomen schon gesehen haben?"

Peter G. - „Also, ich arbeite jetzt in einer Firma, die von dem Besitzer von der Pike auf aufgebaut wurde. Eine Qualität, die er zweifelsohne hat, ist, dass er mit vielen Problemen gleichzeitig arbeiten kann. Dank dieser Qualität hat er ein mittelgroßes Unternehmen aufgebaut, und gerade jetzt, wo er diese Firma schon so weit gebracht hat, taucht am Horizont die Sollbruchstelle auf: Denn genau die gleiche Qualität, die

Nachwort – Ein Interview mit Entscheidern aus der Wirtschaft

ihm geholfen hat, die Firma aufzubauen, erlaubt ihm jetzt bei dieser Größe nicht mehr zu entscheiden, was wirklich wichtig ist und was nicht. Da er immer mehr davon angetrieben ist, alles gleichzeitig machen zu wollen, wächst auch der Stress in der Firma."

- Frage 4: „Sie arbeiten bereits seit drei Jahren mit Management-Aufstellungen. Was hat sich bei Ihnen im Betrieb seit Einführung der Methode verändert?"

Anton F., 54 Jahre und Unternehmer in der Hotelgastronomie:

„Ich habe in erster Linie mit mir selbst gearbeitet, an meiner Art zu führen und wie ich diese Rolle ausfülle. Na ja, und das ist überwiegend positiv in seinen Auswirkungen: Ich habe deutlich mehr Selbstbewusstsein und Kraft in meiner Rolle als Führungskraft. Gleichzeitig hat die Tendenz abgenommen, meine Mitarbeiter mit unklaren Botschaften zu verwirren. Da waren früher viele Vorurteile in meinem System, natürlich, um mich selbst zu schützen, aber die haben es mir und den anderen nicht leicht gemacht, ganz im Gegenteil, da war der Konflikt schon vorbereitet.

Mittlerweile kann ich auch gut mit den ‚starken Charakteren' umgehen. Da hatte ich vor der Arbeit wirklich Schwierigkeiten, mit sehr selbstbewussten Mitarbeitern oder auch Partnern umzugehen. Immer wenn da ein ‚Starker' war, dann hat es mich ausgeschaltet. Das ist jetzt Gott sei Dank anders, und ich kann diese Personen nun gut im Sinne des Unternehmens beeinflussen. Oder sagen wir mal so, ich kann mit ihrem Willen nun besser einen Deal schließen."

- Frage 5: „Hat die Methode auch Ihren Führungsstil bzw. Ihr Führungsverhalten beeinflusst?"

Armin O., 60 Jahre, mittelständischer Unternehmer in der Baubranche:

„Am Anfang meiner Führung gab es eigentlich nur Extreme, nämlich Zuckerbrot und Peitsche. Dazwischen war nicht viel. Und jetzt, wo ich mehr bei mir selbst angekommen bin, jetzt kann ich mehr aus der Position des Firmenbesitzers agieren. Eine Position, die an sich durch kaum etwas bedroht ist, da sie einfach besteht und vor allem, weil ich in der Position angekommen bin. Also, solange ich in der Position des Kindes war, das nicht imstande war, die Bedürfnisse und Ansprüche der erwachsenen Welt wahrzunehmen und das entweder lächelt oder ärgerlich wird, da bin ich nicht lesbar und nicht greifbar gewesen für die Angestellten oder für die Firmenpartner. Und so konnte sich das Unternehmen auch nicht entwickeln."

- Frage 6: „Aufstellungen sind ja nun sehr tiefgreifende Formate, die auch Persönlichstes an die Oberfläche bringen. Daher fragen sich manche Menschen, ob dieses Format im beruflichen Kontext unter Berücksichtigung der Privatsphäre angemessen ist. Können Sie diesen Vorbehalt verstehen und wie ist Ihr persönlicher Umgang damit?"

Peter G. - „Man kann es nicht in jeder Organisation anwenden. Es kommt absolut darauf an, was die Firma langfristig erreichen möchte. Zum Beispiel, ob es darum geht, langfristig ein bestimmtes Wertesystem zu etablieren, also konkret: Sollen die Menschen in einer Firma nicht nur 3,5 Jahre, so wie das heutzutage häufig der Fall ist, sondern länger dort bleiben? Wenn ja, dann ist auch die Antwort ‚Ja, Aufstellungen im Unternehmen sind angemessen' – aber eben nur, wenn man langfristig denkt."

Autoren - „Heißt das eigentlich umgekehrt, wenn wir an börsennotierte Konzerne denken, die in einem hohen Takt auf Quartale hin arbeiten, dass in diesen Kooperationen die Methode nicht anwendbar ist?"

Peter G. - „Eben hier ist das anwendbar und auch notwendig. Ich komme genau aus dieser Welt, und genau da brauchst du die Methode. Ich war 17 Jahre in Konzernen, ich weiß, wovon ich spreche. Die leben da in einer Welt, die funktioniert so: Das wichtigste Quartal ist das nächste Quartal. Aber umso mehr Instabilität du im Business-Kontext hast, desto mehr stabile Leute brauchst du. Stabile Leute hast du aber nicht für zwei oder drei Jahre, oder?"

Autoren - „Interessant. Können Sie das bitte genauer erläutern?"

Peter G. - „Also der Druck in Bezug auf immer bessere Ergebnisse wächst während eines Quartals ständig an. Damit steigen natürlich auch die Ansprüche an die Menschen, die diese immer besseren Ergebnisse unter hohem Druck erzielen müssen, und genau das fordert viel Stabilität. Wenn aber dann die Mitarbeiter gewechselt werden bzw. wenn da eine hohe Fluktuation ist, dann fängst du immer wieder von vorne an. Und die, die dableiben, haben noch mehr Druck, weil sie die Arbeit übernehmen müssen oder ständig am Einlernen der neuen Kollegen sind.

Wenn man sich die durchschnittliche Überlebensdauer eines Managers in einem Konzern anschaut, dann sind das etwas unter zwei Jahre. Das ist für mich schon ein klarer Nachweis, dass Konzerngebilde nicht nachhaltig sind. Ich kenne wenige Top-Manager, die mehr als zehn Jahre auf ihrem Stuhl sitzen."

Autoren - „Und wenn wir jetzt dort, also in einem Corporate Business, Management-Aufstellungen einführten, was würde sich ändern?"

Peter G. - „Idealerweise würde der Top-Manager feststellen, dass er zwei Möglichkeiten hat. Er wird vielleicht herausfinden, dass er zwangsläufig in Kürze entlassen wird, weil er sich nicht an die Spielregeln der Kooperation angepasst hat. Oder er wird den Mut in sich finden, und sagt, wenn wir langfristig gemeinsam und erfolgreich weiterkommen und uns kontinuierlich verbessern und wachsen wollen, dann kommen wir ohne Management-Aufstellungen und die dazugehörige Haltung nicht aus."

Autoren - „Was ist das Spezifische an dieser Haltung, die durch die Aufstellungen erzeugt wird?"

Peter G. - „Bewusst werden."

Autoren - „Was wird bewusst?"

Peter G. - „Die realen Spiele in der Problematik. War das verständlich?"

Autoren - „Noch nicht ganz. Was ist das reale Spiel in der Problematik?"

Peter G. - „Ich bleibe bei meinem Beispiel mit der Firma, wo ich gerade tätig bin. Wenn dem Eigentümer bewusst wird, dass er die Prioritäten nicht unterscheiden kann, dann wird er nach dieser Arbeit sehen, woher das Ganze kommt, warum er unter Druck steht, warum er Angst hat und woher die vermeintliche Gefahr kommt. Durch diese Arbeit entstehen nicht mehr zehn gleichwertige Probleme, sondern es baut sich langsam eine Reihenfolge auf, in welcher die Probleme abgearbeitet werden können."

Autoren - „In dieser Hinsicht hätten wir eine ergänzende Frage. Sie hatten gesagt, durch diese Methode werden die Manager, besonders die Top-Manager, bewusster in Bezug auf das, was in der Firma vor sich geht. Würde das nicht langfristig heißen, dass sich die Top-Manager mit dem Geist auseinandersetzen müssen, der die Organisation bestimmt und lenkt – insbesondere in Bezug auf den Konzern? Aber wenn sie sich mit diesem Geist auseinandersetzen und ihn infrage stellen, gehen sie dann noch mit ihm konform? Bleiben sie oder verlassen sie das Unternehmen?"

Peter G. - „Dazu möchte ich sagen, dass gerade in Familien-Unternehmen Menschen sind, die die Qualitäten und den Mut haben, diese Fragen zu stellen und ihnen nachzugehen. Wenn dieser Mut bei jemandem im Top-Management angelangt ist, dann gibt es grundsätzliche zwei Szenarien: Eines schönen Tages wird dieser Mensch vielleicht genug haben und gehen, oder er wird gekündigt, weil zwei starke Hähne im gleichen Revier nicht nebeneinander bestehen können. Also, was ist die Moral der Geschichte? Unter einer großen Eiche wachsen nur ganz kleine Bäume, denn alle stehen im Schatten dieses großen Baumes. Wir müssen also alle warten, bis die große Eiche vollkommen von Schmerz durchdrungen wird, und das ist dann auch die Sollbruchstelle, wo es eine Chance gibt, dass sich etwas ändert."

- **Frage 7:** „Die Aufstellungen machen die bewussten wie unbewussten Haltungen von Menschen und Systemen sichtbar. In gewisser Weise offenbaren sich also auch die ‚hidden agendas' der Akteure. Glauben Sie, dass man mit Management-Aufstellungen Menschen manipulieren kann bzw. hatten Sie je das Gefühl, Menschen mithilfe der Methode zu manipulieren?"

Hellmuth M. - „Nein, eine Manipulationsmöglichkeit schließe ich aus, einfach weil wir mit der Aufstellung derart in die Tiefe einer Persönlichkeit gehen und dadurch einen besonderen Effekt erreichen. Ich meine damit, tapfer und mutig den eigenen inneren Welten zu begegnen. Macht man es richtig und ehrlich, dann kann man es nicht als Manipulation sehen, weil nur das herausgeholt, also an die Oberfläche gebracht werden kann, was schon in dem betreffenden Menschen vorhanden ist. Und damit ist dann die oberflächliche Betrachtung, dass jemand unbewusst manipuliert wurde, schon ad absurdum geführt, weil die Tendenz oder Bereitschaft zur Veränderung in irgendeiner Form schon in ihm angelegt war."

Autoren - „Aber wenn wir jetzt zum Beispiel einen zukünftigen Verhandlungspartner von Ihnen hier aufstellen würden und herausfinden, dass er es nicht gut mit Ihnen meint, und Sie reagieren dann entsprechend in der Verhandlung, wie würden Sie das dann nennen, wenn es keine Manipulation ist?"

Hellmuth M. - „Es ist eine Orientierungs-Möglichkeit, die aber so anzusehen ist, dass ich mir meine Entscheidung oder meine Beurteilung jenem anderen Menschen gegenüber sehr genau überlegen sollte. Das Gleiche gilt auch in der Betrachtung einer sich zeigenden Charaktereigenschaft eines Gegenübers. Man muss sehr, sehr vorsichtig sein mit einer Beurteilung, mit einer Verurteilung sowieso, und wenn jetzt unter Umständen eine taktische Möglichkeit da ist, ihn neu zu orientieren, dann würde ich das versuchen. Und sollte das unter den gegebenen Umständen nicht möglich sein, dann würde ich einfach Abstand nehmen."

- **Frage 8:** „Wie würden Sie heute führen, wenn Sie die Methode Management-Aufstellungen nicht kennengelernt hätten?"

Bernd N. (42), Technologieleiter in einem internationalen Elektrotechnik-Konzern:

Bernd N. - „Ich sehe das in zwei Aspekten. Zum einen in der Arbeit mit meiner Persönlichkeit, d. h. ganz konkret mit meinen Familien-Traumata, vor allem den Großvätern im 1. und 2. Weltkrieg. Also, da wäre ich ohne diese Arbeit ganz sicher viel ungeduldiger, härter und ohne Rücksicht auf Verluste gewesen.

Nachwort – Ein Interview mit Entscheidern aus der Wirtschaft

Und spezifisch ohne Management-Aufstellungen im Arbeitsalltag, na ja, ich würde halt alles aus meiner eigenen Perspektive betrachten und hätte keine tiefere Einsicht, die mir eben die Aufstellungen und der Coach gegeben haben. Da wäre ich hauptsächlich intuitiv unterwegs. Auch wenn ich andere Kollegen frage, bleiben wir ja immer in der gleichen Organisation, und Unternehmensberater liefern mir nur Zahlenmaterial, schlaue Vergleiche mit mehr oder weniger ähnlichen Firmen – doch was die Menschen wirklich antreibt, erfahre ich recht zuverlässig aus den Aufstellungen."

- **Frage 9: „Welche Voraussetzungen muss ein Manager mitbringen, damit die Methode zu sichtbaren Erfolgen im Unternehmen führt?"**

Armin O. - „Also zumindest das, was ich bei den Menschen sehe, die mit der Methode arbeiten. Es geht um ein relativ einfaches Verständnis: Ich arbeite mit dem System und am System und ich bin dabei auf der Suche nach meiner Seele, also meiner gesunden Grundlage. Aber es gibt viele Umstände und Blockaden, die mich daran hindern und mir im Wege stehen. Und bei den Menschen, die mit dieser Methode nicht arbeiten können oder wollen, scheint der traumatische Teil ihrer Seele der ausschlaggebende zu sein, aus dem heraus sie ihre Entscheidungen treffen.

Man sollte wohl auch Demut aufbringen und wirklich hinter die Phänomene zu schauen versuchen, also auf das, was sich unter der Oberfläche zeigt. Und am allerwichtigsten ist es wahrscheinlich, die Sachen mit einem gewissen Abstand zu sich selbst und aus einer weniger persönlichen Perspektive betrachten zu können. Wenn man allerdings in diesem traumatisierten Anteil gefangen bleibt, ist man dazu nicht in der Lage. Wenn ich diesen Abstand jedoch habe – und die Arbeit hilft einem dabei, diesen zu bekommen –, ist man mehr und mehr imstande, zu der gesunden Grundlage zu finden, die außerhalb dieses verletzten oder kranken Anteils besteht oder im Entstehen ist."

- **Frage 10: „Was verbinden Sie ganz persönlich mit dem Titel ‚Die beseelte Organisation und ihr Geist'?"**

Bernd N. - „Also für das Unternehmen, in dem ich arbeite, würde ich das so beschreiben: Da gibt es zum einen die Eigentümer- und Gründer-Familie. Die würde ich als ‚die gute Seele' des Unternehmens beschreiben. Sie bringt und erhält die gesamten familiären Werte, ist sozial engagiert und kümmert sich um ihre Mitarbeiter. Ich denke, solche guten Seelen gibt es in vielen Firmen, allerdings ist das Problem, dass sie keine alltäglichen Entscheidungen mehr treffen, und zwar, weil sie zu weit vom operativen Alltag entfernt sind.

Und dann gibt es den Geist eines CEO, meist sehr getrieben, der 14 Stunden am Tag arbeitet und seine Assistenten schuften lässt wie Sklaven, der Reporte und Berichte fährt, knallharte Gangart macht und dem eigentlich das Private ziemlich egal ist. Da kommt es nur darauf an, wie die Firma unter seiner Führung finanziell dasteht. Der Geist ist also derjenige, der diesen Manager treibt, er ist ihm also quasi ausgeliefert, und zwar insofern, als auch er keine Freiheit mehr hat, etwas zu entscheiden. Das wird über den Geist gesteuert. Auch deswegen haben die meisten Top-Manager kein Privatleben, um das man sie beneiden müsste.

In manchen Firmen, das habe ich auch selbst schon erlebt, gibt es Chefs, die beide Aspekte, also eine gute Seele und auch den getriebenen Geist, in sich vereinen. Das führt dann zu einer anstrengenden Zusammenarbeit – denn heute ist er der Nette und Fürsorgliche und morgen der strenge ‚Haudrauf'.

Also, ich würde es so zusammenfassen, dass die Persönlichkeitsstruktur des Top-Managements die „Gangart" im Unternehmen massiv beeinflusst. Und je nachdem, wie sehr dieser Mensch mit sich im Reinen ist, macht das einen großen Unterschied,- den alle Mitarbeiter im Unternehmen auch spüren."

 springer.com

}essentials{

Radim Ress · Alexander Riechers

Dialog mit dem Unbewussten

Das Erschließen der Seelenlandschaft
und ihrer Widersprüche
mit Voice Dialogue

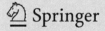

Jetzt im Springer-Shop bestellen:
springer.com/978-3-658-14699-3

Printed by Books on Demand, Germany